高职高专汽车三融合新型教材
汽车故障诊断与维修 学习领域4

发动机机械机构故障诊断与维修

主 编 潘伟荣
副主编 陈宇军

机械工业出版社

本书分 8 大项目，内容包括认知汽车发动机的构造与维修、曲轴连杆机构故障诊断、配气机构故障诊断、冷却系统故障诊断、润滑系统故障诊断、汽油发动机燃料供给系统故障诊断、柴油发动机燃料供给系统故障诊断、发动机总装与综合故障诊断。

本书内容以国家职业标准为依据，紧密结合我国汽车维修行业实际，以实际车型为例，以客户要求和汽车维修过程为导向，以实际任务为驱动，以实际职业要求为目标；模拟企业维修流程，按照学生认识规律，从感性到理性，由浅入深组织教材内容；其间插入《学习工作页》，促进学生学、做结合，理论紧密联系实际，着力提高学生实践技能、综合素质和就业能力。

本书提供大量教学资源下载（含 PPT、学习工作页题解、教学文件等），通过扫描二维码链接教学资源，方便教师授课和学生课外学习。

本书可作为高职高专院校、普通高校、培训机构等汽车类专业教材，也可供相关专业人员参考。

图书在版编目（CIP）数据

发动机机械机构故障诊断与维修/潘伟荣主编. —北京：机械工业出版社，2021.1

高职高专汽车三融合新型教材

ISBN 978-7-111-67222-7

Ⅰ. ①发… Ⅱ. ①潘… Ⅲ. ①汽车-发动机-机械系统-故障诊断-高等职业教育-教材②汽车-发动机-机械系统-故障修复-高等职业教育-教材 Ⅳ. ①U472.43

中国版本图书馆 CIP 数据核字（2020）第 272470 号

机械工业出版社（北京市百万庄大街 22 号　邮政编码 100037）
策划编辑：蓝伙金　责任编辑：蓝伙金
责任校对：张　薇　封面设计：鞠　杨
责任印制：郜　敏
北京中兴印刷有限公司印刷
2021 年 5 月第 1 版第 1 次印刷
184mm×260mm・21 印张・518 千字
0001—1500 册
标准书号：ISBN 978-7-111-67222-7
定价：54.90 元

电话服务　　　　　　　　网络服务
客服电话：010-88361066　机　工　官　网：www.cmpbook.com
　　　　　010-88379833　机　工　官　博：weibo.com/cmp1952
　　　　　010-68326294　金　书　网：www.golden-book.com
封底无防伪标均为盗版　机工教育服务网：www.cmpedu.com

高职高专汽车三融合新型教材
编审委员会

主　　任：刘越琪（广东交通职业技术学院）
副主任：欧阳惠芳（广州汽车集团股份有限公司）
　　　　贺　萍（深圳职业技术学院）
　　　　毛　峰（东莞职业技术学院）
　　　　蔡兴旺（韶关学院）
秘书长：蓝伙金（机械工业出版社）
委　　员：（按姓氏拼音排序）
　　　　曹晓光（广东工商职业技术大学）
　　　　邓志君（深圳职业技术学院）
　　　　黄　伟（广东机电职业技术学院）
　　　　林锡彬（广汽传祺汽车销售有限公司）
　　　　潘伟荣（广东交通职业技术学院）
　　　　孙龙林（深圳职业技术学院）
　　　　王玉彪（深圳风向标教育资源股份有限公司）
　　　　王章杰（深圳风向标教育资源股份有限公司）
　　　　王兆海（深圳职业技术学院）
　　　　夏长明（广州城建职业学院）
　　　　杨玉久（广州科技职业技术大学）
　　　　周　燕（南京交通职业技术学院）

高职高专汽车三融合新型教材
编写委员会

主　任：蔡兴旺（韶关学院）

副主任：欧阳惠芳（广州汽车集团股份有限公司）
　　　　曹晓光（广东工商职业技术大学）
　　　　毛　峰（东莞职业技术学院）
　　　　潘伟荣（广东交通职业技术学院）
　　　　王兆海（深圳职业技术学院）
　　　　黄　伟（广东机电职业技术学院）
　　　　夏长明（广州城建职业学院）
　　　　王玉彪（深圳风向标教育资源股份有限公司）

委　员：（按姓氏拼音排序）
　　　　陈连云（广东交通职业技术学院）
　　　　邓志君（深圳职业技术学院）
　　　　郭海龙（广东交通职业技术学院）
　　　　刘奕贯（南京交通职业技术学院）
　　　　欧阳思（广州汽车集团零部件有限公司）
　　　　邱今胜（深圳信息职业技术学院）
　　　　孙龙林（深圳职业技术学院）
　　　　王丽丽（广州汽车集团股份有限公司）
　　　　王庆坚（广东交通职业技术学院）
　　　　王章杰（深圳风向标教育资源股份有限公司）
　　　　谢少芳（广东交通职业技术学院）
　　　　许睿奇（广州汽车集团零部件有限公司）
　　　　杨庭霞（广州松田职业技术学院）
　　　　叶冰雪（华南理工大学）
　　　　张永栋（广东交通职业技术学院）
　　　　郑锦汤（广州华商职业学院）
　　　　周　逊（广州珠江职业技术学院）

序

为认真贯彻执行教育部文件精神,服务汽车产业升级需要,在市场调研和专家论证的基础上,我们列出了"高职高专汽车三融合新型教材"选题18种,并组建一流的编写队伍,在一线行业专家和院校名师组成的编审委员会的指导下编写了本套教材。

一、编写的指导思想和原则

本套教材以高职"汽车检测与维修技术"专业为主,兼顾汽车运用技术、汽车电子技术等专业教学需要,对应汽车各专业诸多平台课("汽车企业文化""汽车机械识图""汽车机械基础""汽车电工电子技术基础"等)、核心专业课("汽车维修接待、沟通与管理""汽车维护""车载网络系统故障诊断与维修""汽车发动机管理系统故障诊断与维修""电动汽车与燃气汽车故障诊断与维修"等12个学习领域)和部分典型品牌汽车维修案例等大量教学资源。

1. 编写指导思想

以就业为导向,以岗位需求为核心,努力将职业素养、专业技能与企业文化深度融合(三融合),使学生在学习专业知识和技能的同时,接受职业素养教育和企业文化熏陶,培养爱国爱岗、敬业守信、精益求精的观念,健全的人格和良好的修养,崇尚工匠精神,建立社会主义核心价值观。

2. 编写原则

以"必需、够用"为编写原则,以企业需求为基本依据,以培养职业素养、专业技能与企业文化深度融合为主线,兼顾行业升级需要和降低城市雾霾等环境保护的新要求,突出新能源汽车等新知识、新技术、新工艺和新方法。

二、教材特色

本套教材从企业实际出发,以培养技术应用型人才为目标,在总结多年教学经验和借鉴已有教材的基础上,充分吸取先进职教理念和方法,形成如下特点:

1. 吸收国内外先进职教经验,体现科学性和时代性

本套教材认真吸取了中德职业教育汽车机电合作项目(SGAVE)和国家示范性院校、骨干院校专业建设项目等近年来国内外的最新教学改革成果,认真总结借鉴了参加教材编写院校的许多成功经验,使本套教材具有科学性和时代性。

2. 以"项目引领、任务驱动"为主线,实现"知行合一"

本套教材以客户要求和汽车维修过程为导向,以实际任务为驱动,以实际职业要求为目标,模拟企业服务流程,包括任务接受、任务接待、任务准备(含信息资料收集与学习、任务分析、维修计划制订、设备材料准备等)、任务实施(含故障检测、使用维修、安全环保、任务检查等)和任务交付的完整行动过程。有些教材直接由企业(广州汽车集团)主编(如《汽车企业文化》和《汽车维修接待、沟通与管理》)。教材内容结合国内保有量较

发动机机械机构故障诊断与维修

大的汽车车型，按照学生认识规律，从感性到理性，由浅入深，将汽车的结构、原理、运用、维护、故障诊断与维修有机融合，各教材均插入"学习工作页"，促进学、做结合，理论紧密联系实际，着力提高学生的实践技能、综合素质和就业能力。

3. 内容上力求反映行业最新技术发展动态

为了尽可能满足行业升级需要、减少污染等环境保护的新要求，本套教材讲解了车载网络系统、电控管理系统和新能源汽车等汽车前沿最新技术，突出介绍汽车新知识、新技术、新工艺和新方法。

4. 体现中高职的有效衔接，避免重复或空白

本套教材从体系上既考虑普遍性，也考虑专项针对性，以适应不同层次、不同起点的教学需要。

5. 形式活泼，教学资源丰富

本套教材适应高职学生特点，除了主教材外，还配以"学习工作页"和大量的教学资源（含微视频/动画、学习工作页题解和教学资源包等），通过扫描二维码可链接教学资源，方便教师授课和学生课外学习。

三、教材编写队伍

本套教材由华南理工大学、韶关学院、广东交通职业技术学院、深圳职业技术学院、广州科技职业技术大学、东莞职业技术学院、广东机电职业技术学院、广州珠江职业技术学院、深圳信息职业技术学院、南京交通职业技术学院等10多所职业院校和广州汽车集团股份有限公司、深圳风向标教育资源股分有限公司等组织编写。编写成员包括企业高管、企业专家、技术骨干和院校院/校长、专业名师、学科带头人、骨干教师。

本套教材成立了教材编审委员会和教材编写委员会，在教材编审委员会的指导下，编写委员会参考中德职业教育汽车机电合作项目（SGAVE）课程大纲要求，结合企业需要，列出选题计划，并统一教材编写的指导思想、原则和体例等。通过自荐或他荐方式，确定了多名教授领衔主编，并要求主编拟定各自负责的教材编写大纲、体例和样章。每本教材的编写大纲、体例和样章都经过三名专家主审，以便集思广益。为了精益求精，许多教材的编写大纲经过多次反复修改。编写中结合优质院校、一流专业等建设项目，充分体现了"产教结合，校企合作"的开发特色，使教材反映了最新的技术和最新的教学成果。最后由蔡兴旺教授统一定稿。这些为保证教材的质量、水平奠定了坚实的基础。

"高职高专汽车三融合新型教材"编审委员会

"高职高专汽车三融合新型教材"编写委员会

出版说明

教材是教学过程的主要载体,加强教材建设是深化教学改革的有效途径,是推进人才培养模式改革的重要条件,也是保障教学基本质量、培养高端技能型人才和技术应用型人才的重要基础。

一、培养目标说明

本套教材从职业分析入手,对职业岗位进行了能力分解(包括倾听客户抱怨、技术咨询、维修检测、专业工具和仪器设备操作、故障诊断和维修保养),确定了高职高专汽车检测与维修技术专业的培养目标,即面向汽车"后市场",培养具有与本专业相适应的水平和良好的职业道德,掌握一定的专业理论知识,具备较强的实践技能、实际工作能力和经营管理能力,德、智、体、美、劳等方面全面发展的高等技术应用型人才。

二、职业素养的内容体系

1. 职业基本素养

(1) 政治素养　政治素养包括正确的理想信念以及人生观、世界观、价值观。

(2) 意识素养　意识素养包括敬业乐业意识、责任意识、团队合作意识和职业规划意识。

(3) 道德素养　道德素养包括社会基本道德品质素养和职业品行修养,要养成诚信、文明礼貌、勤俭自强、乐于助人的良好品质。

(4) 文化素养　不但要有计算机知识、外语和专业基础等相关文化知识,还要了解有关汽车企业的文化和发展理念。

2. 能力素养

(1) 一般能力　一般能力主要指智商和情商。智商包括记忆力、思维能力、逻辑推理能力、空间想象能力和表达能力等;情商包括情绪控制能力、自我控制能力和人际交往能力。

(2) 专业技能　专业技能主要通过专业课学习、培训开发转化而成。专业课应以岗位工作任务为依据,以项目为导向,以任务驱动为原则构建教学内容,采取"教、学、做"一体化来开展教学活动,并重视通过校企合作、工学交替、顶岗实习等人才培养模式改革来培养和提高专业技能。专业技能可以分为一般专业能力和核心专业能力。

① 一般专业能力是应用能力、汽车阅读能力和汽车驾驶能力。

② 核心专业能力是汽车拆装、检查、修理能力,汽车故障诊断能力,汽车性能检测能力和汽车维修企业管理能力。

(3) 综合能力　综合能力是一般能力和专业技能的运用能力,既涉及特定的专业综合能力,又涉及跨专业的职业核心能力。

1) 专业综合能力包括下列能力:

① 能专业地使用有关维修工具、诊断系统、测量仪和信息系统。

② 能按照维修手册、电路图和工作说明进行操作作业，会选取材料和备件并完成订购过程，能熟练地拆卸和安装部件和总成，并对不同部件进行维修，且维修时采取质量保证措施，保持工位的有序（5A）和整洁（5S）。

③ 能独立制订工作计划并实施，使工作过程可视化。

④ 能查找资料与文献，以取得有用的知识。

⑤ 能处理优惠和索赔委托任务。

2）专业的职业核心能力包括信息处理能力、沟通能力、组织协调能力和创新能力。

① 信息处理能力，即对信息的识别、整合和加工的能力。

② 沟通能力，是指人在交往过程中所表现出来的联络与协调能力。

③ 组织协调能力，是指从工作任务出发，对资源进行分配、调控、激励和协调，以实现工作目标的能力。

④ 创新能力，是指创新事物、方法的能力。近年来，我国大力提倡教育要培养具有创新精神、创新意识和创新能力的人才，因此有必要在有关课程和教学活动中引导、培养创新创业、技改意识和能力，使学生养成勤用脑、多用手、大胆想、敢突破的创新精神和能力。

三、资源说明

本套教材围绕职业教育"教、学、做"三个服务维度开发。每本教材由主教材和学习工作页两部分组成。主教材部分主要由构造、原理和检修内容组成。学习工作页部分包含理论学习和实训。理论学习又包括课前预习和课后习题（如填空、填图、问答、班级交流等），以评价学习是否达标；实训则注重流程和方法的掌握。

本套教材在内容选材、编写和呈现方式等多方面加强精品化建设，采用双色印刷，同时配有教学资源包、微视频/动画、学习工作页题解等教学资源，为教、学、练、考提供便利。

教学资源包：包括教学课件和相关微课等资源，供教师上课、学生课前预习和课后复习使用，可以登录机械工业出版社教育服务网 www.cmpedu.com 注册下载。咨询电话010-88379375。

微视频/动画：对于课本中的部分重点、难点，以视频形式给予讲解，读者可以用手机或平板电脑扫描书中二维码链接观看。

学习工作页题解：配有每个项目的学习工作页题目解答，供做作业时参考。

机械工业出版社

前　言

随着私家车迅速进入千家万户，中国汽车维修业也进入了发展的黄金时期。一批具有国际一流硬件水准的维修企业出现在行业中，为汽车空调维修、美容、装饰、养护等汽车服务与保养类专业带来巨大就业市场。汽车行业的快速发展在很大程度上刺激了汽修行业企业的发展，保守估计从业人员缺口超百万人，社会急需一大批汽车维修人员。为满足汽车检测与维修专业教学的需要，使广大汽车维修人员系统掌握现代汽车发动机的原理和维修技术，我们编写了本书。

在新一轮科技革命与产业转型升级的背景下，为贯彻落实《国务院关于印发国家职业教育改革实施方案》（国发〔2019〕4号，简称"职教20条"）文件精神，大力推行"现代学徒制""校企合作育人机制""1+X证书制度"等措施，深化产教融合、校企合作，进一步完善创新技术技能人才培养模式，加快"三教改革"步伐，本书的编写融入了新理念、新技术、新结构、新材料、新标准、新规范、新案例。在组织编写过程中，总结了国家骨干院校和省一流院校多年来高水平专业建设的教学成果，注意吸收发达国家先进的职教理念和方法。本书是全国交通职业教育科研立项项目"高职汽车专业"理实一体"教学模式构建的研究与实践"课题的研究实践成果。本教材具有以下特色：

1. 采用全新的结构编排模式。本书打破了传统教材的章节体例，以典型学习任务为一个相对完整的学习项目，每个学习项目的内容包含若干学习单元，各学习单元相互独立但又有内在的联系。若干学习单元又以完成任务为主线，在每个学习项目开篇处，都以解决职业问题、完成岗位任务为导引，内容以工作过程为框架，设定"学习目标""任务接受""信息收集""任务实施""任务总结"和"学习工作页"6个单元，围绕工作任务聚焦知识和技能，通过原理认知、任务实施、总结、反思和必要练习，帮助学生理论与实践相结合，提升解决问题能力。

2. 立足以客户要求和汽车发动机维修过程为导向，以实际任务为驱动，实际职业要求为目标，模拟企业流程，从任务接受、用户接待、任务准备（含信息资料收集与学习、任务分析、维修计划制定、设备材料准备等）、任务实施（含故障检测、使用维修、安全环保、任务检查等）和任务交付的完整的行动过程。按照学生认识规律，从感性到理性，由浅入深，组织教材体系，配套的"学习工作页"，包括信息收集、制订计划与实施计划、检查与评价反馈、巩固与提高；促进学生学、做结合，理论紧密联系实际，着力提高学生实践技能、综合素质和就业能力。

3. 倡导行动导向的引导式教学方法。本书注重对学习目标和引导问题的设计，体现以学生为主体，强化学生的地位，给学生留下充分思考、实践与合作交流的时间和空间，让学生亲身经历"观察—操作—交流—反思"这一活动过程。

本书由广东交通职业技术学院潘伟荣担任主编，陈宇军任副主编，项目2、3、4、5、6由潘伟荣编写，项目8由陈宇军编写，项目7由严安特编写，项目1由莎仁高娃编写。

发动机机械机构故障诊断与维修

郭继崇教授审阅了本书,并提出了宝贵的修改意见,在此表示感谢。

在编写本书过程中,我们借鉴和检索了大量汽车网站、相关汽车维修手册及汽车维修教材、论文资料,一并对此谨表深深的谢意。

由于时间仓促及作者水平有限,书中难免出现错误与不足,敬请批评指正。

本书编写组

二维码索引

序号	名称	图形	页码	序号	名称	图形	页码
1	四冲程汽油机工作原理		6	7	曲轴的结构		26
2	四冲程柴油机工作原理		7	8	发动机的曲柄排列		27
3	活扳手		14	9	测量气缸体上平面度		30
4a	直列发动机		20	10	量缸表		32
4b	V形发动机		20	11	曲轴弯曲的检查		41
4c	水平对置发动机		20	12	观察气门的密封线		56
5	气缸垫		21	13	观察凸轮轴结构		59
6	油环的刮油原理		24	14	液力挺柱结构与工作原理		60

发动机机械机构故障诊断与维修

（续）

序号	名称	图形	页码	序号	名称	图形	页码
15	配气相位图		63	18	齿轮式机油泵工作原理		104
16	冷却系工作原理		90	19	沉淀式汽油滤清器		122
17	散热器盖工作原理		91				

目 录

序
出版说明
前言
二维码索引

项目1　认知汽车发动机的构造与维修 ……………………………………………………… 1
 1.1　发动机的类型与总体构造 ……………………………………………………………… 1
 1.2　发动机的基本术语和原理认知 ………………………………………………………… 4
 1.3　发动机维修基本知识 …………………………………………………………………… 10
 1.4　发动机维修常用工具、检测量具的使用和发动机总成的位置 …………………… 13

项目2　曲轴连杆机构故障诊断 …………………………………………………………… 18
 2.1　曲轴连杆机构概述 ……………………………………………………………………… 18
 2.2　机体组的结构认知 ……………………………………………………………………… 19
 2.3　活塞连杆组的结构认知 ………………………………………………………………… 22
 2.4　曲轴飞轮组的结构认知 ………………………………………………………………… 25
 2.5　曲轴连杆机构的检测和常见故障诊断 ………………………………………………… 30

项目3　配气机构故障诊断 ………………………………………………………………… 52
 3.1　配气机构概述 …………………………………………………………………………… 52
 3.2　气门组的结构认知 ……………………………………………………………………… 55
 3.3　气门传动组的结构认知 ………………………………………………………………… 59
 3.4　配气相位 ………………………………………………………………………………… 62
 3.5　配气机构的检测与故障诊断 …………………………………………………………… 71

项目4　冷却系统故障诊断 ………………………………………………………………… 89
 4.1　冷却系统概述 …………………………………………………………………………… 89
 4.2　冷却系统的组成与工作原理 …………………………………………………………… 89
 4.3　冷却系统的检测与故障排除 …………………………………………………………… 94

项目5　润滑系统故障诊断 ………………………………………………………………… 101
 5.1　润滑系统概述 …………………………………………………………………………… 101
 5.2　润滑系统的组成与工作原理 …………………………………………………………… 103
 5.3　润滑系统的检测与故障排除 …………………………………………………………… 107

项目6　汽油发动机燃料供给系统故障诊断 …………………………………………… 112
 6.1　汽油发动机燃料供给系统基本认知 …………………………………………………… 112
 6.2　电控汽油喷射系统的总体结构认知 …………………………………………………… 115
 6.3　进排气系统的结构认知 ………………………………………………………………… 138
 6.4　燃料供给系统的检测与故障排除 ……………………………………………………… 143

项目7　柴油发动机燃料供给系统故障诊断 …………………………………… 156
7.1　柴油发动机燃料供给系统基本认知 ……………………………………… 156
7.2　柴油发动机共轨式燃油喷射系统的工作原理 …………………………… 160
7.3　柴油发动机燃料供给系统的检测与故障排除 …………………………… 177

项目8　发动机总装与综合故障诊断 ……………………………………………… 183
8.1　发动机总装 ………………………………………………………………… 183
8.2　发动机的检测与故障排除 ………………………………………………… 187

参考文献 ………………………………………………………………………………… 221
学习工作页

项目 1　认知汽车发动机的构造与维修

学习目标

1. 能够叙述汽车发动机的分类与总体构造。
2. 能够介绍汽车发动机的基本术语和原理。
3. 能够懂得发动机维修基本知识。
4. 掌握发动机维修常用工具、检测量具的使用。

信息收集

1.1　发动机的类型与总体构造

一、发动机的作用

汽车动力来自发动机，它是汽车的心脏。现代汽车的发动机是将燃料在机体内燃烧释放的热能转换为机械能的内燃机。

二、发动机的分类

1. 按汽车使用的燃料分类

可分为使用汽油的汽油机和使用柴油的柴油机。

2. 按发动机的排列方式分类

汽车发动机排列方式有直列式、V 形和水平对置式 3 种。

3. 按发动机的工作循环分类

按照发动机完成一个工作循环活塞上下运动的行程数可以分为二冲程和四冲程。

三、发动机的总体构造

汽车发动机主要由**两大机构**、**五大系统**组成。**两大机构**是指曲轴连杆机构、配气机构；**五大系统**是指燃料供给系统、点火系统、冷却系统、润滑系统和起动系统。下面我们以轿车发动机为例，分别就上述组成做简单介绍。

（一）曲轴连杆机构

曲轴连杆机构包括机体组、活塞连杆组和曲轴飞轮组 3 部分。

（1）机体组　机体组的结构如图 1-1 所示。机体组包括气缸盖、气缸垫、气缸体及油底壳等。气缸盖和气缸体的内壁共同组成燃烧室的部分，是承受高温、高压的机件。机体作为发动机各机构、各系统的装配基体。

（2）活塞连杆组　活塞连杆组的结构如图1-2所示。活塞连杆组由活塞、活塞环、活塞销和连杆等组成。活塞在气缸里作往复直线运动。

图1-1　发动机机体组

图1-2　发动机活塞连杆组

（3）曲轴飞轮组　曲轴飞轮组的结构如图1-3所示。曲轴飞轮组由曲轴、曲轴主轴承、曲轴主轴承盖和飞轮等组成。

（二）配气机构

配气机构由气门组和气门传动组组成，如图1-4所示。配气机构的作用是使可燃混合气及时充入气缸并及时从气缸排出废气。

（三）燃料供给系统

汽油发动机燃料供给系统的结构如图1-5所示。

电控汽油发动机燃料供给系统包括汽油箱、燃油泵、汽油滤清器、油

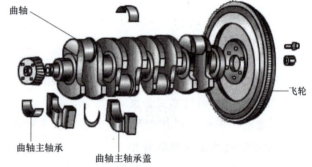

图1-3　发动机曲轴飞轮组结构

管、空气滤清器、喷油器、进排气歧管、排气管、排气消声器等。燃料供给系统的作用是根据发动机各种工况，电控单元（ECU）根据进气量控制喷油器的通电时间，提供一定数量、一定浓度的可燃混合气供入气缸，并将燃烧后生成的废气排出发动机。

（四）点火系统

点火系统的结构如图1-6所示。点火系统包括电源（蓄电池和发电机）、分电器、点火线圈和点火开关。点火系统的作用是保证按规定时刻及时点燃气缸中被压缩的可燃混合气。

项目1 认知汽车发动机的构造与维修

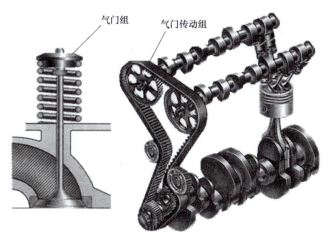

图 1-4 发动机配气机构

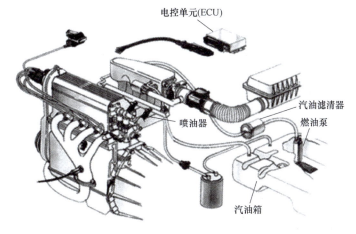

图 1-5 汽油发动机燃料供给系统

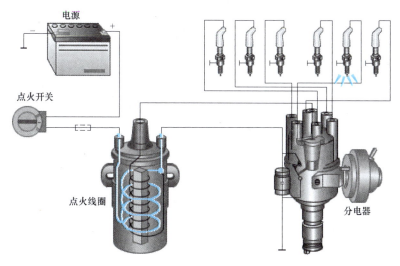

图 1-6 发动机点火系统

（五）冷却系统

冷却系统的功用是将受热零件吸收的部分热量及时散发出去，保证发动机在最适宜的温度下工作。水冷发动机的冷却系统通常由冷却水套、水泵、风扇、散热器、节温器等组成，如图1-7所示。

（六）润滑系统

润滑系统的结构如图1-8所示。润滑系统包括油底壳、机油泵、机油集滤器、机油滤清器、限压阀、机油道及油管、油温和油压传感器、油温和油压表、油标尺等。

润滑系统的功用是将机油不断地供给做相对运动的零件，以减少它们之间的摩擦阻力，减轻机件的磨损，并部分地冷却摩擦零件，清洗摩擦表面。

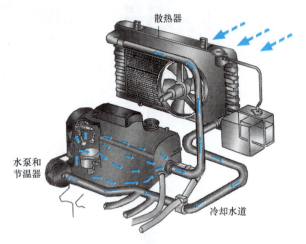

图1-7 发动机冷却系统

（七）起动系统

起动系统的结构如图1-9所示。起动系统主要包括起动机、冷起动加热器及其附属装置。起动系统用以使静止的发动机起动并转入自行运转。

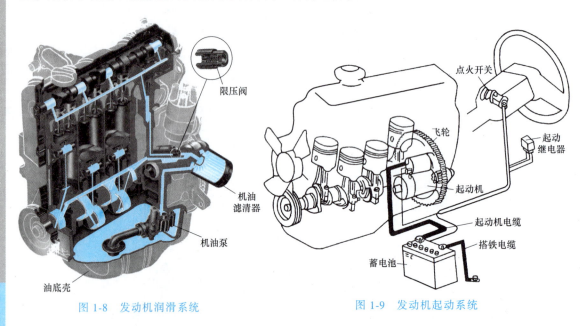

图1-8 发动机润滑系统　　　图1-9 发动机起动系统

1.2 发动机的基本术语和原理认知

描述发动机的基本术语是以曲柄连杆机构（主要是活塞）在工作时的相应位置来表达的，如图1-10所示。

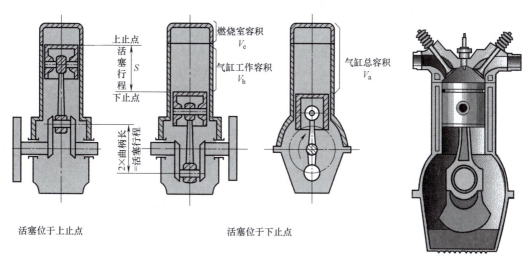

活塞位于上止点　　　　　　活塞位于下止点

图 1-10　发动机常用术语

一、发动机常用术语

上止点：活塞顶部离曲轴中心的最远处，即活塞在气缸中的最高位置。

下止点：活塞顶部离曲轴中心最近处，活塞在气缸中的最低位置。

活塞行程：即上下止点间的距离。活塞由一个止点移动到另一个止点的运动过程，称为一个冲程。

活塞排量（V_h）：活塞从上止点到下止点（一个行程）所扫过的气缸容积，也叫气缸工作容积，用 V_h（单位：L）表示。

$$V_h = \frac{\pi D^2}{4 \times 10^6} S$$

式中　V_h——活塞排量（L）；

D——气缸直径（mm）；

S——活塞行程（mm）。

发动机工作容积（V_i）：多缸发动机各气缸工作容积的总和，也叫发动机排量。用 V_i（单位：L）表示。

$$V_i = V_h i$$

式中　i——发动机气缸数；

V_i——发动机工作容积，即发动机排量（L）。

燃烧室容积（V_e）：活塞在上止点时，活塞顶部以上空间的容积（单位为L）。

气缸总容积（V_a）：活塞在下止点时，活塞顶部以上面整个空间的容积（单位为L）。它等于活塞排量（气缸工作容积）与燃烧室容积之和，即 $V_a = V_e + V_h$。

工作循环：发动机内进行的每一次能量转换的一系统列连续过程。

二、发动机主要结构参数

（1）发动机排量（V_i）　多缸发动机各气缸活塞排量之和，$V_i = V_h i$（i 为气缸数目）。发动机排量是其重要的结构参数,它决定了发动机的动力性。轿车发动机的排量也反映了轿车的档次。

(2) 短行程、长行程发动机　发动机排量一定时,缸径越大,活塞也越大,从而导致活塞上下运动的行程变短;反之,缸径小,活塞也越小,从而导致活塞上下运动的行程加长。

(3) 压缩比（ε）　气缸总容积与燃烧室容积的比值,反映了活塞由下止点移动到下止点气缸内气体被压缩的程度。用ε表示:

$$\varepsilon = V_a / V_c$$

压缩比越大,则压缩终了时气缸内的压力和温度就越高。对汽油机而言要求压缩比与汽油标量一致,汽油机压缩比一般为6~9（有的轿车可达9~11）。柴油机的压缩比一般为16~22,压缩比过高,会使工作粗暴;压缩比过低则难起动或动力下降。

三、发动机基本工作原理

1. 四冲程汽油发动机的工作原理

四冲程汽油发动机的一个工作循环由进气、压缩、做功和排气4个行程组成。图1-11所示为单缸四冲程汽油发动机工作原理示意图。

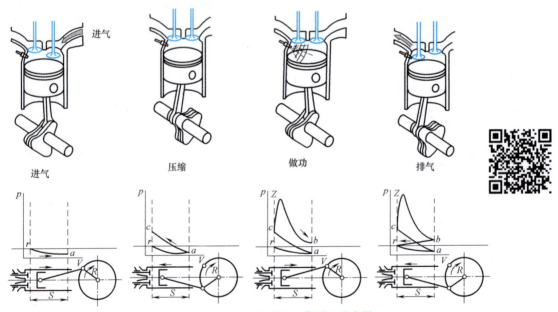

图1-11　单缸四冲程汽油发动机工作原理示意图

(1) <u>进气行程</u>　活塞由曲轴带动从上止点向下止点运动,此时排气门关闭,进气门开启。活塞移动过程中,气缸内容积逐渐增大,形成一定真空度,于是空气和汽油混合成的可燃混合气,通过进气门被吸入气缸。由于进气系统有阻力,进气终了时气缸内气体的压力约为0.075~0.09MPa。由于气缸壁、活塞等高温件以及前一个循环留下的高温残余废气的加热,气体温度升高到370~440K。

(2) <u>压缩行程</u>　进气行程结束时,活塞在曲轴的带动下,从下止点向上止点运动,气缸内容积减小,由于进、排气门均关闭,进入气缸的可燃混合气被压缩,至活塞到达上止点时，压缩结束。压缩行程中，气体温度、压力同时升高，并使混合气进一步均匀混合。压缩终了时，气缸内的压力约为 0.6~1.2MPa，温度可达 600~700K。

（3）做功行程　在压缩行程末，火花塞产生电火花点燃混合气，并迅速燃烧，此时进、排气门仍然关闭，气体的温度、压力迅速升高而膨胀，从而推动活塞从上止点向下止点运动，通过连杆使曲轴旋转并输出机械能，至做功结束为止。在做功行程中，开始阶段气缸内气体压力、温度急剧上升，瞬间压力可达 3~5MPa，温度可达 2200~2800K。随着活塞的下移，压力、温度下降，做功行程终了时压力约为 0.3~0.5MPa，温度约为 1300~1600K。

（4）排气行程　在做功行程终了时，排气门打开，进气门关闭，曲轴通过连杆推动活塞从下止点向上止点运动，废气在自身剩余压力和在活塞推动下，被排出气缸，至活塞到达上止点时，排气门关闭，排气结束。排气行程终了时，由于燃烧室容积的存在，气缸内还存有少量废气，气体压力也因排气系统的阻力而高于大气压。此时，压力约为 0.105~0.115MPa，温度约为 900~1200K。

综上所述，四冲程汽油发动机经过进气、压缩、做功和排气 4 个行程而完成一个工作循环。这期间活塞在上、下止点间往复运动 4 个行程，相应地曲轴旋转了 2 周。

2. 四冲程柴油发动机工作原理

四冲程柴油发动机和四冲程汽油发动机一样，每个工作循环也是由进气、压缩、做功和排气 4 个行程组成。但由于柴油和汽油的性质不同，使可燃混合气的形成、着火方式等与汽油发动机有很大区别，下面主要叙述柴油发动机与汽油发动机工作循环的不同之处。图 1-12 所示为单缸四冲程柴油发动机工作原理示意图。

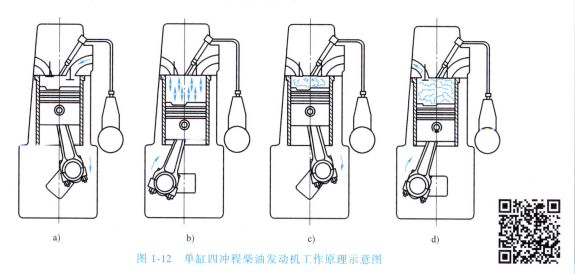

图 1-12　单缸四冲程柴油发动机工作原理示意图

（1）进气行程　进气行程如图 1-12a 所示。它不同于汽油发动机的是进入气缸的不是可燃混合气，而是纯空气。由于进气阻力比汽油发动机小，上一行程残留的废气温度比较低的原因，进气行程终了的压力和温度与汽油发动机稍有不同，压力约为 80~90kPa，温度约为 320~350K。

（2）压缩行程　压缩行程如图 1-12b 所示。不同于汽油发动机的是压缩的是纯空气，且由于柴油发动机压缩比高，压缩终了的温度和压力都比汽油发动机高，压力可达 3~5MPa，温度可达 800~1000K。

（3）**做功行程** 做功行程如图 1-12c 所示。此行程与汽油发动机有很大不同，在柴油发动机压缩行程末，喷油泵将高压柴油经喷油器呈雾状喷入气缸内的高温空气中，迅速汽化并与空气形成混合气，由于此时气缸内的温度远高于柴油的自燃温度（500K 左右），柴油便立即自行着火燃烧，且此后一段时间内边喷油边燃烧，气缸内压力、温度急剧升高，推动活塞下行做功。

此行程中，瞬时压力可达 5~10MPa，瞬时温度可达 1800~2200K；做功行程终了时压力约为 0.2~0.4MPa，温度约为 1200~1500K。

（4）**排气行程** 排气行程如图 1-12d 所示。与汽油发动机基本相同。排气终了气缸内压力约为 0.105~0.125MPa，温度约为 800~1000K。

由上述两种发动机的工作循环可知：四冲程发动机工作循环的 4 个活塞行程中，只有 1 个行程是做功的，其余 3 个行程则是做功的准备行程。因此，在单缸发动机内，曲轴每转 2 周中只有半周是由于膨胀气体的作用使曲轴旋转，其余一周半则依靠飞轮惯性维持转动。显然，做功行程时，曲轴的转速比其他 3 个行程内曲轴的转速要快，所以曲轴的转速是不均匀的。为此飞轮必须具有较大的转动惯量，才能使发动机的运转平稳，而这样做，将使发动机重量和尺寸增加。另外也可以采用多缸发动机以补救上述缺点。因此现代汽车发动机基本上不用单缸机。

在多缸四冲程发动机的每一个气缸内，所有的工作过程都是相同的，但各个气缸的做功行程并不是同时发生，而是按照一定的工作顺序进行。气缸数越多，发动机工作越平稳。但发动机缸数增多后，一般将使得其结构复杂，尺寸及重量增加。

四、发动机性能指标

（一）动力性指标

动力性指标是表征发动机做功能力大小的指标，一般用发动机的有效转矩、有效功率、转速和平均有效压力等作为评价发动机动力性的指标。

1. 有效转矩

发动机曲轴对外输出的转矩称为有效转矩，以 M_e 表示，单位为 N·m。有效转矩与外界施加于发动机曲轴上的阻力矩相平衡，可以用发动机台架试验方法测得。

2. 有效功率

发动机曲轴对外输出的功率称为有效功率，记作 P_e，单位为 kW。

3. 发动机转速

发动机曲轴每分钟的回转数称为发动机转速，用 n 来表示，单位为 r/min。发动机转速的高低关系到单位时间内做功次数的多少或发动机有效功率的大小，即发动机的有效功率随转速的不同而改变。

4. 平均有效压力

气缸单位工作容积发出的有效功称为平均有效压力，记作 P_{me}，单位为 MPa。平均有效压力越大，发动机的做功能力越强。

（二）经济性指标

发动机经济性指标包括有效热效率和有效燃油消耗率等。

1. 燃油消耗率

发动机每输出 1kW·h 的有效功所消耗的燃油量称为燃油消耗率，单位为 g/(kW·h)，

用 g_e 表示。

2. 有效热效率

燃料燃烧所产生的热量转化为有效功的百分数称为有效热效率，记作 η_e。显然，为获得一定数量的有效功所消耗的热量越少，有效热效率越高，发动机的经济性越好。现代汽车汽油发动机 η_e 值一般为0.30左右，柴油发动机为0.40左右。

（三）排放指标

发动机排气中含有多种对人体有害的物质，主要有 CO、HC、NO_x、光化学烟雾、SO_2、醛类和微粒（含碳烟）等。发动机主要有害排放及危害见表1-1。

表1-1 发动机主要有害排放及危害

有害排放	有害特征	危害
CO	无色、无臭、有毒气体	使人出现恶心、头晕、疲劳等缺氧症状，严重时窒息死亡
HC	刺激性的气体	破坏造血机能，造成贫血、神经衰弱，降低肺对传染病的抵抗力。与光化学反应形成臭氧和醛等
NO_x	赤褐色带刺激性的气体	损害心脏、肝脏、肾脏。与光化学反应形成臭氧和醛等
光化学烟雾	HC和NO_x在阳光作用下所形成的烟雾，有刺激性	降低大气可见度，伤害眼睛、咽喉，影响植物生长
微粒	碳烟等	伤害肺组织刺激鼻、喉、引起咳嗽、胸闷
SO_2	无色、刺激性气体	引发支气管炎等，伤害眼睛、上呼吸道、中枢神经

（四）发动机的特性

发动机有效性能指标随调整情况和使用工况而变化的关系称为发动机特性，通常用曲线表示它们之间的关系，称为特性曲线。

通过对特性曲线的分析，可以评价发动机在不同工况下的动力性、经济性及其他运转性能。为合理选择、有效利用发动机以及为评价发动机维修后质量好坏提供依据，现介绍应用较多的发动机的速度和负荷两个使用特性。

1. 速度特性

在节气门开度（或喷油泵供油拉杆位置）一定的条件下，发动机的有效功率 P_e、有效转矩 M_e、燃油消耗率 g_e 随发动机转速变化的规律，称为发动机速度特性。节气门开度最大时（或喷油泵供油拉杆在标定功率的循环供油量位置时）测得的速度特性，称为外特性。部分开度时（或喷油泵供油拉杆所处位置供油量小于标定功率的循环供油量位置时）测得的速度特性，称为部分特性。

（1）汽油发动机外特性曲线分析 图1-13所示为汽油发动机外特性曲线。

由图1-13分析可知，在汽油发动机外特性曲线中，功率曲线在较低转速下数值很小，但随转速增加而迅速增长，但转速增加到一定区间后，功率增长速度变缓，直至最大值后就会下降，尽管此时转速仍会继续增长。转矩曲线则与功率曲线相反，它往往在较低转速下就能获得最大值，然后随转速上升而下降。燃油消耗率曲线随转速的增长而呈现一个凹形曲线，在中间某一转速下达到最小值，

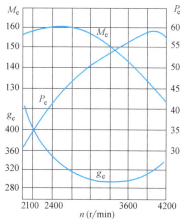

图1-13 汽油发动机的外特性曲线

转速增大或者减少,都会使燃油消耗率增大。

(2) 柴油发动机外特性曲线分析 在柴油发动机外特性曲线中(图1-14),功率曲线是随转速上升而上升,差不多到了最大转速(标定转速)仍未出现曲线的最高点。转矩曲线变化平缓,在不同转速位置变化量不大。燃油消耗率曲线不但起点数值低,而且比较平坦(与汽油发动机比较)。虽然各种型号的汽油或柴油发动机外特性曲线不会完全一样,但基本还是呈现上述的形态。通过发动机外特性曲线图可以了解发动机的性能和特点,了解功率、转矩、耗油量和转速之间的关系,并找出发动机最佳的工作区域。

2. 负荷特性

发动机转速一定,逐渐改变节气门开度(或改变喷油泵供油拉杆位置),发动机每小时耗油量 G_T、燃油消耗率 g_e 随有效功率 P_e (或有效转矩 M_e) 变化而变化的关系,称为发动机负荷特性。负荷特性可用来评定不同转速及不同负荷下发动机的经济性。图1-15 所示为汽油发动机负荷特性曲线图。由图可知,随节气门开度增大,有效功率 P_e 由小增大,发动机每小时耗油量 G_f 随之上升,当节气门开度达到全开的80%时,曲线变陡。

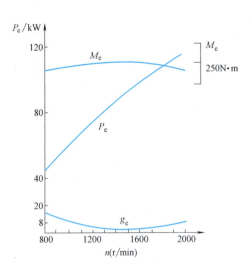

图1-14 柴油发动机的外特性曲线

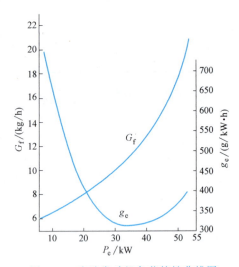

图1-15 汽油发动机负荷特性曲线图

1.3 发动机维修基本知识

一、安全的内容

安全是做好一切工作的前提,发动机维修作业中的安全包含两方面的内容:

1) 维修过程的汽车不得存在任何安全隐患,这主要通过检修时的规范操作及有效的质量检验来保证。

2) 维修过程中,维修人员的人身安全,要得到全方位的保护,尤其要能预见到可能的伤害。通过严格的安全制度、规范的操作规程、完善的劳动纪律来保证维修人员的安全。做到预防为主,养成安全操作的习惯。本项目内所谓的安全即指维修人员的安全保护。

项目1 认知汽车发动机的构造与维修

二、安全的标志

汽车维修厂常用的安全标志用于提醒机械、电器等的使用者，注意避免可能造成人身伤害及机械损坏的危险。所有员工必须养成进入工作场所，先注意设施和墙壁等处警告标志的习惯。

一般汽车维修场所设施上的安全标志有禁止标志与警示标志。

(一) 禁止标志

禁止标志是提醒人们不允许做的事，如图1-16a所示。禁止标志由红色外圆、45°斜杠和警告的内容组成。

a) 汽车维修场所常见的禁止标志

（禁止通行　禁止放置易燃物品　禁止带火种　修理时禁止转动　禁止停留　禁止入内　禁止起动　转动时禁止加油）

b) 汽车维修场所常见的警告和警示标志

（当心机械伤人　当心扎脚　当心落物　当心坠落　当心车辆　当心弧光　当心激光　注意安全　当心火灾　当心滑跌）

图1-16　安全标志

(二) 警示标志

警示标志是提醒人们在工作时要注意的内容。警示标志由黄色三角边框和表示警示内容的符号组成，如图1-16b所示。

(三) 文字提示

在许多设备附近还会贴有专门的文字提示。如在汽车举升时作业，安全锁必须处于锁止状态。进口汽车和维修设备的标贴上用英语单词 warning，caution 和 important 等引导的内容往往表示与人身安全和机件损坏等有关的重要信息。一定要在了解了这些内容后，才能开始相关的作业。

三、汽车维修从业人员的基本要求

为了能更加高效而安全可靠地进行维修，汽车维修从业人员应该达到以下要求。

1. 穿戴要求

着装安全，不戴饰物，穿干净的制服，穿防护鞋，并根据作业项目选戴护目镜、护耳塞、防毒面罩。

2. 爱护车辆

要爱护车辆、避免因拆装作业不当而损伤汽车。要做到以下 4 点：

1) 要使用座椅套、翼子板布、前罩、转向盘套和地板垫。
2) 小心驾驶客户车辆，在客户车内不抽烟。
3) 切勿使用客户音响设备或车内电话。
4) 拿走留在车上的垃圾和零件箱。

3. 车间整洁有序

要保持车间（地面、工具架、工作台、仪表、测试仪等）的整洁有序，必须做到以下 4 点：

1) 拿开不必要的物件。
2) 整齐有序地放置零部件和材料。
3) 经常打扫、清洗和擦净地面。
4) 汽车停正并用三角木顶住车轮后，拉起驻车制动方可作业。

4. 作业前充分准备

作业前，应备好相应工具、拆装中可能更换的易损件及必换的一次性零件，备好机油、冷却液等材料。如果是第一次进行该项作业，必须仔细阅读相关的维修手册、说明书等资料。

5. 做好作业后工作

拆装作业后，仔细检查所有机件是否都已复位，清洁机件。完成记录（作业项目、更换机件、使用工具），将旧的零件放在塑料袋或者零件袋中，并放在预定的地方（例如前乘客座椅前面的地板）。

6. 后续工作

后续工作的内容主要有以下 2 项：

1) 完成维修单和维修报告（例如记录故障原因、更换的零件、更换原因、工时及责任人等）。
2) 在工作中发现任何异常情况及未列在维修单的任何其他信息，必须通知管理人员。

四、维修工作流程

汽车维修工作流程见图 1-17。

项目 1　认知汽车发动机的构造与维修

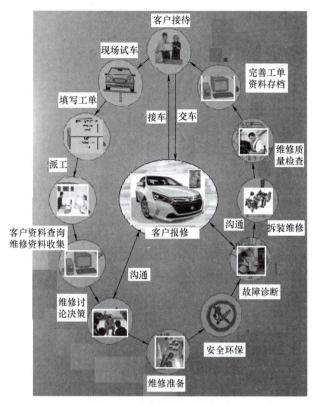

图 1-17　汽车维修工作流程

任务实施

1.4　发动机维修常用工具、检测量具的使用和发动机总成的位置

一、发动机维修常用工具的选用

一般可将工具分为通用和专用两大类。通用工具使用于各行各业同类作业，如扳手可用于各行业同类螺栓的拆装。专用工具指为某一专项作业特别设计的工具，如汽车火花塞套筒，只能用于火花塞拆装。常见的通用工具有扳手、螺钉旋具、钳子、锤子等。

（一）扳手

扳手用以紧固或拆卸带有棱边的螺母和螺栓。常用的扳手有呆扳手、梅花扳手、套筒扳手、活扳手、扭力扳手。套筒扳手除了具有一般扳手的用途外，特别适用于旋转部位很狭小或隐蔽较深处的六角螺母和螺栓。套筒扳手通常由短套筒、长套筒、万向接头、飞扳手、长接杆等组成，套筒的形状主要有六角或十二角，如图 1-18 所示。

呆扳手一端或两端制有固定尺寸的开口，用以拧转一定尺寸的螺母或螺栓，如图 1-19 所示。

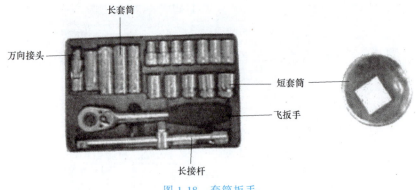

图1-18 套筒扳手

图1-19 呆扳手和梅花扳手

活扳手由把手、调节螺钉、可调钳口和固定钳口组成,如图1-20所示。

图1-20 活扳手

扭力扳手是在拧紧螺栓过程中能同时显示拧紧力矩的工具,由把手、刻度盘、指针、杆身和套筒接头等组成,如图1-21所示。

(二) 螺钉旋具

螺钉旋具用于拆卸和更换螺钉。根据头部的形状分为一字头和十字头螺钉旋具,如图1-22所示。

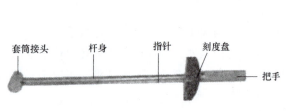 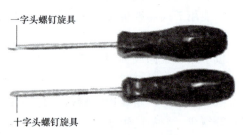

图1-21 扭力扳手　　　　　　图1-22 螺钉旋具

(三) 钳子

常用的有鲤鱼钳和尖嘴钳等,如图 1-23 所示。

(四) 锤子

锤子如图 1-24 所示。

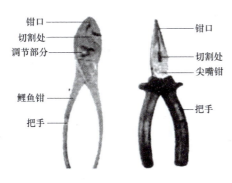

图 1-23　鲤鱼钳和尖嘴钳

图 1-24　锤子

(五) 工具使用注意事项

常用工具结构简单,使用方便,但错误操作会产生不良后果。

1) 不可任意代用,如螺钉旋具不可当撬棒、凿子。钳子不可代替扳手。扳手、钳子不可代替锤子。

2) 不可以大代小,不可用大活扳手拧小螺栓,用大规格锤子锤击脆性机件。

3) 使用前要做安全检查。工具表面不得有油污,锤头不得松动。如进行电器操作,要保证钢丝钳、尖嘴钳等有绝缘柄的工具绝缘层耐压值为 500V。

4) 工具持握手势正确,操作规范,放置有序。

二、发动机维修专用检测量具的使用

(一) 进气歧管真空表

1) 用途:进气歧管真空表是一种用于测量发动机进气歧管内真空度的工具,如图 1-25 所示。

图 1-25　进气歧管真空表

2) 测量范围:进气歧管真空表的刻度盘一般分为 100 格,测量范围为 0~100kPa。

3) 使用方法

① 将发动机运转到正常工作温度。

② 将进气歧管真空表用一根胶管连接到节气门后的进气歧管上,使发动机保持稳定怠速运转。

③ 观察进气歧管真空表指针的指示值。

(二) 气缸压力表

(1) 气缸压力表的功能与结构　气缸压力表是用来测量气缸压缩压力的工具,如图1-26所示。根据测量范围不同,气缸压力表可分为0～1.4MPa(汽油发动机)和0～4.9MPa(柴油发动机)2种;按连接形式不同,可分为推入式和螺纹接口式两种。

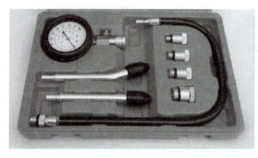

图1-26　气缸压力表

(2) 气缸压缩压力的测量方法

1) 起动发动机并运转到正常工作温度,旋下全部汽油发动机火花塞或柴油发动机喷油器。

2) 汽油发动机必须将节气门完全打开,将气缸压力表的锥形橡胶头插入被测气缸的火花塞孔内扶正压紧。

3) 柴油发动机必须采用螺纹接口式气缸压力表,将气缸压力表螺纹接口旋入喷油器座孔内。

4) 用起动机带动曲轴旋转3～5s,使发动机转速保持在150～180r/mm(汽油发动机)或500r/min(柴油发动机),这时气缸压力表所指示的压力值就是该气缸的气缸压力。

5) 按下气缸压力表上的放气阀,则压力表指针回零。

6) 在实际测量气缸压力时,每个气缸应重复测量2～3次。

三、指认发动机总成的名称和位置

图1-27　解剖轿车

图1-27所示为一辆解剖轿车,显示了汽车的总体构造由发动机、底盘、汽车电器、汽车车身组成。分别指出发动机的位置及总成的组成。

项目 1　认知汽车发动机的构造与维修

任务总结

1. 现代汽车的发动机是将燃料在发动机内燃烧释放的热能转换为机械能的内燃机。

2. 汽车发动机主要由两大机构、五大系统组成。两大机构是指曲柄连杆机构、配气机构，五大系统是指燃油系统、点火系统、冷却系统、润滑系统和起动系统。

3. 发动机常用术语有上止点、下止点、活塞行程、活塞排量（气缸工作容积）、发动机排量（发动机工作容积）、余隙容积（燃烧室容积）、气缸（总）容积、工作循环；发动机主要结构参数有排量、短行程发动机、长行程发动机、压缩比。

4. 发动机每进行一次能量转换的连续过程称为一个工作循环，而每一个工作循环是由进气、压缩、做功和排气 4 个过程组成的，发动机的工作就是连续不断地依次进行着这 4 个过程，以实现热能向机械能的转换，向外输出动力。

5. 汽车维修工具包括通用工具和专用工具。通用工具使用于各行各业同类作业，如扳手可用于各行业同类螺栓的拆装。常见的通用工具有扳手、螺钉旋具、钳子、锤子等。专用工具指为某一专项作业特别设计的工具，如汽车火花塞套筒，只能用于火花塞拆装。

6. 汽车维修场所常用的安全标志用于提醒机械、电器等的使用者，注意避免可能造成人身伤害及机械损坏的危险。所有员工必须养成进入工作场所，先注意设施和墙壁等处警告标志的习惯。

学习工作页

完成"学习工作页"项目 1 各项作业。

项目 2　曲轴连杆机构故障诊断

学习目标

1. 能够解释发动机曲轴连杆机构各部分的作用、类型。
2. 能够懂得汽车发动机曲轴连杆机构的基本组成和工作原理。
3. 能够按照规范要求完成发动机曲轴连杆机构的检修和故障排除作业。

任务接受

客户报修：

一位客户反映其汽车的动力性很差，燃油及机油消耗较大，该车使用年限较长，发动机无大修记录。通过气缸压缩压力的检测，测试值低于技术要求；从火花塞孔向气缸注入少量机油进行气缸压缩压力测试，测试值明显提高。初步判断为活塞环或气缸磨损，因此需要对发动机进行解体检测。

信息收集

2.1　曲轴连杆机构概述

曲轴连杆机构的功用：把燃气作用在活塞顶上的力转变为曲轴的转矩，以向外输出机械能。

曲轴连杆机构的特点：曲轴的旋转运动与活塞在气缸套内的往复直线运动是可以互相转换的。利用这个特点，燃油在气缸中燃烧使气体膨胀产生的推力作用在活塞上，活塞被推动下行时曲轴即随之转动。之后曲轴在飞轮惯性作用下连续转动，同时带动活塞在气缸中往复运动，直至活塞下一次做功。

曲轴连杆机构由机体组、活塞连杆组和曲轴飞轮组 3 部分组成，如图 2-1 所示。

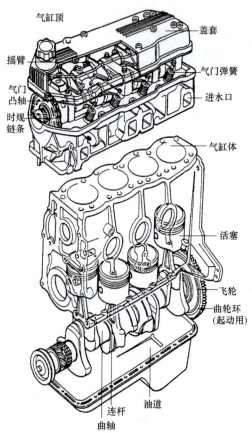

图 2-1　曲轴连杆机构的组成

项目 2　曲轴连杆机构故障诊断

2.2　机体组的结构认知

机体组由气缸体（气缸套）、气缸盖、气缸垫和油底壳等组成，如图 2-2 所示。

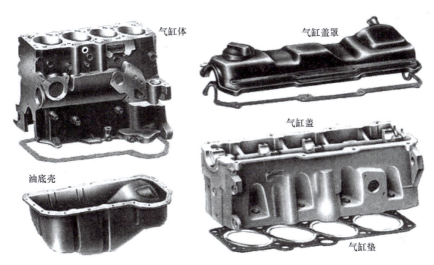

图 2-2　机体组的组成

（一）气缸体

气缸体是发动机的基体和骨架，大多数发动机件都装在气缸体上。

1. 气缸体结构分类

气缸体结构可分为 2 种：整体式和多片式。

整体式气缸体又可分为一般式、龙门式和隧道式 3 种，如图 2-3 所示。

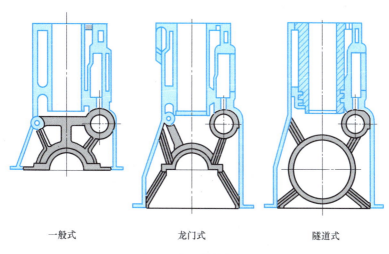

图 2-3　气缸体结构分类

2. 气缸排列形式分类

气缸体依气缸排列形式分为 3 类：直列式、V 形和水平对置式，如图 2-4 所示。

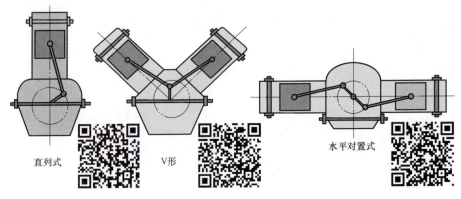

图 2-4 气缸体形式

直列式一般用于六缸以下发动机，如桑塔纳、捷达、富康等汽车的发动机；V 形多用于六缸以上发动机，它缩短了发动机的长度，降低了发动机的高度，增加了发动机的刚度，重量有所减轻，但加大了发动机的宽度，且形状复杂，加工困难；水平对置式发动机的高度比其他形式小得多，方便某些轿车和大型客车的总布置。

3. 气缸体的结构

大多数发动机的机件都装在气缸体上。

气缸是直接加工在气缸体上的圆孔。有的气缸则是镶入气缸孔内的气缸套。气缸体内还加工有引导润滑油的油道及让冷却液流通的冷却水道，如图 2-5 所示。润滑油道是在机体上钻出的圆孔。某些油道端口用螺塞闷堵。冷却水道是机件加工时铸造而成，因此是不规则的空腔。

根据是否与冷却液接触，气缸套分为干式和湿式两种，如图 2-6 所示。通常，汽油发动机使用干式气缸套，柴油发动机使用湿式气缸套。气缸套的基本特性见表 2-1。

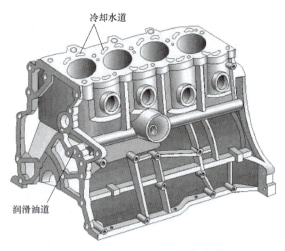

图 2-5 气缸体润滑油道和冷却水道

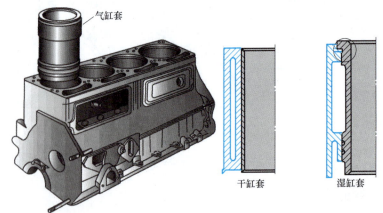

图 2-6 气缸套的类型

项目 2 曲轴连杆机构故障诊断

表 2-1 气缸套的基本特性

类型	特性	壁厚	与气缸的配合关系	定位	装配要求
干式气缸套	不与冷却液接触	1~3mm	过盈配合	过盈配合	检查圆度和圆柱度误差
湿式气缸套	与冷却液接触,其外装有耐油、耐热橡胶密封圈	5~9mm	间隙配合	上部凸缘的支承平面	高出气缸体0.05~0.15mm

(二) 气缸盖

气缸盖上安装着进、排气凸轮轴或摇臂轴,火花塞(汽油机),喷油器(柴油机)及进、排气歧管,如图 2-7 所示。

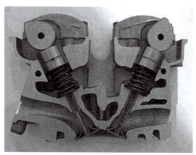

图 2-7 气缸盖的结构

气缸盖内加工有与气缸体相通的冷却水套和润滑油道。

(三) 气缸垫

气缸垫要定向安装。石棉外包铜皮的气缸垫,装在缸体、缸盖用同一种材料制成的发动机上时,翻边一面朝向缸体;装在缸体、缸盖用不同材料制成的发动机上时,翻边一面朝向气缸盖,如图 2-8 所示。气缸垫通常是一次性使用。

(四) 油底壳

油底壳一般为薄钢板冲压而成,其结构如图 2-9 所示。有的发动机为达到良好的散热效果,采用带有散热片的铝合金铸造的油底壳。

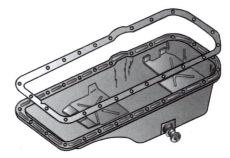

图 2-8 气缸垫　　　　　　图 2-9 油底壳

为保证发动机纵向倾斜时机油泵仍能吸到机油,油底壳中部或后部做得较深。有时在油底壳中还设有挡油板,以减轻油面波动。底部装有磁性的放油塞,以吸附机油中的铁屑,减少发动机运动零件的磨损。注意：放油塞下的密封垫为一次性件，拆过后即要予以更换新件。

2.3 活塞连杆组的结构认知

活塞连杆组主要由活塞、活塞环、活塞销和连杆等机件组成，如图 2-10 所示。

（一）活塞

活塞可分为活塞顶部、活塞头部和活塞裙部 3 部分，如图 2-11 所示。

（1）活塞顶部　活塞顶部是燃烧室的组成部分，常制成不同的形状，如图 2-12 所示。

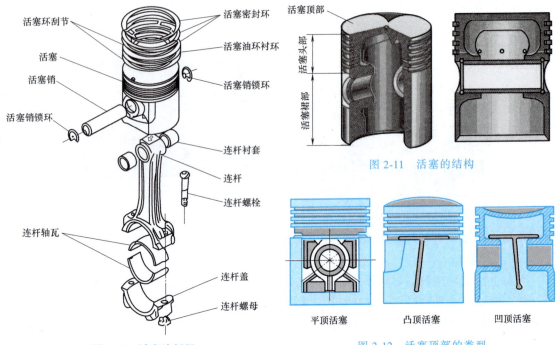

图 2-10　活塞连杆组

图 2-11　活塞的结构

图 2-12　活塞顶部的类型

（2）活塞头部　活塞顶部至最下面一道活塞环槽之间的部分称为活塞头部，其作用是安装活塞环。上面的 2~3 道槽用来安装气环，下面的一道用来安装油环。油环槽的底部钻有若干径向小孔，使油环从气缸壁上刮下的多余润滑油经此流回油底壳。

（3）活塞裙部　活塞环槽以下的所有部分称为活塞裙部，其作用是引导活塞在气缸中做往复运动，并承受侧压力。

为使发动机工作时，活塞受热后能与气缸壁间保持均匀的间隙，通常采取两种措施：一种是将活塞裙部制成锥形，如图 2-13 所示；另一种是在活塞上开槽，活塞裙部开绝热槽及膨胀槽，形状有 Π 形和 T 形，如图 2-14 所示。

高速发动机的活塞，将活塞销座孔向主推力面偏移 1~2mm，可减轻活塞越过上止点时产生的"敲缸"现象，如图 2-15 所示。如果反装会出现明显的振动和噪声。为了防止错装，活塞顶上一般都打有箭头等安装记号，箭头指向发动机的前端。

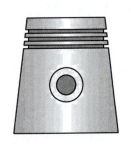

图 2-13　锥形的活塞

项目 2　曲轴连杆机构故障诊断

  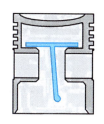 

图 2-14　活塞裙部开槽　　　　　　　　　　图 2-15　活塞销座孔偏移

（二）活塞环

（1）气环　气环在自由状态下，外径略大于气缸直径，如图 2-16 所示。装入气缸后因压缩产生弹力。在弹力的作用下紧贴在气缸壁上。当发动机工作时，高压气体的压力更加强了活塞环的密封作用，如图 2-17 所示。

1）气环的闭口间隙（端隙）s_1。活塞装入气缸后，活塞环开口处两端的距离称为活塞环的闭口间隙，又称端隙 s_1，如图 2-18 所示。闭口间隙一般为 0.20~0.90mm，为了防止气体从闭口间隙处漏出，活塞环的开口相互铺开 90°~120°，以对气缸中的高压燃气进行有效的密封。

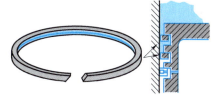

图 2-16　气环的密封原理

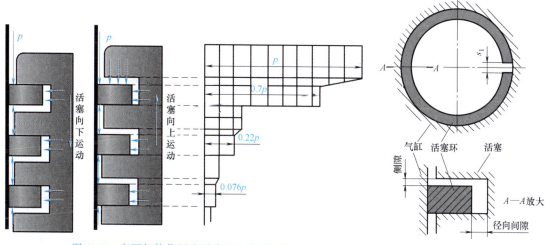

图 2-17　高压气体作用在活塞环上的作用力　　　　　图 2-18　活塞环三隙

2）气环的侧隙。为了保证活塞在气缸内运行时，活塞环能适应缸套的不同磨损部位始终紧贴缸壁，活塞环与环槽间存在轴向的间隙，该间隙叫侧隙，如图 2-18 所示。侧隙过大，会造成响声引起漏气。侧隙过小，活塞环受热卡死在环槽中，会拉伤气缸并漏气。

3）气环的径向间隙（背隙）。气环径向间隙是指活塞环装入气缸后，活塞环背面与环槽底部的间隙,如图 2-18 所示。

4)气环的剖面形状。气环常见的剖面形状有以下几种,如图 2-19 所示。

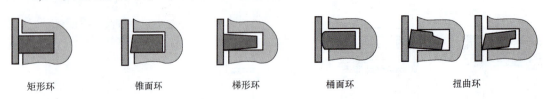

图 2-19 气环的剖面形状

矩形环:结构简单、散热性好,但有泵油作用。

锥面环:与缸壁为线接触,有利于密封和磨合,但其传热性差,不宜用于第 1 道气环。

梯形环:主要优点是能使沉积在环槽中的结焦挤出,同时其密封作用强,使用寿命长,但下两面的精磨工艺较复杂。

桶面环:接触面积小,有利于密封,但凸圆弧表面的加工较困难。

扭曲环:除具有锥面环的优点外,还能减小泵油作用、减轻磨损、提高散热能力,目前在发动机上得到广泛的应用。扭曲环分内倒角在上的正扭曲环和外倒角在下的反扭曲环,目前大部分扭曲环同时使用这两种结构。

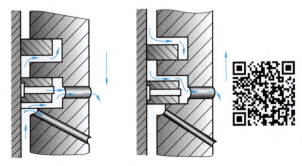

图 2-20 油环的刮油原理

(2)油环 活塞上行时,气环将机油均匀分布到气缸壁,活塞下行时,油环刮去多余的机油,经活塞上的回油孔流回油底壳,如图 2-20 所示。此外,油环还起到辅助密封的作用。

目前汽车发动机的油环有普通油环和组合油环两种,如图 2-21 所示。

(三)活塞销

根据活塞销与活塞销座孔和连杆小头衬套孔的配合的情况,活塞销分为全浮式和半浮式 2 种,如图 2-22 所示。

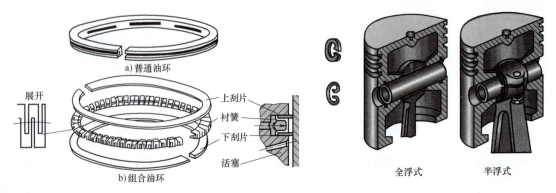

图 2-21 油环的结构

图 2-22 活塞销的结构

项目 2　曲轴连杆机构故障诊断

全浮式活塞销在发动机运转过程中，活塞销在连杆小头衬套孔和活塞销座孔内做自由转动，增大了实际接触面，减少磨损且使磨损较均匀。为防止活塞销轴向窜动而损坏气缸壁，在活塞销座两端用卡环来限位。

（四）连杆

连杆可分为连杆小头、杆身和连杆大头 3 部分，如图 2-23 所示。

连杆大头的切口形式有两种，如图 2-24 所示。连杆大头沿着与杆身轴线垂直的方向切开，称为直切口连杆，多用于汽油发动机。有些柴油发动机的连杆大头尺寸较大，为了维修拆装时仍能将其从气缸中抽出，将连杆大头沿与连杆杆身轴线成 30°~60°（常用 45°）的方向切开，即为斜切口连杆。

图 2-23　连杆的结构

图 2-24　连杆大头的结构

（五）连杆大头轴承

现代汽车发动机用的连杆大头轴承是由钢背、轴瓦合金组成，如图 2-25 所示。

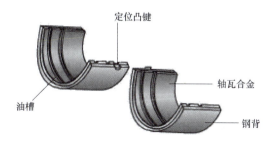

图 2-25　连杆大头轴承的结构

2.4　曲轴飞轮组的结构认知

曲轴飞轮组主要由曲轴、主轴承、飞轮、正时齿轮、带轮和曲轴扭振减振器等组成，如图 2-26 所示。

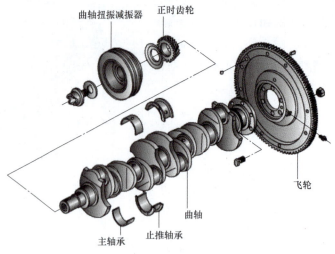

图 2-26　曲轴飞轮组

(一) 曲轴

曲轴一般由主轴颈、前端、连杆轴颈、曲柄、平衡重、后端等组成，如图 2-27 所示。

图 2-27　曲轴的结构

(1) 曲柄　一个连杆轴颈和它两端的曲柄及相邻两个主轴颈构成一个曲柄。曲柄的数目取决于发动机的气缸数目及其排列方式。直列发动机的曲柄数等于气缸数，而 V 形和对置式发动机的曲柄数为气缸数的一半，如图 2-28 所示。

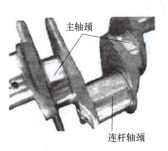

直列发动机的曲柄排列

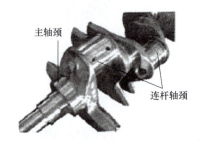

V 形和对置式发动机曲柄排列

图 2-28　发动机的曲柄排列

项目 2　曲轴连杆机构故障诊断

（2）曲轴支承　曲轴可按其主轴颈的数目分为全支承曲轴及非全支承曲轴。在相邻两曲柄间都设置一个主轴颈的曲轴，称为全支承曲轴，如图 2-29 所示，否则称为非全支承曲轴。

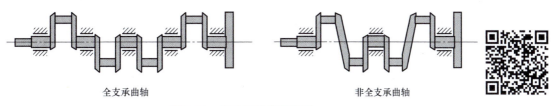

图 2-29　发动机的曲柄排列

（3）润滑油道　在主轴颈、连杆轴颈和轴承上都钻有径向油孔，如图 2-30 所示。通过和斜向油道相连以使润滑油进入主轴颈和连杆轴颈的工作表面。

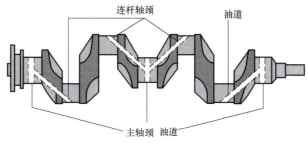

图 2-30　润滑油道

（4）曲轴前、后端　曲轴前端是第 2 道主轴颈之前的部分，装有驱动其他装置的机件，如正时齿轮、带轮，及起动爪、止推垫片及扭振减振器等，曲轴前端的结构如图 2-31 所示。

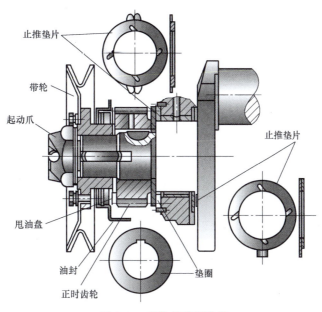

图 2-31　曲轴的前端结构

27

曲轴后端是最后一道主轴颈之后的部分，一般在其后端为安装飞轮的凸缘盘。

（二）曲轴的轴承

1. 分类

曲轴轴承按其承载方向可分为主轴承和止推轴承。

2. 主轴承

主轴承用于支承曲轴。轴承底座一半加工在曲轴箱上，另一半用螺栓固定，如图2-32所示。

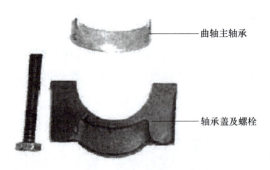

图2-32 主轴承

3. 止推轴承

止推轴承则用来限制曲轴的轴向窜动，保证曲柄连杆机构各零件正确的相对位置，并在曲轴受热膨胀时，防止其因伸长而卡死，其结构如图2-33所示。

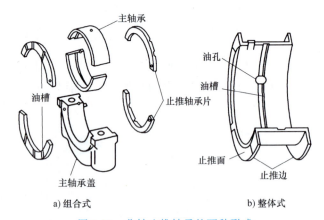

图2-33 曲轴止推轴承的两种形式

（三）几种常用的多缸发动机的曲柄布置和点火顺序

在安排各缸的工作顺序时，各缸的做功间隔应均衡，即发动机每完成一个工作循环，各缸都应做功一次。对于缸数为i的四冲程发动机而言，其点火间隔角为$720°/i$。常见多缸发动机的曲柄布置和点火顺序如表2-2、表2-3所示。

表2-2 直列四缸发动机工作循环（点火顺序：1-2-4-3）

曲轴转角/(°)	第1缸	第2缸	第3缸	第4缸
0~180	做功	压缩	排气	进气
180~360	排气	做功	进气	压缩
360~540	进气	排气	压缩	做功
540~720	压缩	进气	做功	排气

项目 2　曲轴连杆机构故障诊断

表 2-3　直列六缸发动机工作循环（点火顺序：1-5-3-6-4-2）

曲轴转角/(°)	第1缸	第2缸	第3缸	第4缸	第5缸	第6缸
60	做功	排气	进气	做功	压缩	进气
120						
180			压缩	排气		
240	排气	进气			做功	压缩
300						
360			做功	进气		
420	进气	压缩			排气	做功
480						
540		做功	排气	压缩		
600	压缩				进气	排气
660				做功		
720		排气	进气		压缩	

1. 直列四缸四冲程发动机

点火间隔角为 720°/4 = 180°，采用全支承曲轴时其 4 个曲柄布置在同一平面内，具有良好的平衡性。点火顺序有两种方式：1-2-4-3 或 1-3-4-2。若以第一种点火顺序为例，则其工作循环见表 2-2，曲柄布置如图 2-34 所示。

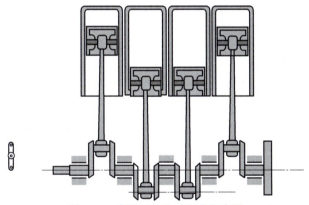

图 2-34　直列四缸发动机曲柄布置

2. 直列六缸四冲程发动机

点火间隔角为 720°/6 = 120°，曲柄均匀布置在互成 120°的二个平面内。六缸四冲程发动机常用的点火顺序为 1-5-3-6-2-4，其工作循环见表 2-3。曲柄布置如图 2-35 所示。

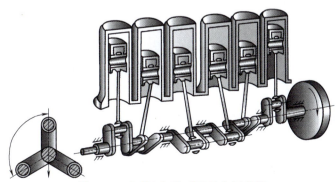

图 2-35　直列六缸发动机的曲柄布置

(四)飞轮

发动机飞轮的构造如图 2-36 所示。飞轮的外缘上镶有齿圈。起动时起动机上的齿轮与它啮合。飞轮上通常刻有第 1 缸点火正时记号,以供调整和检验点火(喷油)正时和气门间隙。飞轮与曲轴装配后一起进行静态和齿圈动态平衡校验,并通过在曲轴的平衡重和飞轮圆周上钻孔达到质量平衡。

(五)曲轴扭振减振器

在橡胶式扭振减振器中,减振器圆盘用螺栓与带盘及带轮紧固在一起,减振器圆盘和惯性盘同橡胶垫粘接在一起,如图 2-37 所示。

当曲轴发生扭转振动时,保持等速转动的惯性使橡胶层发生内摩擦,从而消耗扭转振动的能量,减小振幅达到减振的效果。

图 2-36 飞轮

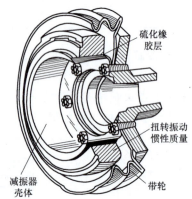

图 2-37 曲轴扭振减振器

任务实施

2.5 曲轴连杆机构的检测和常见故障诊断

一、曲轴连杆机构的检修

1. 缸体的变形、裂纹、螺纹孔损伤

测量气缸体上平面的平面度。如图 2-38 所示,使用刀口尺和塞尺,测量气缸体和气缸

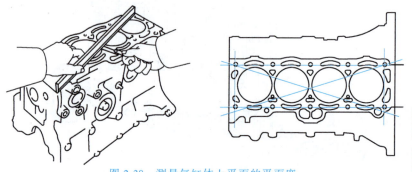

图 2-38 测量气缸体上平面的平面度

项目 2　曲轴连杆机构故障诊断

盖接触面的翘曲变形。

最大翘曲变形：0.05mm（0.0020in.）。

如果翘曲变形超过最大值，应更换气缸体。

目视检查气缸体是否有裂纹，必要时进行水压试验，以确定是否存在裂纹。

目视检查气缸体是否有螺纹孔损伤。

直观地检查气缸垂直划痕，如图 2-39 所示。如果存在深度划痕，重新镗削所有气缸。如果必要，更换气缸体。

2. 测量气缸磨损度（圆度、圆柱度）

测量气缸直径，计算圆度、圆柱度。

测量气缸直径时需用到游标卡尺、外径千分尺和量缸表。

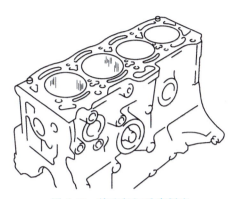

图 2-39　检查气缸垂直划痕

游标卡尺如图 2-40 所示，用于测量长度、外径、内径和深度。量程有 0～150mm、200mm、300mm。分度值为 0.02mm。

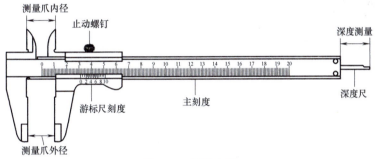

图 2-40　游标卡尺

外径千分尺如图 2-41 所示，常用量程为 0～25mm、25～50mm、50～75mm、75～100mm，

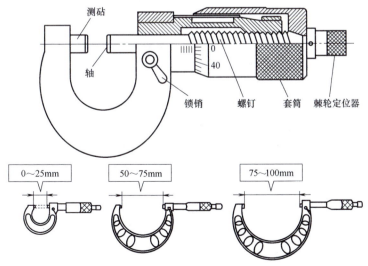

图 2-41　外径千分尺

31

分度值为0.01mm。

使用外径千分尺时应先清洁，并进行零校准，检查并确保零刻度已对准。如图2-42中所示的50~75mm的外径千分尺，在开口内放置一个标准的50mm校正量棒，并让棘轮定位器自由转动2~3圈。然后，检查套管上的基准线与套筒的零刻度线是否对齐。如果误差低于0.02mm，稍拧松套管的固定螺钉，然后，使用图中所示的调节扳手，轻微转动来调整套管。如果误差大于0.02mm，稍拧松套管的固定螺钉，使锁销啮合以便固定轴。用调节扳手按图中箭头方向松开棘轮定位器，然后移动套筒，将套筒的零刻度线与套管的基准线对齐。

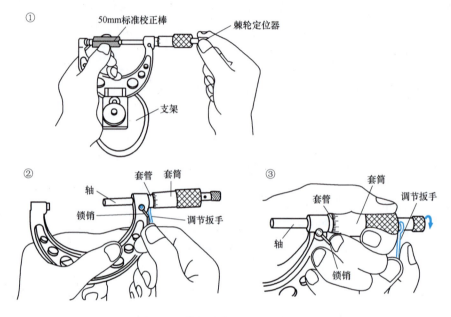

图2-42 外径千分尺的校零与调整

量缸表如图2-43所示。它必须与外径千分尺配合使用才能测量缸径，分度值为0.01mm。探头的伸长或收缩可用表盘指示器读出数值。量缸表由百分表、表杆、测量接杆、活动量杆等组成。

图2-43 量缸表

测量气缸直径的一般步骤：

1) 使用游标卡尺测量缸径，获得基准尺寸，如图2-44a中的87.00mm。

2) 选择合适的测量接杆和垫片，如基准尺寸为87.00mm，可选80~90mm测量接杆加上7.00mm的垫片，如图2-44b所示。（在测量接杆上标有其测量尺寸范围，以5mm或

10mm 递增。)

3）把百分表安装到量缸表的表杆上，以便于观察；百分表表盘正面应朝向活动量杆并与活动量杆及测量接杆轴线垂直，百分表预压缩 1mm（即小指针指示在约"1"的位置），如图 2-44c 所示。量缸表测量接杆与活动量杆的自由长度应比用游标卡尺测得的基准缸径大 0.5~1.0mm，如图 2-44d 所示。

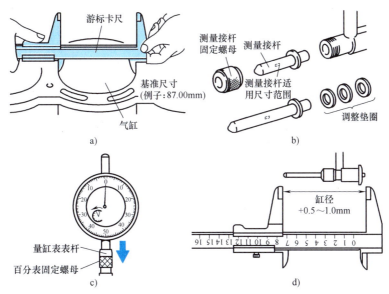

图 2-44 按基准尺寸选择测量接杆装好量缸表

4）如图 2-45 所示，清洁并校准外径千分尺，将百分表设置到由游标卡尺取得的基准缸径。用夹具固定住千分尺。

5）通过将测量接杆的端头杆作为杠杆的支点移动量缸表，找出量缸表在千分尺上的最小长度，即基准缸径尺寸。

6）将量缸表的百分表表盘转动至长指针指到零点（在这一点表盘指示器长指针在探头的收缩侧回转），并记住此时小指针指示的位置。

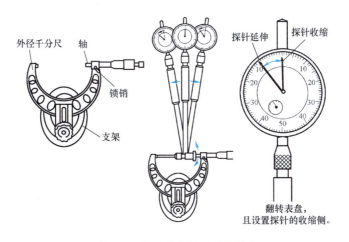

图 2-45 将百分表设置基准尺寸

7) 慢慢地推导向板并仔细地把量缸表插入缸孔内。一般每缸测量3个横截面、纵横2个方向共6个数据。3个横截面一般分别为第1道活塞环上止点位置、中部、下部距气缸下边缘10mm处。具体测量位置可参见维修手册。

8) 测量时必须使量杆与气缸的轴线保持垂直，应前后摆动量缸表，如图2-46所示。当前后摆动量缸表时，指针指示到最小数字（最短距离）时，即表示量杆与气缸轴线垂直，即气缸在这一横截面上的直径。

9) 读出最短距离位置上的刻度。当长指针顺时针方向离开"0"位（小指针应逆时针同步偏转，读数变大），表示实测气缸直径小于基准缸径；若长指针逆时针方向离开"0"位（小指针顺时针同步偏转，读数变小），表示实测气缸直径大于基准缸径。所以，读数时，如果小指针读数变小，被测气缸的直径就应在气缸基准尺寸的基础上加上百分表长指针逆时针离开"0"位的格数×0.01mm；如果小指针读数变大，则此时被测气缸直径就应在气缸基准尺寸的基础上减去百分表长指针顺时针离开"0"位的格数×0.01mm；如果小指针读数看起来没有变化，说明气缸实际直径与基准尺寸相差非常小，这时观察长指针离开"0"位的最小格数，如果是逆时针离开，则加上最小格数×0.01mm；如果是顺时针离开，则减去最小格数×0.01mm。简记为"小小逆加；小大顺减；不变取小，逆加顺减。"

在测量位置方面须遵照修理手册中的说明。

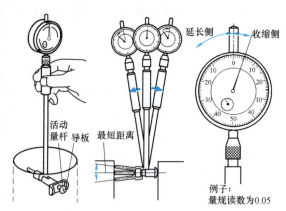

图2-46 测量气缸直径

10) 根据测量的缸径计算气缸的圆度和圆柱度偏差。

气缸是一个加工精度很高的圆柱形孔。但是，在高温高压、活塞侧压力、活塞环摩擦的作用下，气缸就会磨损。磨损规律是径向呈不规则的椭圆，椭圆的长轴在做功行程侧压力的方向，即横向；轴向呈上大下小的锥形，如图2-47所示。

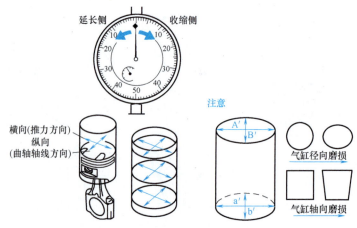

图2-47 计算气缸的圆度和圆柱度偏差

项目 2 曲轴连杆机构故障诊断

圆度偏差：一般将同一横截面的直径最大数值减直径最小数值再除以 2（有 3 个圆度偏差，选择 3 个数值的最大数值作为该缸的圆度偏差）。若多缸汽油发动机任意气缸的气缸圆度偏差≥0.05mm、柴油发动机的气缸圆度偏差≥0.0625mm 时，则需进行镗磨维修。

圆柱度偏差：一般将 6 次测量的直径最大数值减最小数值再除 2 作为该缸的圆柱度偏差。若多缸汽油发动机的任意气缸的圆柱度偏差≥0.20mm、柴油发动机的气缸圆柱度偏差≥0.25mm 时，则需进行镗磨维修。

提示：丰田 5A-FE 发动机标准气缸孔径有 3 级尺寸，分别标记"1""2"和"3"，这个标记打在气缸体上面，如图 2-48 所示。

标记 1：78.700~78.710mm。
标记 2：78.710~78.720mm。
标记 3：78.720~78.730mm。

图 2-48 丰田 5A-FE 发动机标准气缸孔径

使用量缸表，在 A、B 和 C 位置按横向和纵向测量气缸直径，如图 2-49 所示。

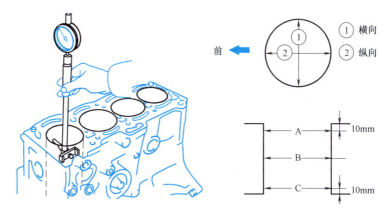

图 2-49 丰田 5A-FE 发动机气缸直径测量位置

如果缸径超过最大值，重新镗削所有气缸。如果必要，更换气缸体。

3. 检查活塞与气缸的配合间隙

用垫片刮板除去活塞顶部的积炭。用环槽清洁工具或旧活塞环，清洁活塞环槽。用刷子和溶剂彻底清洁活塞。目视检查活塞头部、裙部有无拉痕、损坏现象等。

用外径千分尺在与活塞销孔成直角的方向上，距活塞顶规定的距离测量活塞头部直径，如图 2-50 所示。

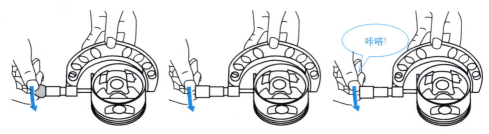

图 2-50 用外径千分尺测量活塞直径

测量时，将测砧抵住被测物，旋转套筒直到轴轻轻接触活塞。一旦轴轻轻接触活塞，转动棘轮定位器几次并读出测量值。棘轮止动器使轴施加的压力均匀，当此压力超过规定值时，它便空转。

如图 2-51 所示，丰田 5A-FE 发动机标准活塞直径有 3 级尺寸，分别标记"1""2"和"3"，这个标记打在活塞顶上。

1）使用千分尺，在与销孔轴线垂直的方向距离活塞顶 28.5mm 处测量活塞头部直径。

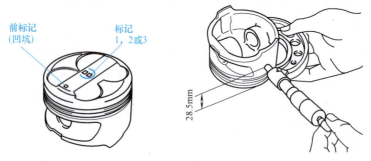

图 2-51　丰田 5A-FE 发动机标准活塞直径尺寸标记及测量位置

活塞直径：

标记 1：78.615~78.625mm。

标记 2：78.625~78.635mm。

标记 3：78.635~78.645mm。

2）按横向测量气缸筒直径。

3）用气缸直径减去活塞直径。

标准间隙：0.075~0.095mm。

最大间隙：0.115mm。

如果间隙超过最大值，更换所有活塞并重新镗削所有气缸。如果必要，更换气缸体。

注意：这个配合间隙称为"配缸间隙"，它因活塞材料、测量位置不同而不同。一般气缸与活塞裙部最大直径处的配合间隙约为 0.02~0.05mm，而活塞裙部最大直径的位置一般在活塞下边缘向上 5~10mm 处。所以检查这一配合间隙时一定要参照维修手册的规定进行。

4．检查活塞环的 3 个间隙

1）检查活塞环闭口间隙（端隙）。如图 2-52 所示，使用活塞将活塞环推入相对应的气缸中，保持活塞环水平，然后使用一个塞尺在规定的位置，即活塞环磨损最少的位置，进行测量。

如果该闭口间隙过大，压缩压力就会从闭口间隙泄漏；如果该闭口间隙过小，当活塞环膨胀时，其连接和/或接触该闭口间隙的气缸的内壁就可能损坏。

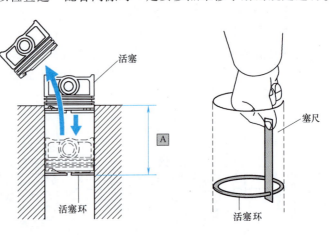

图 2-52　检查活塞环闭口间隙

活塞环闭口间隙因车型的不同而有所不同，一般而言，气环的闭口间隙约 0.25 ~ 0.50mm。具体数值应参考维修手册。

丰田 5A-FE 发动机活塞环标准闭口间隙（推入活塞环到距气缸体顶面 97mm 处）：

第 1 道：0.250 ~ 0.450mm。

第 2 道：0.350 ~ 0.600mm。

油环：0.150 ~ 0.500mm。

活塞环最大闭口间隙：第 1 道：1.05mm；第 2 道：1.20mm；油环：1.10mm。

2）检查活塞环侧隙（边隙）。如图 2-53 所示，把塞尺插入到活塞环侧隙中，测量最大的插入厚度。提示：当遇到轻微的阻力而无摩擦时，读出塞尺读数。

活塞环侧隙因车型的不同而有所不同，一般多在 0.02 ~ 0.09mm 范围内，最大极限约 0.15mm。对衬簧刮片组合式油环来说，因衬簧既起径向弹力作用，又起轴向弹力作用，应无侧隙。侧隙的具体数值应参考维修手册。

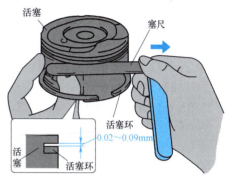

图 2-53　检查活塞环侧隙

丰田 5A-FE 发动机活塞环标准侧隙：第 1 道：0.040 ~ 0.080mm；第 2 道：0.030 ~ 0.070mm。如果侧隙不符合规定，则更换活塞。

3）检查活塞环径向间隙（背隙）。

径向间隙：严格地说，是在活塞与活塞环装入气缸后，活塞环背部与环槽底部之间的间隙，由于不好测量，故用环槽的深度减去活塞环径向的宽度。很多维修手册上未做严格的规定，一般采用目视检查，将活塞环放入环槽内，活塞环的宽度应略低于活塞环槽岸即可。

活塞环径向间隙的测量：

1）清洁好活塞环槽，将活塞环放入环槽内，活塞环的宽度应低于活塞环槽岸。

2）用游标深度卡尺分别测量环槽深度与环的宽度，环槽深度与环的宽度之差即为环的径向间隙，一般为 0 ~ 0.35mm。

5. 检查校正连杆弯、扭变形

由于连杆较长，工作时摆动和受力较大，当发动机超负荷运转和爆振时，会使杆身产生弯曲和扭曲。连杆体变形将使气缸产生不正常的磨损，形成偏磨、鼓形或其他形状，以致缩短发动机使用寿命；连杆大头内孔由于磨损会出现失圆和锥形。

（1）连杆弯、扭变形的检查　将活塞销装在连杆上，注意活塞销装在连杆小头或连杆小头衬套的配合应符合规定。不装连杆轴承，将连杆轴承盖与连杆装合好，按规定力矩拧紧连杆螺栓或螺母。

如图 2-54 和图 2-55 所示，将带活塞销的连杆固定到连杆弯扭检验校正仪上。使用连杆弯扭检验仪的三点规的"V"形面骑放在活塞销上，测量三点规在各测点与检测平板之间的间隙。三点规的 3 个测量点成等腰三角形分布，通常这个等腰三角形的底边为 100mm，高也为 100mm。

1）三点接触，无弯曲或无扭曲。

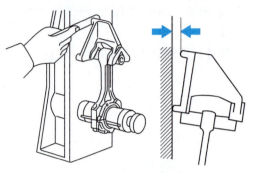
图 2-54 检查连杆弯曲变形

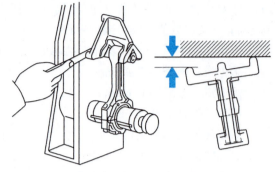
图 2-55 检查连杆扭曲变形

2）上测量点与平板接触，下面两测点不接触且间隙相等，或下面两测点接触，上测点不接触有间隙，则间隙值为连杆在 100mm 上的弯曲量。连杆在 100mm 上的弯曲量一般应不大于 0.03mm。如果弯曲量大于最大值，则校正或更换连杆。

3）下测点一个接触，另一个有间隙为 S；上测点间隙为 $S/2$；则 S 为连杆在 100mm 上的扭曲量。连杆在 100mm 上的扭曲度量一般应不大于 0.06mm。如果扭曲量大于最大值，则校正或更换连杆。

4）下测点一个接触，另一个有间隙为 S，但上测点间隙不等于 $S/2$；则连杆又弯又扭。

如果将 3 个测点的间隙分别记为 $S_{上}$、$S_{左}$、$S_{右}$，则扭曲量 $= |S_{左} - S_{右}|$；弯曲量 $= |S_{上} - (S_{左} + S_{右})/2|$。

用连杆弯扭检验校正仪和测隙规检查丰田 5A-FE 发动机连杆弯扭变形时，最大弯曲应不大于 0.05mm/100mm。如果弯曲大于最大值，则更换连杆。最大扭曲应不大于 0.15mm/100mm。如果扭曲大于最大值，则更换连杆。

如果所使用的连杆弯扭检验校正仪的三点规的 3 个测点构成的等腰三角形的底边不为 100mm，则需进一步换算至每 100mm 的变形量。

（2）连杆弯、扭变形的校正　连杆的校正，可利用连杆检验器的附设工具进行，也可用其他方法校正。连杆弯曲校正的方法如图 2-56 所示；连杆扭曲校正的方法如图 2-57 所示。也可用长柄扳钳、管子钳等进行校正。

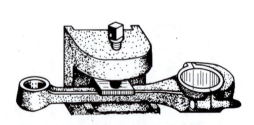
图 2-56 连杆弯曲校正

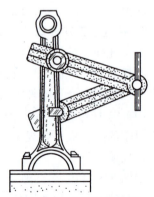
图 2-57 连杆扭曲校正

6. 检查活塞销和座孔及连杆衬套

活塞销是用来连接活塞和连杆的。发动机工作时，活塞销在高温下承受很大的周期性冲击载荷。并且活塞销润滑条件较差，因此要求强度较高且表面耐磨。同时为了减小往复运动的惯性力，还要求其本身重量轻。发动机工作时，采用全浮式连接方式的活塞销，由于其与连杆的相对运动，活塞销与连杆衬套和销座孔相配合处都要发生磨损。活塞销与衬套配合处磨损较大，而与活塞销座孔配合面磨损较小。活塞销磨损后，它与销座孔以及连杆衬套的配合间隙增大。在发动机工作时，会产生冲击，出现响声，并加剧配合件的磨损。对采用半浮式连接方式的活塞销来说，由于通常活塞销与连杆小头是固定的，则只是活塞销与销座孔相配合处发生磨损。

对采用全浮式连接方式的活塞销来说，发动机大修更换活塞销时，应选择标准尺寸，以便给小修留有更换的余地。在更换活塞销的同时，必须更换连杆衬套，以恢复良好的配合。

连杆小头衬套的更换方法如图 2-58 所示。使用专用工具（SST）压入新衬套。新衬套外径与连杆小头内孔应涂抹发动机机油。应从连杆有倒角面压入衬套。重要的是应对准衬套油孔和连杆油孔。

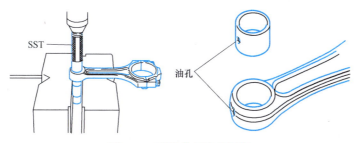

图 2-58　更换连杆小头衬套

测量连杆小头衬套的内径如图 2-59 所示。
用外径千分尺测量活塞销直径如图 2-60 所示。

 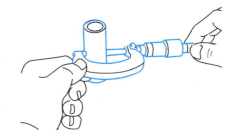

图 2-59　测量连杆小头衬套的内径　　　图 2-60　用外径千分尺测量活塞销直径

用连杆小头衬套孔直径测量值减去活塞销直径测量值即为活塞销与连杆衬套的装配间隙（油隙）。该值应在原厂规定的范围内，一般为 0.0075～0.0125mm。

如果油隙大于最大值，则更换连杆衬套或选配活塞销。如果油隙小于规定，则使用销孔研磨机珩磨衬套，如图 2-61 所示。也可使用专用铰刀进行铰削，然后检查油隙是否符合标准值。经验的做法是：在室温状态下，检查活塞销与连杆衬套的配合是将活塞销涂一层机油，用拇指将销按入销孔，如图 2-62 所示。

用测径规测量活塞销座孔直径如图 2-63 所示。

用活塞销座孔直径测量值减去活塞销直径测量值，室温下应略有过盈，有的车型有极小

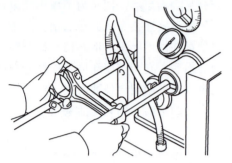

图 2-61 用销孔研磨机珩磨衬套

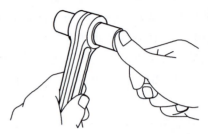

图 2-62 检查活塞销与连杆衬套的配合

的间隙（<0.01mm），所以在常温状态是很难装入的，也不允许在常温下安装。必须把活塞加热到 60~70℃（用水或油加热）的温度，用拇指就能将活塞销按入活塞销座孔，如图 2-64 所示。

图 2-63 测量活塞销座孔直径

图 2-64 将活塞销按入活塞销座孔

如果活塞销与连杆小头衬套及活塞销座的配合特性符合要求，就可以将活塞与连杆装配成组件，即按前述的"热塞、冷销、涂油、轻敲"的操作要领装配，如图 2-65 所示。装配时必须注意顺序和方向，不能搞错。

装好后，用手摆动连杆，应能自由转动且无任何松旷的感觉，如图 2-66 所示。

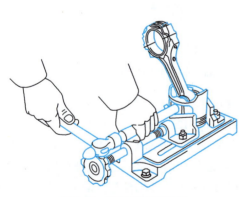

图 2-65 装配活塞与连杆

图 2-66 检查活塞销的配合

有的车型的活塞顶部有活塞销孔直径标记，连杆大头侧面标有连杆小头孔直径标记，此时应选择相应的活塞销。图 2-67 所示为丰田凯美瑞 2AZ-FE 发动机的活塞与连杆。如果油隙大于规定值,则更换相应部件,必要时,成套更换活塞、连杆和活塞销。

7. 检查曲轴的裂纹、弯曲

曲轴将各缸做功行程的推力,经过连杆变为旋转运动,输出转矩。曲轴因承受的载荷很大,且高速旋转,必须有足够的强度和刚度,而且必须在静态和动态时均保持平衡。

曲轴在使用中,当主轴承间隙过大,或突然加大油门以及发动机发生爆燃而受到冲击与剧烈振动时,都会发生弯曲变形。曲轴变形后若不及时修理,将加速曲轴连杆机构的磨损。因此,在大修发动机时,必须对曲轴进行检查。

(1) 检查曲轴裂纹　曲轴裂纹多发生在主轴颈或连杆轴颈与曲柄臂相连接的过渡圆角处,以及主轴颈中间的油孔处,因为此处断面形状急剧变化产生严重的应力集中。其次,轴颈表面高频淬火时,由于工艺上的原因,圆角部分不易淬硬,而使圆角处疲劳强度

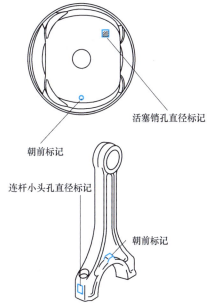

图 2-67　丰田凯美瑞 2AZ-FE 发动机的活塞与连杆

降低。因此,轴颈至曲柄臂的过渡圆角和主轴颈油孔处是曲轴最容易产生疲劳损坏的部位,裂纹多产生在此处。

修磨曲轴时,把轴颈至曲柄臂的圆角磨小,也是造成曲轴裂纹的一个重要原因。

曲轴产生细小的裂纹,很难以目力察觉,较可靠的方法是用电磁探伤器检查。当曲轴在接通电流的探伤器磁场内移动时,曲轴即被磁化,裂纹处便会形成磁极。此时在轴上洒上细铁末,再切断电磁探伤器的电流或移去探伤器,裂纹即现出痕迹。

另外,也可用锤击法。在被检查部位渗油后,涂白垩粉于轴颈,再用手锤敲击,如有裂纹,即可清晰地看出。

(2) 检查曲轴弯曲　曲轴的弯曲度,可在 V 形架上用百分表测量,如图 2-68 所示。由于中间主轴颈受负荷和振动较大,其弯曲变形在中间主轴颈处比较明显。测量单数主轴颈

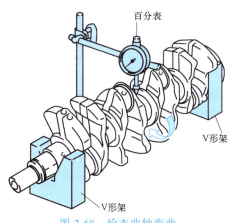

图 2-68　检查曲轴弯曲

的曲轴，应在中间道上进行；测量双数主轴颈的曲轴，应在中间两道上进行，找出弯曲的最大值。为了准确起见。应将百分表顶杆接触在轴颈的一端，转动曲轴，先找出表上最小的数值，然后将曲轴旋转180°，此时表针所示数值的一半，即为曲轴的弯曲度。

检查曲轴主轴颈的径向圆跳动，若超过极限值。则需要校正或更换曲轴。轿车发动机曲轴径向圆跳动极限一般为0.04mm。

8. 检查曲轴轴颈磨损

曲轴轴颈的磨损是不均匀的，其主要表现是轴颈的失圆与锥体。轴颈失圆与锥体是由受力大小以及力作用时间的长短来决定的。

连杆轴颈失圆磨损的最大部位是在各轴颈的一侧面上，即靠曲轴中心线一侧。

连杆轴颈锥体磨损的最大部位一般在机械杂质偏积的一侧和各轴颈受力大的部位，它由曲轴油道的布置和连杆大头的结构而定。

主轴颈的磨损主要是失圆，它的最大磨损部位是靠近连杆轴颈的一侧。

曲轴轴颈磨损的检查，主要是通过外径千分尺测量其直径，算出圆度和圆柱度，其目的是掌握轴颈磨损程度，以便确定修理级别。测量应根据轴颈磨损规律来进行。对四缸直列发动机来说，先在轴颈的平行于曲柄臂的方向测量，然后转90°再测量，如图2-69所示。轴颈同一横断面上的直径之差的一半即为该截面上的圆度偏差，一般测量2个截面，取这2个截面的圆度偏差值中的大者作为这一道轴颈的圆度偏差；取这4个直径测量值中最大值与最小值差值的一半作为这一道轴颈的圆柱度偏差。当轴颈圆度偏差或圆柱度偏差超过0.02mm时，应进行光磨修理。

轿车发动机一般有两级修理尺寸，即在标准直径的基础上分别-0.25mm、-0.50mm。在磨削曲轴轴颈前，先确定需磨削的修理尺寸，按这个预定的修理尺寸级别更换缩小尺寸的轴承，然后把更换的轴承安装到相应的主轴承座孔内或连杆大头内，将主轴承盖螺栓或连杆螺栓拧紧至规定力矩，用量缸表测量各道轴承的实际内径，按各道轴承的实际内径标准的配合间隙来光磨曲轴主轴颈和连杆轴颈，以恢复正确的圆柱形状和标准的装配间隙。

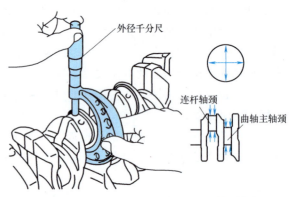

图2-69 检查曲轴轴颈的磨损（测量轴颈直径）

9. 检查曲轴主轴颈与主轴承的配合间隙及曲轴轴向间隙

（1）检查曲轴主轴颈与主轴承的配合间隙 检查主轴颈与主轴承之间配合间隙的常用方法有两种：

1）用量具测量法。如图2-70所示，将主轴承和轴承盖装回气缸体，用规定的扭矩拧紧螺栓，用量缸表测量轴承内径，用千分尺测量曲轴主轴颈的外径。将测得的主轴承内径和曲轴主轴颈外径做比较，即可算出轴颈与轴承的间隙。

2）塑料线间隙规测量法。按主轴颈的长度剪下一段塑料线间隙规，放在曲轴主轴颈并与曲轴轴向中心线保持相平行。在安装轴承盖时，使塑料线间隙规不位于主轴颈的油孔上。

项目2 曲轴连杆机构故障诊断

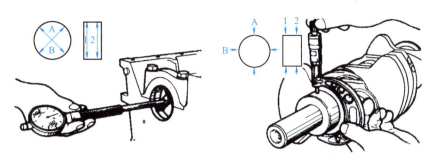

图 2-70 用量具测量法计算主轴承与曲轴主轴颈的配合间隙

塑料线间隙规应放到不承受曲轴重量的一侧。装好轴承和轴承盖,并按规定扭矩拧紧主轴承盖螺栓。注意不能转动曲轴,以防损坏塑料线间隙规。拆下轴承盖,利用塑料线间隙规封皮上的标记刻度来测量塑料线间隙规的挤压宽度,如图 2-71 所示。此宽度是决定测量值的依据。

测量的轴承径向间隙应在原厂标准范围内。

（2）检查曲轴轴向间隙 如图 2-72 所示,使用百分表,用螺钉旋具前后撬动曲轴,测量止推间隙。标准止推间隙一般为 0.08~0.20mm,具体数据请参阅维修手册。

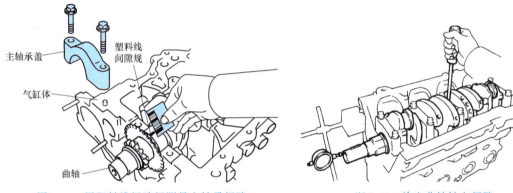

图 2-71 用塑料线间隙规测量主轴承间隙　　　图 2-72 检查曲轴轴向间隙

如果止推间隙超过最大值,成套更换止推垫片。

10. 检查连杆轴颈与连杆轴承的配合间隙

与检查主轴承配合间隙的方法一样,可用两种方法检查连杆轴颈与连杆轴承的配合间隙。

将连杆轴承及轴承盖装在连杆大头上,用规定的扭矩拧紧连杆螺栓,用量缸表测量轴承内径,用千分尺测量连杆轴颈的外径。如图 2-73 所示。

将测得的连杆轴承内径和连杆轴颈的外径做比较,即可算出轴颈与轴承的间隙。

也可如图 2-74 所示,按图中所示的步骤用塑料线间隙规测量其配合间隙。清洁曲轴连杆轴颈和轴承。截取相应长度的塑料线间隙规,以便和轴承宽度匹配。将塑料线间隙规放在连杆轴颈上。把轴承盖放在连杆轴颈上并以规定的扭矩将其紧固。切勿转动曲轴。拆下轴承盖并使用塑料线间隙规包装封皮上的刻度来确定平直的塑料线间隙规的宽度,测量塑料线间隙规最宽部位的宽度,从而确定连杆轴颈与连杆轴承的配合间隙。

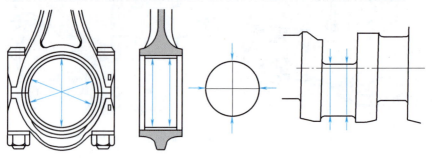

图 2-73 测量连杆轴承内径与连杆轴颈的外径

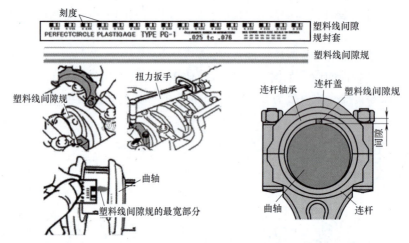

图 2-74 用塑料线间隙规测量连杆轴颈与连杆轴承的配合间隙

11. 检查气缸盖螺栓、连杆螺栓等

很多发动机中，一些重要螺栓如气缸盖紧固螺栓、连杆螺栓、主轴承盖螺栓等采用了塑性螺栓，如图 2-75 所示。

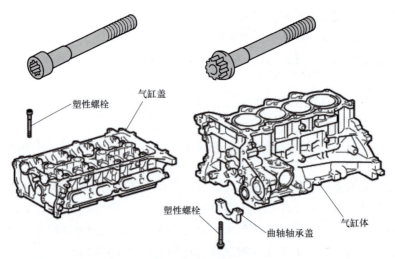

图 2-75 塑性螺栓

为与其他螺栓区别，塑性螺栓头部通常做成内或外 12 角。塑性螺栓具有良好的轴向张力稳定性，但这种螺栓再次使用前必须检查其是否被拉伸，有的厂家规定检测其长度，而有的厂家规定检查其直径，如图 2-76 所示。

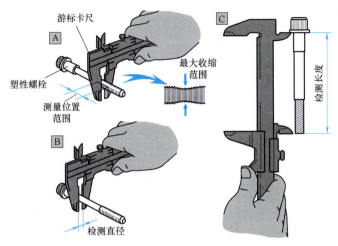

图 2-76　检查塑性螺栓

拧紧塑性螺栓的方法不同于拧紧普通螺栓，必须按维修手册的规定步骤进行紧固。一般步骤如图 2-77 所示。

在螺纹上和螺栓头部的下面涂抹薄薄一层机油。安装并用力均匀地上紧螺栓至规定扭矩。给每一只螺栓作油漆标记。紧固螺栓到规定的角度。规定角度的例如："90°＋90°""90°""45°+45°"。

提示：位置不同，规定的角度也不同。请参考修理手册。

最后需检查油漆标记的位置。

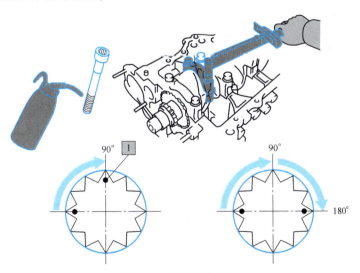

图 2-77　紧固塑性螺栓

12. 检修飞轮

（1）飞轮齿圈的更换　飞轮齿圈与起动机小齿轮在发动机起动时产生碰撞，容易造成轮齿的磨损和损坏。

齿圈的轮齿为单面磨损，因此可将齿圈翻转后倒角继续使用。但当齿面严重损坏时，则必须更换。用乙炔喷灯加热齿圈，使其膨胀。用铜棒和锤子沿齿圈全周敲打，使齿圈脱出，如图2-78所示。

如图2-79所示，将新齿圈均匀加热，不要让温度超过200℃。将齿圈装入飞轮，使轮齿倒角的一面在起动电动机一边。

图2-78 拆下旧齿圈

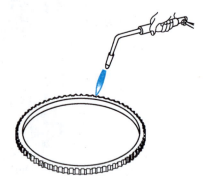

图2-79 加热新齿圈

（2）飞轮摩擦工作面的检验与修理　飞轮平面应无变形、裂纹及明显的沟痕。检查其工作面的轴向圆跳动，应小于0.1mm，如图2-80所示。如有异常，应对飞轮进行切削加工，但如果修理时对飞轮的切削加工量过大，则离合器摩擦片上的扭振减振弹簧会更靠近飞轮上的紧固螺栓，有可能使减振弹簧与飞轮螺栓头部接触。飞轮的修理切削加工量过大也会使离合器压盘向前移动而离开分离轴承，使离合器踏板自由行程增加，从而使离合器工作缸推杆的移动量不能足以使离合器分离。当飞轮与从动盘摩擦片的接触平面与离合器盖安装平面不在同一面上时，对飞轮进行切削加工时应注意须同时对这两个平面进行切削，且切削量应相等，以免影响离合器的压紧力与分离力或导致离合器分离不彻底。

也可将飞轮卸下，放置在工作平台上，沿直径方向移动百分表测定其表面磨损与变形。如图2-81所示。若磨损与变形超过修理限度，则应用平面磨床磨削工作面。

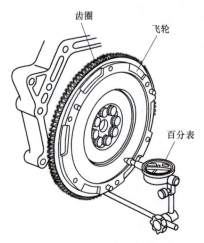

图2-80 检查飞轮工作面的轴向圆跳动

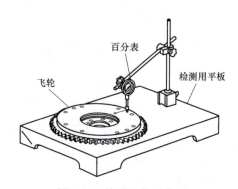

图2-81 检验飞轮工作面

项目 2　曲轴连杆机构故障诊断

二、曲轴连杆机构的常见故障诊断

1. 燃烧室故障诊断检查

（1）压缩压力测试　用压缩压力记录仪进行压缩压力检查，如图 2-82 所示。此记录仪能对各燃烧室的压缩压力进行比较。在发动机处于运行温度时进行检查。拆卸所有火花塞并将喷射装置与串联电阻的接线拆开以防止喷射燃油。在蓄电池电量最大时操纵起动机约 4s。在网格图表上记录压缩压力。标准气缸压缩压力参数值见表 2-4。

表 2-4　标准气缸压缩压力参数值

标准压缩压力参数/bar	最低压缩压力参数/bar
9~14	7~8

注：1. 各气缸之间的最大压力差 1bar。
　　2. 1bar=100kPa。

实际测试压缩压力与表 2-4 标准气缸压缩压力参数值进行对比，偏离标准值时说明存在机械故障。为了确定故障部位，通过相关气缸的火花塞孔（拆下火花塞后露出的孔）注入发动机油，随后转动发动机几圈，以便机油均匀分布。机油在活塞和气缸壁之间形成密封。如果第 2 次测量时压缩压力上升，则说明气缸壁、活塞环或活塞损坏。

（2）气缸压缩压力损失测试　压缩压力检查只能大概了解燃烧室的机械状态，它不能进行故障定位。例如，如果通过压缩压力测试确定燃烧室泄漏，那么就要进行压力损失检查，如图 2-83 所示。

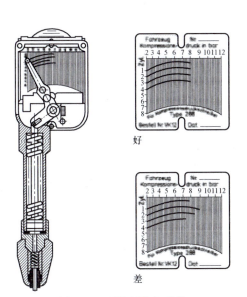

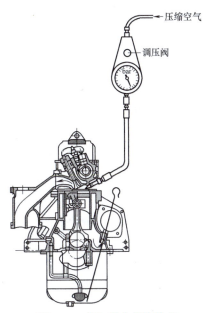

图 2-82　压缩压力记录仪　　　　　　图 2-83　气缸压力损失检查

进行压力损失检查时，将压缩空气充入到需要检查的气缸中，工作压力通常为 5~15bar（1bar=100kPa）。检查前将指针调节到使用说明书中规定的初始值，在发动机处于运行温度时进行检查。此外还必须拧出所有火花塞，拆卸空气滤清器，拔出机油表尺并拧下散热器盖。测试仪以百分数形式表示泄漏造成的压力损失。压力损失通常不超过 40%。气缸之间 20% 以下的压力差无关紧要。通过流出空气的声音可以确定泄漏部位，见表 2-5。

发动机机械机构故障诊断与维修

表 2-5 通过泄漏空气声音确定泄漏故障部位

声音位置	可能的故障部位
进气歧管	进气门
排气歧管	排气门
机油加油口	活塞、活塞环
冷却液加注口	气缸盖密封

压力损失较大时,向气缸内喷入一些机油后重复进行测量。如果压力损失比第 1 次测量时小,则可能是活塞或活塞环泄漏。

2. 曲轴连杆机构异响故障诊断与排除

曲轴连杆机构异响包括活塞敲缸响、活塞销响、曲轴轴承响、连杆轴承响等。活塞敲缸响指活塞在上下运动时在气缸内摆动或窜动,其头部或裙部与缸壁、缸盖相碰撞产生的异响,又可分为冷敲缸、热敲缸和冷热均敲缸。曲轴连杆机构异响故障的诊断与排除见表 2-6。

表 2-6 曲轴连杆机构异响故障的诊断与排除

故障	特征	原因	诊断与排除措施
冷态敲缸	①低温时有敲击声,发动机温度正常后响声减弱或消失 ②急速或低速时,发出清晰、有节奏的"嗒、嗒"敲击声,转速提高后响声减弱或消失 ③某缸断火后异响减弱或消失,且火花塞跳火1次发响2次	①活塞与缸壁的配合间隙过大 ②机油压力过低、缸壁润滑不良	①将发动机转速控制在异响最明显的范围(通常在急速工况),察看机油加注口是否冒烟,排气管是否冒蓝烟。用听诊器在机体上部两侧听诊,也可用螺钉旋具抵触在缸体一侧,将耳朵贴在螺钉旋具的木柄上,听是否有振动敲击声。如果出现上述症状,可确诊为活塞敲缸 ②逐缸断火试验。若某缸断火后其声响减弱或消失,复火时其响声明显增大1、2秒后,又恢复原来声响,当发动机温度升高后响声减弱或消失,即可确诊为活塞敲缸 ③加机油试验法。将待查气缸的火花塞拆下,注入少量机油(约 20~30ml),再重新起动试验。如声消失或明显减弱,但不久又复出,则可确诊为该缸活塞敲缸 若发动机仅冷车时敲缸,热车后响声消失,则该发动机尚可继续使用,俟机再修
热态敲缸	①急速时发出有规律的"嗒、嗒"声,高速时发出"嘎、嘎"的连续金属敲击声,并伴有机体抖动现象,且温度升高,响声加大 ②火花塞跳火1次,发响2次;单缸断火,声响加大	①活塞与缸壁配合间隙过小 ②活塞与活塞销装配过紧使活塞变形或反椭圆形 ③连杆轴颈与曲轴主轴颈不平行 ④连杆弯曲、扭曲或连杆衬套轴向偏斜 ⑤活塞环背隙、闭口间隙过小导致活塞环卡滞	①若发动机低温时没有异响,而温度升高后在急速时出现"嗒、嗒"声,并有机体振动现象,且温度越高,响声越大,则为活塞变形或活塞环过紧造成的活塞敲缸 ②发动机低温时不响,而温度升高后在中、高速时发出急剧而有节奏的"嘎、嘎"声,单缸断火时,其响声变化不大,则为连杆变形或连杆装配不当造成的活塞敲缸 ③发动机在热起动后即敲缸,且单缸断火声响加大,表明该缸敲缸现象严重,也可能已经产生了拉缸。此时应停机检修,以免造成更为严重的恶性故障
冷热态均敲缸	①发动机低速有"嗒、嗒"的敲击声,转速提高后声响消失,或低速时发出有节奏且强弱分明的"杠、杠"声,有时会短暂消失,但很快又复出,转速提高后消失 ②火花塞跳火1次,发响2次;某缸断火后,响声减弱或反而加大,并由节奏声响变为连续声响	①活塞销与连杆小头装配过紧 ②连杆轴承装配过紧 ③活塞裙部圆柱度误差过大	①逐缸做断火试验,若某缸断火后声响减小但不消失,则为该缸连杆与曲轴或活塞销装配过紧所致 ②断火试验时该缸声响加重,且由间断响声变为连续声响,则为活塞磨损变形所致 ③低速时有"嗒、嗒"敲击声,当转速提高后响声消失,则为活塞裙部圆柱度误差过大所致

项目2 曲轴连杆机构故障诊断

(续)

故障	特征	原因	诊断与排除措施
活塞销响	①发动机急速时发出有节奏而又清脆的声响或尖锐的金属敲击声；突然加大节气门时，响声也随之加大；高速时，响声混浊不清 ②火花塞跳火1次，发响2次；单缸断火时声响减弱或消失，严重时反上缸	①活塞销与连杆衬套、活塞销座孔磨损过甚而松旷 ②润滑不良引起的活塞销严重烧蚀 ③活塞销锁环脱落导致活塞销窜动 ④活塞销折断	①发动机急速运转，抖动节气门到中速位置，如声响能随转速的变化而变化，并且每抖动1次节气门，都能听到明显、清晰、尖脆而连贯的"嗒、嗒"响声，即为活塞销响 ②在急速或稍高于急速时呈双"咔嗒"声响特征 ③发动机升温后，响声通常会加重。有时冷车时响声小，热车时响声大 ④当响声不严重时，将发动机转速控制在声响最明显处（一般稍高于急速），进行单缸断火试验。若断火后响声减轻或消失，复火瞬间又立即发出"嗒"的撞击声，且在气缸上、中部比在下部听到的响声大，则为活塞销轻微响。在安装了新活塞后，活塞销响声常常变得更加明显。随着活塞环的磨损，这种响声会逐渐减小 ⑤当响声比较严重时，发动机转速越高，响声越大。单缸断火，若声响不仅不消失，反而由间歇异响变为连续异响，听起来更加杂乱，则为活塞销与衬套配合严重松旷 ⑥发动机急速运转时出现有节奏而较沉重的"吭、吭"碰击声，转速提高后，声响并不消失，同时伴随出现机体抖动现象，单缸断火声响反而加大，则为活塞销自由窜动造成异响 ⑦发动机急加速时声响剧烈而尖锐，单缸断火声响减轻但不消失，则为活塞销折断
曲轴主轴承响	①发动机稳定运转时并无声响，当转速突然变化时，发出沉闷连续的"镗、镗"敲击声，转速越高，声响越大，同时伴有机体振动现象 ②发动机负荷增大时，响声加剧。有时上坡加速时，在驾驶室内就可听到沉闷的"镗、镗"敲击声 ③单缸断火时声响变化不大，而相邻两缸断火时，声响明显减弱	①曲轴主轴颈与轴承配合间隙过大 ②曲轴轴向间隙过大 ③曲轴轴承盖螺栓松动 ④润滑不良导致轴承合金烧损、脱落 ⑤曲轴弯曲	①在发动机低、中速状态下抖动节气门，一般由2000r/min急加速至3000r/min，发出明显而沉闷的连续敲击声，同时伴随有机体振抖现象，则可确诊为曲轴主轴承响 ②进行单缸断火试验，声响变化不大，而相邻两缸断火时，声响明显减弱或消失，则为两缸之间的曲轴主轴承发响 ③高速运转发动机，机体振动较大，同时伴有机油压力显著下降，则为曲轴主轴承与轴颈配合间隙过大或轴承合金脱落 ④异响随温度升高而增大，高速时声响变得杂乱，则可能是曲轴弯曲
连杆轴承响	①发动机急速运转时无明显声响，稍高于急速时有清晰的"嗒嗒"敲击声，有点类似钢球落在钢板上所发出的声音，而高速时有"咯、咯"敲击声，急加速时声响尤为明显。连杆轴承响较曲轴主轴承响轻缓而短促 ②当发动机负荷增加时，声响也随之增大；单缸断火，声响明显减弱或消失	①连杆轴承与轴颈磨损过量导致失圆、配合间隙过大 ②连杆轴承盖紧固螺栓松动 ③连杆轴承润滑不良、合金烧蚀、脱落	①加大节气门，发动机转速由急速向中速过渡时声响变得清晰。一般由1000～2000r/min反复急加速抖动油门时，声响特别清脆。随着转速的增高，敲击声更为明显 ②对某缸进行断火试验，若声响明显减弱或消失，说明该缸连杆轴承响 ③不论发动机转速和温度的高低，都发出严重而无节奏的"铛、铛"声响，且伴随有机体振动，单缸断火声响不变甚至更加明显（反上缸），说明连杆轴颈失圆、轴承合金烧蚀或连杆螺栓严重松动，应立即停机进行拆检，找出连杆轴承烧蚀的故障原因（如机油道堵塞、机油压力低等），视情更换连杆与曲轴

3. 案例：气缸盖垫片故障诊断

气缸盖垫片损坏时必须立即维修，以避免造成发动机损坏范围扩大，但是必须事先准确确定故障原因，见表2-7。

表 2-7 从冷却液观察的气缸盖垫片故障现象及产生的原因

故障现象	故障原因
冷却液缓慢损耗	由于气缸盖垫片损坏冷却液进入燃烧室
冷却液大量损耗从排气管中排出白色废气烟雾	大量冷却液进入燃烧室、蒸发并以白色蒸汽形式从排气中排出
补液罐打开时有气泡从冷却液中冒出	燃烧气体受压进入冷却系统内。系统内有废气气味
冷却液表面呈彩色	机油从润滑系统进入了冷却系统
拔出的机油标尺上附有一层浅灰色液,机油中混进了水泡	冷却液进入润滑系统

气缸盖垫片有 7 种不同的泄漏途径。拆卸气缸盖垫片前必须首先确定泄漏部位,如图 2-84 所示。更换气缸盖垫片前必须确定泄漏原因,见表 2-8。

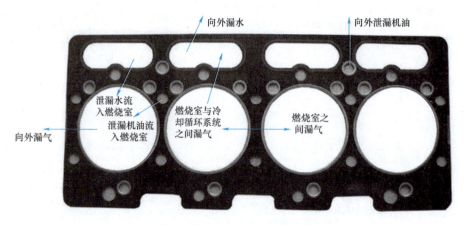

图 2-84 气缸盖垫片泄漏点示意图

表 2-8 气缸盖垫片常见故障现象与产生的原因

故障现象	故障产生原因
漏气	冷起动性能越来越差,同时出现排气冒白烟和功率损失现象。这种情况是气缸盖垫片损坏的征兆 通过看不见外流的冷却液但却缓慢损耗,在早期就能够发现漏气。此外,通过冷却液软管硬化和取下散热器盖后从补液罐中冒出气泡也能发现漏气 最好能在卸下来的气缸盖垫片上找出泄漏的原因。从燃烧室边缘染黑的程度上可以识别泄漏。局部染黑是存在着漏气的迹象,这种漏气会通过过度吹扫炽热燃烧气体而造成燃烧室边缘毁坏。密封材料在这些部位失去其弹性特性。燃烧室边缘均匀的轻度染黑是正常的,其原因可能是螺栓未正确拧紧或以前发生了过热
过热	如果局部过热的同时还产生水蒸气,则在炽热水蒸气的作用下会导致硅填充物膨胀,从而可能造成支撑板软材料完全分解。过热的可能原因是:散热器堵塞、冷却系统沉积(钙、铁锈、油泥)、电风扇的节温器或节温开关损坏、超负荷运行
敲缸	爆燃是混合气瞬间自燃而导致燃烧室压力急剧上升,这个压力远远超过正常燃烧压力。此时燃烧室金属边缘"正常凹陷",但不发生漏气。气缸盖垫片无法长期承受这些应力。在两气门发动机中通常在火花塞对面可以看到凹陷;在四气门发动机中通常在活塞挤压边缘对面可以看到凹陷。爆燃的原因是:燃油辛烷值过低、点火时间调整错误、火花塞热值错误、涡轮增压发动机中增压压力过高、燃烧室中有沉积物
机油和冷却液泄漏	机油和冷却液的外流损失在分界面上用眼睛就能清楚地识别。彻底清洗发动机后将滑石粉撒在怀疑发生泄漏的密封部位并让发动机以不同转速运行,可清楚地看到外流的微量机油或冷却液
未遵守安装规定	未按照规定拧紧螺栓会导致气缸盖或曲轴箱扭曲变形。补充加入到冷却液中的化学添加剂、劣质防冻剂和安装时涂敷的密封剂都可能侵蚀气缸盖垫片的材料。铜或二硫化钼喷剂也可能改变气缸曲轴箱、气缸盖垫片与气缸盖之间的摩擦系数。气缸盖垫片"悬浮"在其中

任务总结

1. 曲轴连杆机构的功用是把燃气作用在活塞顶上的力转变为曲轴的转矩，以向外输出机械能。

2. 曲轴连杆机构由机体组、活塞连杆组和曲轴飞轮组 3 部分组成，机体组由气缸体（气缸套）、气缸盖、气缸盖垫片和油底壳等组成。活塞连杆组主要由活塞、活塞环、活塞销和连杆等组成。曲轴飞轮组主要由曲轴、主轴承、飞轮、正时齿轮、带轮和曲轴扭振减振器等组成。

3. 使用刀口尺和塞尺测量气缸体和气缸盖接触面翘曲变形。最大翘曲变形 0.05mm，如果翘曲变形超过最大值，更换气缸体。

4. 气缸是一个加工精度很高的圆柱形孔。在高温高压、活塞侧压力、活塞环摩擦的作用下，气缸会磨损。磨损规律是径向呈不规则的椭圆，椭圆的长轴在做功行程侧压力的方向，即横向；轴向呈上大下小的锥形。

5. 曲轴连杆机构异响包括活塞敲缸响、活塞销响、曲轴轴承响、连杆轴承响等。

学习工作页

完成"学习工作页"项目 2 各项作业。

项目 3　配气机构故障诊断

学习目标

1. 能够解释配气机构的作用、类型。
2. 能够懂得配气机构的基本组成和工作原理。
3. 根据按照规范要求完成配气机构的检修和故障排除作业。
4. 培养良好的职业道德与安全、环保意识。

任务接受

客户报修：油耗增加

某客户的大众朗逸轿车，行驶过程中排气故障灯亮，油耗增加，排放超标。经检查，进气凸轮轴机油控制阀故障。更换进气凸轮轴机油控制阀后，上述故障现象消失。

信息收集

3.1　配气机构概述

（一）配气机构的作用

配气机构的作用是按照发动机工作的要求，定时开闭进、排气门，使可燃混合气和空气（柴油机）进入气缸，并将废气排出气缸。

（二）配气机构的组成

配气机构由气门组与气门传动组组成，如图 3-1 所示。气门组由气门、气门弹簧、气门弹簧垫圈、气门锁片、气门导管（图中未画）等组成。气门传动组由曲轴正时带轮、凸轮轴正时带轮、正时带、凸轮轴等组成。

（三）配气机构的类型

1. 按气门布置形式分类

按气门布置形式分类，可分为双气门和多气门 2 种，如图 3-2 所示。

2. 按凸轮轴布置位置分类

按凸轮轴布置位置分类，可分为凸轮轴上置式、凸轮轴中置式和凸轮轴下置式 3 种，如图 3-3 所示。

3. 按气门驱动形式分类

按气门驱动形式分类，可分为直接驱动式与摇臂驱动式 2 种。

项目 3　配气机构故障诊断

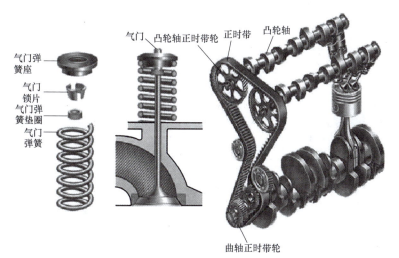

图 3-1　配气机构

双气门

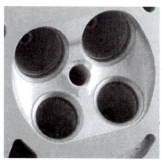

四气门

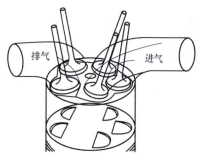

图 3-2　双气门和多气门

凸轮轴下置式

凸轮轴中置式

凸轮轴上置式

图 3-3　凸轮轴的布置形式

4. 按凸轮轴传动方式分类

凸轮轴传动方式有齿轮传动式、链传动式和同步带传动式3种，如图3-4所示。

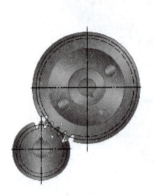
齿轮传动机构

链传动机构

同步带传动机构

图3-4　凸轮轴传动方式

5. 按凸轮轴的数量分类

按凸轮轴的数量分类，可分为单凸轮轴和双凸轮轴2种，如图3-5所示。

（四）配气机构的工作原理

1. 凸轮轴上置式配气机构的工作原理

凸轮轴通过正时带轮由曲轴驱动。四冲程发动机每完成1个工作循环曲轴转2圈，各缸进、排气门各开启1次，凸轮轴只需转1圈，曲轴转速与凸轮轴转速之比为2∶1，也就是曲轴正时带轮的齿数是凸轮轴正时带轮齿数的1/2。桑塔纳发动机曲轴正时带轮带动凸轮轴正时带轮和凸轮轴转动，凸轮的尖角推动液力挺柱使气门向下运动，气门打开。气门关闭凸轮转到圆角时，由气门弹簧使气门关闭。

2. 凸轮轴下置式配气机构的工作原理

凸轮轴下置式配气机构如图3-6所示。当凸轮轴转至凸起部分顶起挺柱时，挺柱通过推

单凸轮轴

双凸轮轴

图3-5　单凸轮轴和双凸轮轴

图3-6　凸轮轴下置式配气机构

杆使摇臂绕摇臂轴摆动。摇臂的长臂端压缩气门弹簧，推下气门，使气门头部离开气门座圈而打开。当凸轮凸起部分转过挺柱后，气门在气门弹簧弹力的作用下，开度逐渐减小，直至气门关闭。气门的开启是由凸轮通过气门传动组克服气门弹簧弹力推动气门而完成的，而气门的关闭则是由气门弹簧来完成的。

3.2 气门组的结构认知

（一）气门组概述

如图3-7所示，气门组由气门、气门导管（图中未画）、气门座圈、气门弹簧和气门锁片等零件组成。

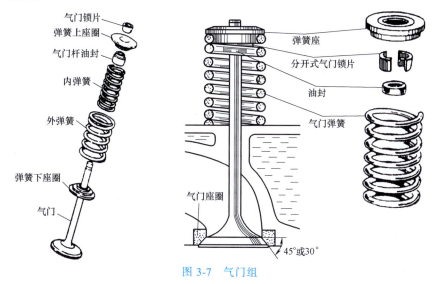

图3-7 气门组

（二）气门

气门由盘部、杆部和锁夹部组成，如图3-8所示。

（1）气门盘部的结构形式

气门盘部的结构有平顶式、凸顶式（球面顶式）和凹顶式（喇叭形顶式）3种，如图3-9所示。它们的特点总结见表3-1。

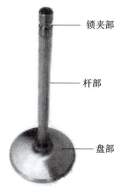

图3-8 气门

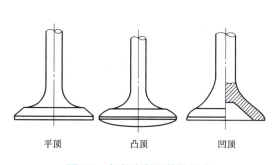

图3-9 气门盘部的结构形状

表 3-1 气门盘部结构及其特点

结构形式	工 作 特 点
平顶式	结构简单,制造方便。吸热面积小,质量也较小,进、排气门都可采用。目前应用广泛
凸顶式(球面顶)	适用于排气门。因为其强度高,排气阻力小,废气的清除效果好,但球形的受热面积大,质量和惯性力大,加工较复杂
凹顶式(喇叭顶)	凹顶盘部与杆部的过渡部分具有一定的流线型,可以减少进气阻力,故适用于进气门;但其顶部受热面积大,而不宜用于排气门

气门锥角是气门盘部与气门座圈接触的锥面和气门盘端面平面的夹角,常用的是 45°和 30°,如图 3-10 所示。

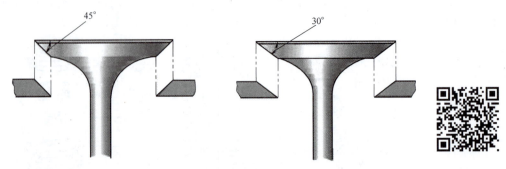

图 3-10 气门锥角

（2）气门杆部与锁夹部　气门杆部的作用是在导管中起运动导向作用,保证气门直线运动兼起导热作用。气门锁夹部的作用是通过安装气门锁片,防止气门脱落,如图 3-11 所示。气门锁夹内表面有多种形状,相应地气门杆端部也有各种不同形状的气门锁夹槽。如图 3-12 所示。

（三）气门座圈

气门座圈在气缸盖上,如图 3-13 所示,与气门紧密贴合。

（四）气门导管

气门导管过盈配合在气缸盖上,如图 3-14 所示。

气门杆与气门导管之间的配合使气门杆能在导管中自由运动,不至于松旷。

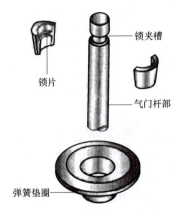

图 3-11 气门锁夹部的作用

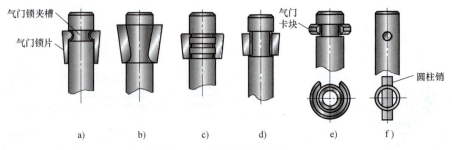

图 3-12 气门尾端的形状

项目 3　配气机构故障诊断

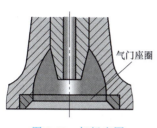

图 3-13　气门座圈

图 3-14　气门导管

(五) 气门弹簧

安装时气门弹簧的一端支撑在气缸盖和气缸体上，而另一端则压靠在气门杆尾端的弹簧座上，弹簧座用锁片固定在气门杆的末端，如图 3-15 所示。

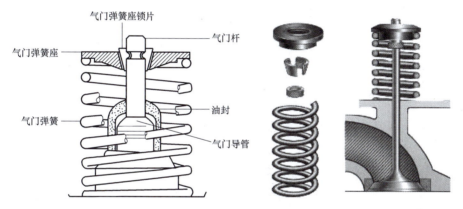

图 3-15　气门弹簧的安装

为了防止弹簧发生共振，可采用变螺距的圆柱形弹簧，如图 3-16b 所示，或双气门弹簧如图 3-16c 所示。双气门弹簧不但可以防止共振，而且当一根弹簧折断时，另一根仍可维持工作，防止气门落入气缸内。

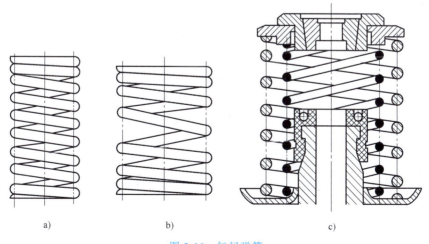

图 3-16　气门弹簧

(六)气门旋转机构

当气门工作时,如能产生缓慢的旋转运动,可使气门盘部周向温度分布比较均匀,从而减小气门盘部的热变形。同时,气门旋转时,在密封锥面上产生轻微的摩擦力,能够清除锥面上的沉积物,如图3-17所示。

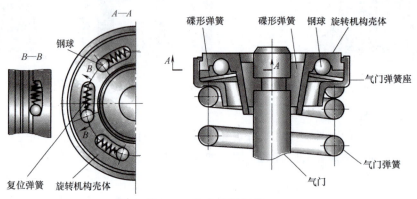

图3-17 气门旋转机构

(七)每缸气门数

现代高性能汽车发动机普遍采用每缸3、4、5个气门,其中尤以4气门发动机为数最多。如图3-18所示。4气门发动机每缸2个进气门,2个排气门,如图3-19所示。

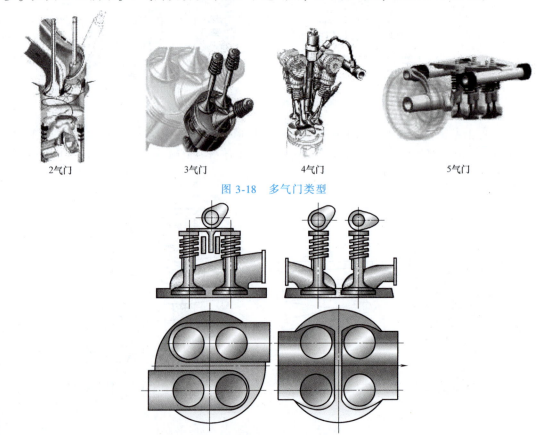

图3-18 多气门类型

图3-19 4气门发动机

3.3 气门传动组的结构认知

气门传动组由曲轴正时带轮、正时带、凸轮轴正时带轮、凸轮轴和摇臂等组成,如图 3-20 所示。

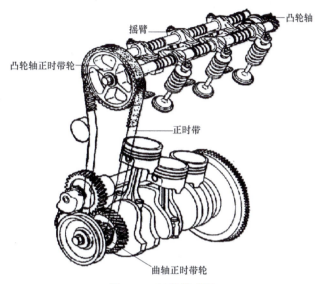

图 3-20 气门传动组

配气机构动力传递:曲轴正时带轮→正时带→凸轮轴正时带轮→凸轮轴→摇臂→气门。

(一) 凸轮轴

顶置式配气机构的凸轮轴安装在气缸盖上,凸轮轴上有进、排气凸轮,如图 3-21 所示。发动机的各个气缸的进、排气凸轮的相对角位置应符合发动机各气缸的工作循环的要求。因此,根据凸轮轴的旋转方向以及各气缸进、排气和凸轮的工作顺序,就可以判定发动机的点火次序。

图 3-21 凸轮轴

四冲程发动机每完成 1 个工作循环,曲轴需旋转 2 周,凸轮轴只旋转 1 周,在这期间,每个气缸都要进行 1 次进气或排气,且各气缸进气或排气的时间隔相等。四缸发动机各气缸进气或排气凸轮彼此间的夹角(同名凸轮角)均为 $360°/4=90°$,发动机的点火次序为 1-3-4-2(凸轮轴旋转方向,从前端向后看),如图 3-22a 所示。六缸发动机点火次序为 1-5-3-6-2-4,任何两个相继点火的气缸进或排气凸轮间的同名凸轮角均为 360°/6＝60°，如图 3-22b 所示。

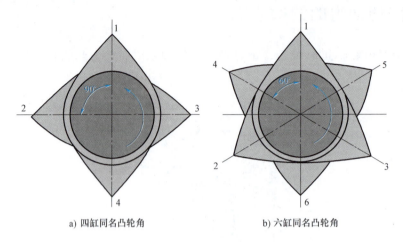

a) 四缸同名凸轮角　　　　　b) 六缸同名凸轮角

图 3-22　同名凸轮角

(二) 挺柱

发动机的气门挺柱分液力挺柱与机械挺柱两种。

液力挺柱安装在凸轮与气门之间，由挺柱体、单向阀、单向阀回位弹簧、柱塞回位弹簧、气门、气门推杆和柱塞等组成，如图 3-23 所示。

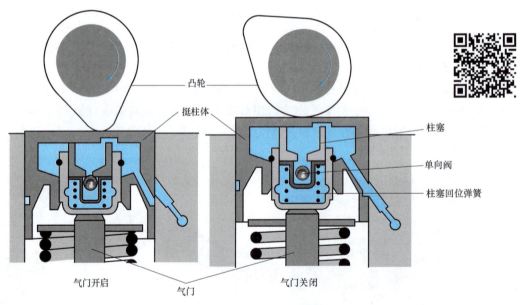

图 3-23　液力挺柱结构与工作原理

挺柱体上有油孔与气缸盖相通，使油流入或流回气缸盖油道。柱塞套在气门推杆内，柱塞推杆套在挺柱体内。

单向阀和单向阀回位弹簧安装在单向阀回位弹簧座上，单向阀回位弹簧座装在柱塞上，在没有油压的情况下，单向阀是关闭的。

柱塞和气门推杆之间有柱塞回位弹簧，它使柱塞向上紧贴在挺柱体上。

发动机运行，气门关闭时，单向阀在机油压力的作用下，克服弹簧力，被顶开，柱塞上、下腔的油压相等。

当挺柱体被凸轮向下推动时，推动柱塞克服柱塞弹簧力，在气门推杆内迅速运动，于是柱塞下部空腔内的油压迅速增高，使单向阀关闭。液体具有不可压缩性，整个挺柱如同一个刚体一样向下运动，推动气门打开。

气门关闭时，单向阀打开。若气门冷缩，向柱塞下腔内补油，会增加油量，将气门推杆向下推，从而使挺柱自动"伸长"。相反，若气门受热膨胀，气门向上顶，推动气门推杆相对于柱塞向上运动，柱塞下方的油液流回气缸盖，从而使挺柱自动"缩短"。因液力挺柱可随时调节自身高度使气门杆端与摇臂始终保持无间隙状态，两者之间没有了敲击，噪声也大大减小。液力挺柱已为大多数汽车所选用。

机械挺柱有筒式和滚轮式2种结构，如图3-24所示。

机械挺柱工作原理如图3-25所示。挺柱在结构上制成球面，而且把凸轮面制成带锥度形状，这样凸轮与挺柱的接触点偏离挺柱轴线，当挺柱被凸轮顶起上升时，接触点的摩擦力使其绕本身轴线转动，以达到使磨损均匀的目的。在发动机工作时，机械挺柱会受热膨胀，从而导致气门关闭不严。为防止这种情况出现，装有机械挺柱的发动机在冷车时气门杆与摇臂间留有称为气门间隙的缝隙。此间隙随挺柱、气门座等件的磨损会变化，要求按说明书定期检查并调整。

（三）气门推杆

气门推杆是气门机构中最容易弯曲的细长零件，如图3-26所示。气门推杆上、下两端焊有不同形状的端头，上端头为凹球形，与摇臂上的调整螺钉球头相配合，而且还可以在凹球内积存少量润滑油以减少磨损，下端头通常为球形，以便坐落在挺杆的凹球形支座内。

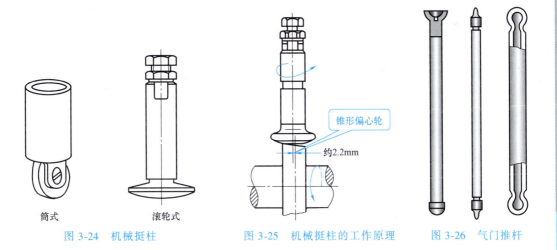

图3-24 机械挺柱　　图3-25 机械挺柱的工作原理　　图3-26 气门推杆

（四）摇臂、摇臂轴

摇臂在摆动过程中承受很大的弯矩，因此应有足够的强度和刚度以及较小的质量。摇臂由锻钢、可锻铸铁、球墨铸铁或铝合金制造。摇臂是一双臂杠杆，如图3-27所示。以摇臂轴为支点，两臂不等长，长、短臂的比值约为1∶5，这个比值称为摇臂的传动比。摇臂的长臂端用来推动气门端，短臂端与推杆接触。摇臂支承孔内压有青铜衬套，并以一定的配合间隙套在中空的摇臂轴上,摇臂轴则装在摇臂轴座的孔中,摇臂轴座用螺栓固定在气缸盖上。在相邻两摇臂轴座之间装有一个摇臂和一个弹簧,防止气门摇臂轴向移动,最外的摇臂则用卡簧定位。

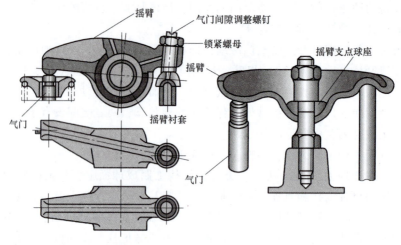

图 3-27 摇臂

(五) 摆臂与气门间隙自动补偿器

摆臂的功用与摇臂相同,两者的区别只在于摆臂是单臂杠杆,其支点在摆臂的一端。在许多轿车发动机上用气门间隙自动补偿器代替摆臂支座实现零气门间隙。气门间隙自动补偿器无论是结构还是工作原理都与液力挺柱相同,之所以不称其为液力挺柱,是因为它不是凸轮的从动件,仅仅是摆臂的一个支承而已。因此,它既是摆臂的支座又是补偿气门间隙变化的装置,如图 3-28 所示。

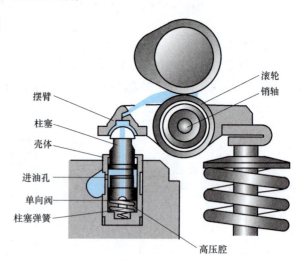

图 3-28 摆臂与气门间隙自动补偿器

3.4 配气相位

(一) 配气相位的定义与作用

用曲轴转角表示的进、排气门实际开闭时刻和开启持续时间,称为配气相位。通常用相对于上、下止点曲柄位置的曲轴转角的环形图来表示,称为配气相位图,如图 3-29 所示。

按四冲程发动机的工作原理,进气门当曲柄处在上止点时开启,在下止点时关闭;排气门则当曲柄在下止点时开启,在上止点时关闭。进气时间和排气时间各占 180°转角。但实际上由于发动机转速很高,活塞每一行程历时相当短。在这样短的时间内换气,势必会造成进气不足和排气不净,从而使发动机功率下降。因此,发动机都采取延长进、排气时间的方法，改善进、排气状况，提高发动机的动力，故发动机气门实际开闭时刻是早开迟闭。

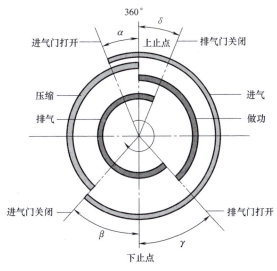

图 3-29 配气相位图

(二) 配气相位的原理

1. 进气门的配气相位

（1）进气提前角 在排气行程接近终了，活塞到达上止点之前，进气门便开始开启，从进气门开始开启到活塞移到上止点所对应的曲轴转角 α，称为进气提前角，如图 3-29 所示。

进气门提前开启，是为了保证进气行程开始时进气门已开启，减小进气阻力。但进气提前角不能过大，否则会因发动机的转速增加，而增加进气阻力。一般进气提前角为 $10°\sim30°$。

（2）进气延迟角 在进气行程终了，活塞到达下止点之后，活塞重又上行一段，进气门才关闭，从下止点到进气门关闭所对应的曲轴转角 β，称为进气延迟角，如图 3-29 所示。

进气门延迟关闭，是由于活塞到达下止点时，气缸内压力仍低于大气压力，且气流还有相当大的惯性，这时气流不但没有终止向气缸流动，甚至可能流速还相当高，利用气流惯性和压力差继续进气，达到增大充气效率的目的。

但进气延迟角不能过大，否则反而会将充入气缸的气体压出气缸，降低发动机的充气效率。一般进气延迟角为 $40°\sim80°$。

由此可见，进气门开启持续时间内的曲轴转角，即进气门持续开启角为 $\alpha+180°+\beta$。

2. 排气门的配气相位

（1）排气提前角 在活塞到达下止点之前，做功行程接近终了时，排气门开始开启。从排气门开始开启到下止点所对应的曲轴转角 γ，称为排气提前角，如图 3-29 所示。

排气门提前开启，是当做功行程路接近下止点时，气缸内的气体大约还有 0.30~0.50MPa 的压力，此压力对做功的作用已经不大，但比大气压力高得多，利用此压力使气缸内的废气迅速地自由排出，待活塞到达下止点时，已将气缸中 60% 的废气排出了气缸，使排气行程所消耗的功率大为减少。此外，高温废气迅速地排出，还可以防止发动机过热。但排气提前角不宜过大，一般为 $40°\sim80°$，否则会降低发动机的功率。

(2) 排气延迟角　活塞越过上止点后，排气门才关闭。从上止点到排气门关闭所对应的曲轴转角 δ，称为排气延迟角，如图 3-29 所示。

排气门延迟关闭，是由于活塞到达上止点时，气缸内的残余废气压力仍然高于大气压力，加之排气时气流有一定的惯性，利用气流惯性和压力差把废气排放得更干净。

但排气延迟角不宜过大，一般为 10°~30°，否则会增加发动机换气时所消耗的功率。

由此可见，排气门开启持续时间内的曲轴转角，即排气门持续开启角为 γ+180°+δ。

3. 气门叠开

进气门在进气上止点前即开启，而排气门在进气上止点后才关闭，这就出现了在一段时间内进、排气门同时开启的现象，称为气门叠开。同时开启的曲轴转角 α+δ 称为气门叠开角，如图 3-30 所示。

由于新鲜气流和废气流的流动惯性都比较大，在短时间内不会改变流向，因此只要气门叠开角选择适当，就不会有废气倒流进进气管和新鲜气体随同废气排出的现象。但气门叠开角不能过大，否则会将发动机吸入的混合气（空气）直接从排气门排出。

部分发动机的配气正时见表 3-2。

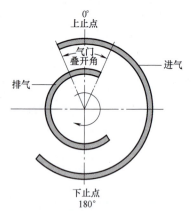

图 3-30　气门叠开

表 3-2　部分发动机的配气正时

发动机型号	α	β	γ	δ	气门重叠角
桑塔纳 2000AJR	2°	24°	44°	8°	10°
桑塔纳 JV	1°	37°	42°	2°	3°
奥迪 1.8L	3°	33°	41°	5°	8°
EQ6100-1	20°	56°	38.5°	20.5°	40.5°
CA6102	12°	48°	42°	18°	30°

（三）气门间隙

发动机在冷态下，当气门处于关闭状态时，气门与传动件之间的间隙称为气门间隙，如图 3-31 所示。发动机工作时，气门及其传动件，如挺柱、推杆等都将因为受热膨胀而伸长，如果气门与其传动件之间在冷态时不预留间隙，则在热态下由于气门及其传动件膨胀伸长而顶开气门，破坏气门与气门座之间的密封，造成气缸漏气，从而使发动机功率下降，起动困难，甚至不能正常工作。为此，在装配发动机时，在气门与其传动件之间需预留适当的间隙，即气门间隙。气门间隙既不能过大，也不能过小。间隙过小，不能完全消除上述弊病；间隙过大，在气门与气门座以及各传动件之间将产生撞击和响声。最适当的气门间隙由发动机制造厂根据试验确定。

（四）可变配气相位

可变配气相位机构有多种方案，目前实际应用的有：本田的可变气门控制（VTEC）机构，三

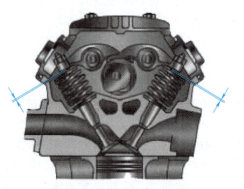

图 3-31　气门间隙

项目 3 配气机构故障诊断

菱汽车的多模式可变气门控制（MIVEC）机构，通用汽车的无凸轮轴电子控制可变气门控制机构，丰田和帕萨特 B5 的可变配气正时控制（VVT-i）机构等。前 3 种机构既可以改变配气相位，也可以同时改变气门升程。第 4 种机构的实质是改变进气门的开闭时刻，增大高速时的进气迟闭角，以提高充气效率。

1. 本田雅阁 F22B1 发动机的可变气门控制机构（简称 VTEC）

（1）结构 装有 VTEC 机构的发动机每个气缸和常规的高速发动机一样，都配置有 2 个进气门和 2 个排气门，如图 3-32 所示。不过，它的 2 个进气门有主、次之分，即主进气门和次进气门，每个气门均由单独的凸轮通过摇臂来驱动。驱动主、次进气门的凸轮分别叫主、次凸轮。与主、次进气门接触的摇臂分别叫主、次摇臂。主、次摇臂之间有一个特殊的中间摇臂，它不与任何气门直接接触。3 个摇臂并列在一起，均可在摇臂轴上转动。在主、次摇臂和中间摇臂相对应的凸轮轴上铸有 3 个不同升程的凸轮，分别为主凸轮、次凸轮和中间凸轮，如图 3-33 所示。中间凸轮的升程最大，它是按照发动机双进、双排气门工作最佳输出功率的要求而设计的；主凸轮升程小于中间凸轮，它是按发动机低速工作时单进气门开闭要求设计的；次凸轮的升程最小，最高处只是稍微高于基圆，其作用只是在发动机怠速运行时，通过次摇臂稍微打开次气门，以免燃油集聚在次进气门口。中间摇臂的一端和中间

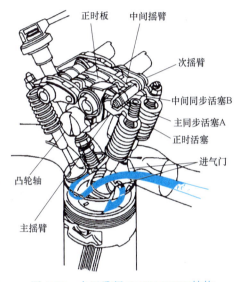

图 3-32 本田雅阁 F22B1 VTEC 结构

凸轮接触，另一端在低速时可自由活动。3 个摇臂在靠近气门端均有 1 个油缸孔。油缸孔中都安置有靠油压控制的活塞，他们依次为正时活塞、主同步活塞、中间同步活塞和次同步活塞。

（2）工作原理 VTEC 机构是采用一根凸轮轴上设计两种（高速和低速）不同配气定时和气门升程的凸轮，利用液压进行切换的装置。高、低速的切换是由 ECU 根据发动机转速、负荷、温度和车速信号来确定，并将控制信号输出给电磁阀来控制油压进行切换。

VTEC 不工作时，正时活塞和主同步活塞位于主摇臂缸内，和中间摇臂等宽的中间同步活塞位于中间摇臂的缸内，次同步活塞和弹簧一起位于次摇臂缸内。正时活塞的一端和液压油来自液压泵，油道的开启由 ECU

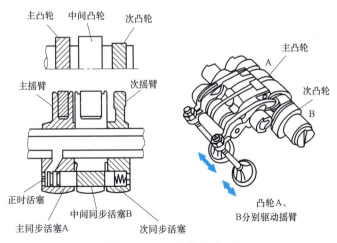

图 3-33 VTEC 低速状态

通过VTEC电磁阀控制。在发动机低速运行时，ECU无指令，油道内无油压，活塞位于各自的液压缸内，因此各个摇臂均独自上下运动，主摇臂紧随主凸轮开闭主进气门，以供给低速运行时发动机所需混合气，次凸轮则迫使摇臂微微起伏，微微开闭次进气门，中间摇臂虽然随着中间凸轮大幅度运动，但是它对于任何气门不起作用。此时发动机处于单进双排工作状态，吸入的混合气不到高速时的一半，使急速运转十分平顺均衡。

当发动机高速运行时，如图3-34所示，即发动机转速在2300~3200r/min、车速在100km/h以上，温度在60℃以上，发动机负荷到达一定程度时，发动机控制计算机ECU就会向VTEC电磁阀供电以开启工作油道，于是工作油道中的压力油就推动活塞移动，压缩弹簧，这样主摇臂、中间摇臂和次摇臂就被主同步活塞、中间同步活塞和中间凸轮次同步活塞串联为一体，成为一个同步活动的组合摇臂。由于中间凸轮的升程大于另两个凸轮，而且凸轮角度提前，故组合摇臂随中间摇臂一起受中间凸轮驱动，主、次气门都大幅度地同步开闭，因此配气相位变化了，吸入的混合气量增多了，满足了发动机高速、大负荷时的充气量要求。

2. 三菱汽车发动机的MIVEC机构

一般可变气门机构只适应低速及高速工况模式，改变气门配气相位也可以同时改变气门升程。日本三菱汽车为了减少泵气功损失，更多地提高汽车的动力性能及降低比油耗，研制了MIVEC机构四缸发动机上的可变模式有3种，其工作原理简述如下：①停止第1缸和第4缸2个气缸的进气门、排气门工作，选用低速凸轮，只让第2缸和第3缸工作。②选择低速凸轮，实

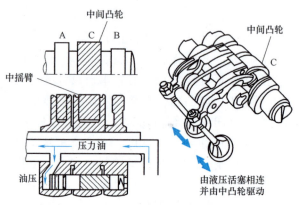

图3-34　VTEC高速状态

现适度的升程及短的换气周期，各气缸都工作。③选择高速凸轮，实现较大的升程及长的换气周期，各气缸都工作。

（1）结构　MIVEC机构采用2根顶置凸轮轴控制2个进气门及2个排气门的开关。凸轮外形轮廓设计分高速及低速2类，由ECU根据发动机工况的需要，发出指令给专用液压泵及液压电磁阀，让液压油进入对应凸轮的摇臂液压活塞上，将摇臂卡紧在摇臂轴上，让摇臂能跟随凸轮动作，分别实现上述3种工作模式，如图3-35所示。设置专用液压泵是为了根据发动机工况需要，在上述3种模式中进行迅速而稳定地切换。

（2）工作原理　发动机在高速工况下，压力高的液压油进入摇臂轴的右端油道，如图3-35a所示，将其中活塞H向上推，使高速摇臂杆与摇臂轴卡紧在一起，于是高速凸轮通过高速摇臂杆及T形杆，控制气门的开关。此时摇臂轴左端并无压力油进入，其中活塞L并未被压上去，于是左端低速摇臂杆并未起作用。

发动机在低速工况下，液压油则进入摇臂轴左端油孔，将其中的活塞向上压，使低速凸轮能带动左端低速摇臂杆工作。此时右端高速摇臂杆中的活塞并无液压油将其压上去，因此不工作，如图3-35b所示。

当摇臂轴两端都无高压液压油输入时，两个气门都不工作，如图3-35c所示。上述发

项目 3 配气机构故障诊断

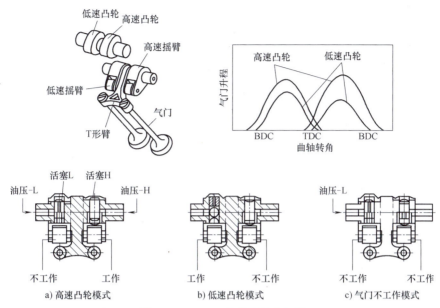

图 3-35 MIVEC 凸轮及摇臂机构

机采用 MIVEC 机构后,当 2 个气缸停止工作,发动机的泵气功损失减少了约一半。

3. 通用汽车公司无凸轮轴电子控制可变气门控制机构

电磁气门执行器(Electromagnetic Valve Actuation,EVA)的功能就是取消发动机传统气门机构中的凸轮轴及其从动件,利用电磁铁产生的电磁力驱动或控制气门运动。与基于凸轮轴驱动的可变气门驱动相比,EVA 有如下几个突出的优点:

1)能灵活、单独地控制进、排气门开启及关闭 4 个正时中的任一正时和气门开启持续时间。

2)极大地简化了发动机的结构,降低了材料消耗和制造成本。

3)合理的设计可使 EVA 的功率消耗大大小于传统气门机构的驱动功率损失。

4)每个气门单独驱动,因此,在部分负荷工况可以方便、有选择地将某些气缸关闭掉,降低油耗;为使各气缸工作温度均匀、降低排放,也可以实现依次闭缸。

5)气门可以根据燃烧室的形式方便地布置,而不必布置在与凸轮轴垂直的平面上。

这种系统由电磁线圈直接驱动气门,通过改变线圈的通电和断电时刻控制气门的开启始点和开启持续时间。气门动作调节灵活,响应迅速,调节能力强。电磁铁直接控制的可变气门系统,其永磁体的锁紧力使气门锁定在全开或全关的位置;通过励磁线圈使气隙磁通减小而使气门开始运动,气门运动的动力由弹簧提供;通过改变线圈的通电和断电时刻控制气门铁心的开启点和开启持续时间。系统取消了凸轮,气门开启线圈和关闭点较自由,开启和关闭动作迅速。气门行程 8mm,开启段时间为 9ms,关闭时间为 6ms。但此方案气门的冲击与噪声较大,磨损较快。通用汽车公司在此基础上使用了工作原理基本相同的双弹簧、双电磁铁的 EVA 方案,如图 3-36 所示。

采用双弹簧、双电磁铁的 EVA 装置主要由 2 个相同的气门电磁铁(共用一个衔铁)、2 个相同的弹簧和气门组成。发动机不工作时,2 个线圈均不通电,无电磁力。衔铁及气门在弹簧力的作用下,处于半开、半闭的中间状态。发动机起动的初始时刻,EVA 装置进行初始化。控制系统根据发动机的曲轴转角判定各气门在这一时刻应有的开、关状态，使励磁线圈 1 或 2 通电，产生电磁力克服弹簧力，将气门开启或者关闭。

4. 雷克萨斯 LS400 智能可变配气正时系统（VVT-i）

VVT-i 系统用于控制进气门凸轮轴在 50°范围内调整凸轮轴转角，使配气正时满足优化控制发动机工作状态的要求，从而提高发动机在所有转速范围内的动力性、经济性和降低尾气的排放。

如图 3-37 所示，VVT-i 系统由 VVT-i 控制器、凸轮轴正时控制阀和传感器 3 部分组成，其中传感器有曲轴位置传感器、凸轮轴位置传感器和 VVT 传感器。

LS400 汽车的发动机是八缸 V 形排列 4 气门式的，有两根进气凸轮轴和两根排气凸轮轴。

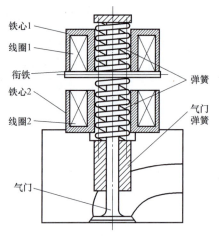

图 3-36 双弹簧、双电磁铁 EVA

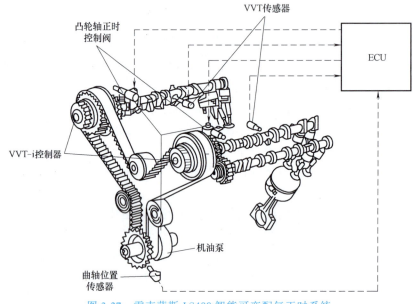

图 3-37 雷克萨斯 LS400 智能可变配气正时系统

在工作过程中，排气凸轮轴由凸轮轴同步带轮驱动，其相对于同步带轮的转角不变。曲轴位置传感器测量曲轴转角，向 ECU 提供发动机转速信号；凸轮轴位置传感器测量同步带轮转角；VVT 传感器测量进气凸轮轴相对于同步带轮的转角。它们的信号输入 ECU，ECU 根据转速和负荷的要求控制进气凸轮轴正时控制阀，使进气凸轮轴相对于同步带旋转一个角度，达到进气门延迟开闭的目的，用以增大高速时的进气延迟角，从而提高充气效率。

(1) 结构　VVT-i 控制器的结构如图 3-38 所示，它包括由正时带驱动的外齿轮和与进气凸轮轴刚性连接的内齿轮，以及一个内齿轮、外齿轮之间的可动活塞。活塞的内、外表面上有螺旋形花键。活塞内沿轴向的移动，会改变内、外齿轮的相对位置，从而产生配气相位的连续改变。

VVT-i 外壳通过安装在其后部的剪式齿轮驱动排气门凸轮轴。凸轮轴正时控制阀根据

ECU 的指令控制阀轴的位置，从而将油压施加给凸轮轴正时带轮以提前或推迟配气正时。发动机停机时，凸轮轴正时控制阀处于最延迟的位置，如图 3-39a 所示。

（2）工作原理　根据发动机 ECU 的指令，当凸轮正时控制阀位于图 3-39b 所示位置时，机油压力施加在活塞的左侧使得活塞向右移动。由于活塞上的旋转花键的作用，进气凸轮轴相对于凸轮轴正时带轮提前某一角度。

当凸轮轴正时控制阀位于图 3-39c 所示位置时，活塞向左移动，并向延迟方向旋转。进而，凸轮轴正时控制阀关闭油道，保持活塞两侧的压力平衡，从而保持配气相位，由此得到理想的配气正时。

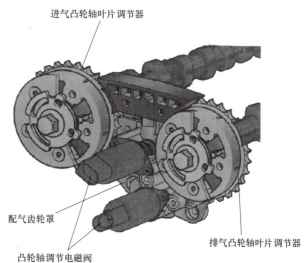

图 3-38　VVT-i 控制器的结构

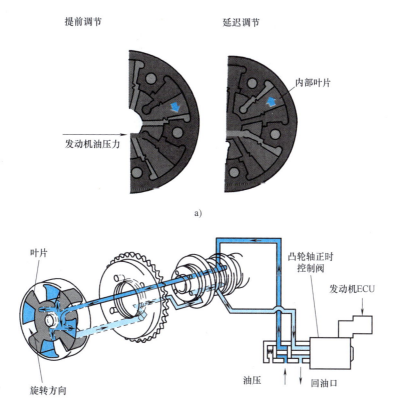

图 3-39　VVT-i 控制器工作原理

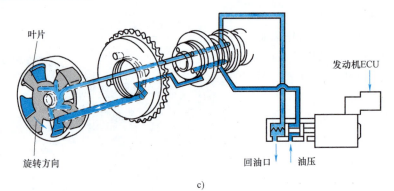

c)

图 3-39 VVT-i 控制器工作原理（续）

5. 上海帕萨特 B5 和一汽奥迪 A6 汽车的 VVT-i 机构

上海帕萨特 B5 和一汽奥迪 A6 汽车的 VVT-i 机构由凸轮轴正时调节阀、液压缸、张紧器、驱动链条及转速/位置传感器等组成，如图 3-40 所示。

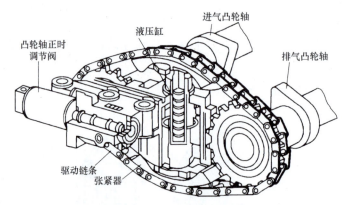

图 3-40 帕萨特 B5 和奥迪 A6 的 VVT-i 机构

其结构与工作原理是排气凸轮轴由凸轮轴同步带轮直接驱动，如图 3-41 所示。排气凸轮轴相对于同步带轮的转角不变；进气凸轮轴通过链轮和链条由排气凸轮轴驱动；驱动链条连接进、排气凸轮轴，其传递驱动力一侧的链条（也称紧边）的长度是可变的，由凸轮轴正时调节阀、液压缸和张紧器控制。因此，在一定的范围内，相对于排气凸轮轴，即相对于同步带轮，进气凸轮轴通过驱动链条长度的改变，其转角是可变的，即进气门开闭时刻是可变的，所以，提高了发动机在所有转速范围内的动力性和经济性，并降低了尾气排放。

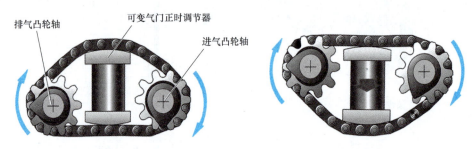

a) 发动机在高速状态时　　　　　　b) 发动机在低速状态时

图 3-41 VVT-i 机构工作原理

项目 3　配气机构故障诊断

> 任务实施

3.5　配气机构的检测与故障诊断

一、配气机构的检测

发动机在工作中，配气机构应保证：进气行程时，混合气能及时进入气缸，并有最大的充气量；排气行程时，能将气缸内的废气及时排出；各气门组在压缩、做功行程时不得漏气。因此，配气机构的相互配合必须严密可靠。

在工作中，由于高温气体对气门工作面的烧蚀，各机件为克服气门弹簧的张力和凸轮顶起运动时而引起工作面的磨损等，必然会造成气门机构的故障。因此对配气机构应适时地进行保养和修理。

1. 检查气缸盖

1）首先检查气缸盖有无裂纹、损坏或漏水痕迹，必要时应更换新气缸盖。

通过目测或者染色渗透剂检查气缸体和气缸盖是否有裂纹和损伤。染色渗透剂检查能够检测目测很难检查到的小裂纹，如图 3-42 所示。使用着色渗透剂检查燃烧室、进气口、排气口、气缸体表面的裂纹。

用染色渗透剂检查裂纹的方法是利用液体的毛细现象来检测表面裂纹。在这种检查中，要用到 3 种液体：渗透剂（红色）、洗涤液（蓝色）和显影剂（白色）。检查步骤如下：

① 清洁需要检查的区域。
② 喷洒干燥渗透剂（红色）。
③ 使用洗涤液清洁粘附在表面的渗透剂（蓝色）。
④ 喷洒显影剂（白色）。
⑤ 表面裂纹处呈现红色，如图 3-43 所示。

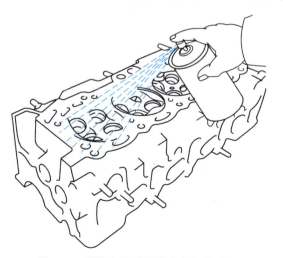

图 3-42　用染色渗透剂检查气缸盖裂纹

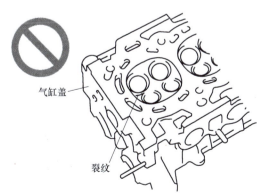

图 3-43　用染色渗透剂检查气缸盖裂纹时显示裂纹位置

提示：发动机过热或者发生严重敲缸，可能使气缸盖开裂。更换开裂或者损坏的气缸盖。

2）彻底清除水道内的水垢和铁锈等脏物，并用压缩空气吹净，确保气缸盖上的润滑油道畅通。

3）使用一个塞尺和一个刀口形直尺，检查气缸盖各安装平面的平面度。先检查气缸盖底面是否变形，如变形程度超过工作极限应更换新品。如变形小于修理极限，可通过铣磨方法铣平或磨平，如图3-44所示。

同理，使用刀口形直尺和塞尺，测量与进、排气歧管接触面的翘曲变形。提示：发动机过热可能使气缸盖翘曲。

允许的最大翘曲变形：

气缸盖下平面：0.05mm。

进、排气歧管侧表面：0.10mm。

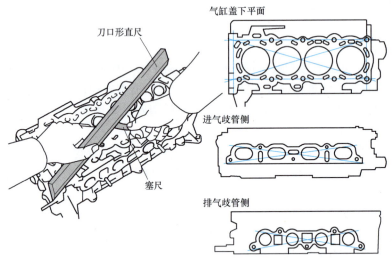

图3-44 检查气缸盖各安装平面的平面度

2. 检查凸轮轴、正时带或正时链条

凸轮轴由于形状细长和周期性地承受不均衡负荷，容易引起轴线弯曲以及与轴颈和轴承的磨损。凸轮在工作中，会使凸轮外形和高度方向上磨损，以致影响配气的准确性。因此维修时主要应检查凸轮轴的弯曲变形、凸轮的凸角高度、轴颈直径等。

（1）测定凸轮轴的弯曲 如图3-45所示，将凸轮轴两端的轴颈放在V形架上。使用百分表测量中间轴颈的径向圆跳动，即用百分表测量凸轮轴一周，读取指针摆动值，其值的1/2即为凸轮轴弯曲量。若超过修理限度，则必须用压床校正修理或者更换。凸轮轴弯曲量一般应小于0.04mm。

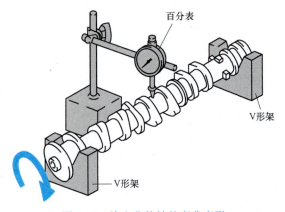

图3-45 检查凸轮轴的弯曲变形

（2）检查凸轮的高度 凸轮磨损过大会产生很大的碰撞声音，并且会影响气门在正确的时刻打开和闭合。图3-46所示为使用外径千分尺测量凸轮的高度。

如5A-FE发动机的标准凸轮高度：

进气：41.71~41.81mm；排气：41.96~42.06mm。

最小凸轮高度：

进气：41.30mm；排气：41.55mm。

如果凸轮高度低于最小值，更换凸轮轴。

（3）检查凸轮轴轴颈直径 如图3-47所示，使用千分尺测量凸轮轴轴颈直径。

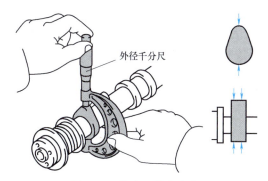

图3-46 检查凸轮的高度

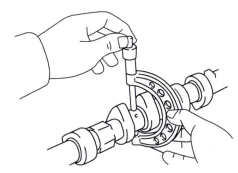

图3-47 检查凸轮轴轴颈直径

5A-FE发动机排气凸轮轴轴颈直径应为24.949~24.965mm。如果轴颈不符合标准，更换凸轮轴。

（4）检查正时带 如图3-48所示，目测正时带的状况，检查正时带破裂和破损和整体情况。

（5）检查正时带张紧轮与张紧弹簧 如图3-49所示，检查张紧轮是否转动灵活。如果必要，更换张紧轮。

图3-50所示为测量张紧弹簧的自由长度。自由长度应符合原厂规定，如丰田5A-FE发动机正时带张紧轮张紧弹簧自由长度为36.9mm。如果自由长度不合适，更换弹簧。还应在弹簧标准安装长度下测量张力。对5A-FE发动机来说，安装张力在43.6mm

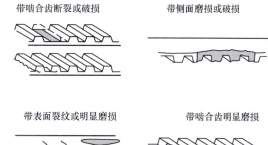

图3-48 检查正时带

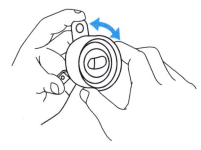

图3-49 检查正时带张紧轮

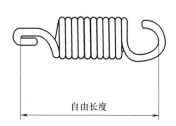

图3-50 检查张紧弹簧自由长度

时为34~38N。如果安装张力不符合标准，更换弹簧。

（6）检查正时链条和链轮　主要检查链条和链轮是否有裂纹、磨损程度、有无剥落等缺陷。

检查链条磨损情况，一般通过测量链条的伸长量的方法进行测量。

如检查丰田凯美瑞2AZ-FE发动机的2号链条分总成时，应按如图3-51所示，用140N大小的力拉链条，然后用游标卡尺测量15个链节滚子之间的长度，其最大链条延长为102.2mm。在3个随机位置进行测量，使用测量的平均值。如果长度平均值大于最大值，则更换2号链条。

检查凸轮轴正时链轮总成，可将链条绕在链轮上，用游标卡尺测量链轮和链条的直径。测量时，游标卡尺必须接触到链条滚柱，如图3-52所示。最小链轮直径（带链条）应大于原厂规定的最小值。如丰田凯美瑞2AZ-FE发动机的凸轮轴正时链轮最小直径为97.3mm。如果直径小于最小值，则更换链条和链轮。

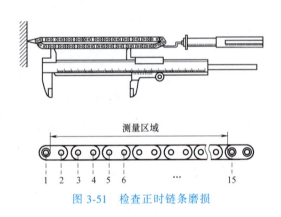

图3-51　检查正时链条磨损　　　　图3-52　检查凸轮轴正时链条磨损

用同样的方法检查曲轴正时链轮。如图3-53所示，将链条绕在链轮上，用游标卡尺测量链轮和链条的直径。2AZ-FE发动机的曲轴正时链轮最小直径为51.6mm，如果直径小于最小值，则更换链条和链轮。

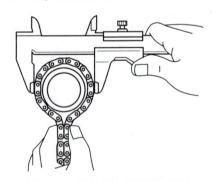
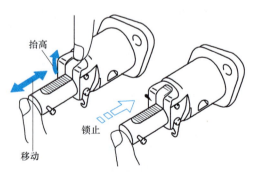

图3-53　检查曲轴正时链轮磨损　　　　图3-54　检查正时链条张紧器

（7）检查正时链条张紧器及链条张紧器滑块　如图3-54所示，检查正时链条张紧器。当手指抬起棘轮爪时，检查柱塞是否平稳地移动；松开棘轮爪，然后检查棘轮爪是否将柱塞保持在原地，并且用手指也推不动。

如图3-55所示，用游标卡尺测量张紧轮滑块的磨损。最大磨损为1.0mm。如果磨损大于最大值，则更换链条张紧器滑块。

3. 检查气门

使用游标卡尺和外径千分尺，检查气门长度、气门杆外径和气门盘边缘厚度，如图 3-56 所示。

提示：如果测量值低于规定值，便更换气门。

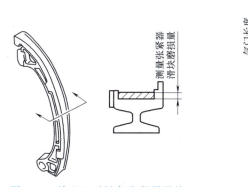

图 3-55　检查正时链条张紧器滑块

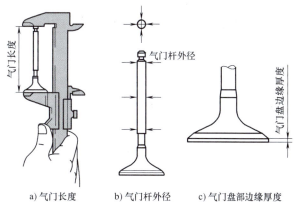

a) 气门长度　　b) 气门杆外径　　c) 气门盘部边缘厚度

图 3-56　检查气门

4. 检查气门与导管的间隙

如图 3-57 所示，使用卡规测量气门导管衬套内径，并且使用一个外径千分尺测量气门杆外径，然后计算气门与气门导管的配合间隙（油隙）。轿车汽油发动机的气门与气门导管的配合间隙：进气门为 0.025~0.060mm；排气门为 0.035~0.070mm。具体数值请查阅维修手册。

检查气门与气门导管的配合间隙简单的方法是：在气门杆上薄涂机油，放入导管时，如气门能以本身重量缓慢下降，间隙即大致合适。

5. 更换气门导管

1）拆卸气门导管。首先通过预热气缸盖使其膨胀，然后便可轻易地拆卸气门导管衬套。

拆卸气门导管时，应按图 3-58 所示，将气缸盖加热到 80~100℃（176~212℉）之间，以便拆卸。注意不要过度加热气缸盖，以免使气缸盖变形。

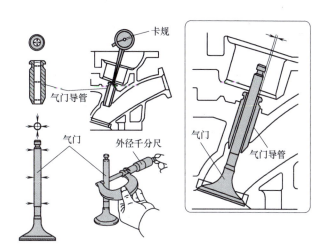

图 3-57　检查气门与气门导管的配合间隙

将 SST（气门导管专用工具）放在气门导管衬套上，然后使用锤子敲打 SST，从而使衬套通过燃烧室敲出。

2）使用卡规测量衬套孔的内径，如图 3-59 所示。

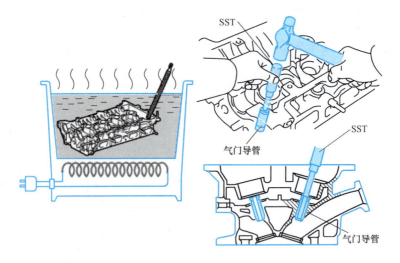

图 3-58　更换气门导管

提示：如果测量值大于规定值，便扩大衬套孔，以便可以把加大尺寸的导管衬套敲进。

3）敲入气门导管。将气缸盖加热到 80～100℃（176～212℉）之间。使用锤子从气缸盖上面将 SST 固定的导管衬套敲进气缸盖。一边敲进衬套，一边用游标卡尺测量敲进距离，如图 3-60 所示，其露出的高度值应符合原厂规定。5A-FE 发动机应为 12.7～13.1mm。

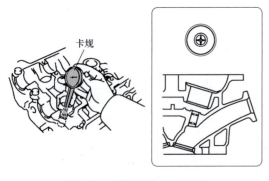

图 3-59　测量衬套孔的内径

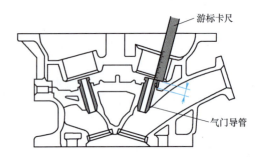

图 3-60　装入新气门导管

6. 修理气门与气门座圈

气门关闭时与气门座圈的配合应紧密不漏气，这是配气机构最主要的技术条件之一。但气门在工作过程中，盘部经常受着高温、高压燃烧气体的烧蚀及反复冲击载荷的作用，所以气门盘的损坏大都是机械磨损和化学腐蚀，使工作面起槽变宽，局部脱落和斑点等，影响气门的密封性。此外，还会产生盘部歪斜、裂纹、杆部以及端面的磨损。

（1）气门的光磨　气门被严重烧蚀或有斑点，应用气门磨光机进行修磨。修磨前应先检查杆部、盘部是否有弯曲和歪斜，其方法是将气门放置在 V 形架上，用千分表进行检查，发现弯曲、歪斜可用软金属锤矫正。

修磨的主要工艺如下：磨光机上的砂轮面必须平正，不平正时用金刚石工具予以修正。选用适当的夹心，将气门紧固在架上，并按各厂牌规定的角度，调整夹架角度。开动砂轮与夹架的电动机，操作手柄进行光磨，如图3-61所示。

为了保证气门顶的强度，光磨后气门顶部边缘的厚度，不应小于0.5mm。如气门杆端面不平时，可将气门放在磨光机架的V形槽中，用手推动气门与砂轮接触，使之磨平，如图3-62所示。注意磨削后的长度不得低于最小长度。

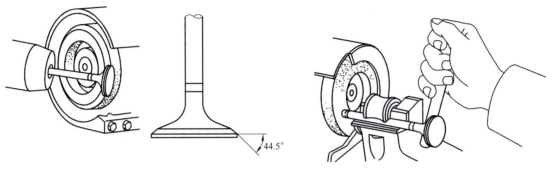

图3-61 光磨气门工作锥面　　　　　　　图3-62 光磨气门杆端面

（2）更换气门座圈　气门座圈因多次铰磨，工作面已低于气门座平面，或因烧灼产生裂纹，将影响发动机的正常工作，当修磨已不能达到与气门的配合要求时，即应更换气门座圈。更换气门座圈的工艺如下。

1）拆下旧座圈。拆卸时使用专用拉具拆卸或者用切削机具从座圈内侧切削气门座圈，约留0.5~1mm壁厚不切，再取下座圈。

2）安装座圈前，把气缸盖预热到适当温度（以原厂规定为准，一般不超过250℃），使座圈孔膨胀，直径变大。

3）将座圈放在冰箱内降温至0℃。如座圈在室温下安装，座圈很难装得合适。

4）快速地把座圈压入气缸盖的座圈孔内。

5）安装后，用气门座圈铰刀铰削气门座圈、研磨气门。

（3）气门座圈的铰削　修磨气门座圈，可用铰刀进行。若同时更换气门导管，则须先更换气门导管，以防导管磨损而使中心线偏移，影响座圈的修磨质量。

气门座圈面的铰削。选用与座圈面规定角度相同的粗刃铰刀及导管孔径相适应的导杆，将铰刀与导杆结合后插入导管中，再在导杆上端安上手柄，均匀地旋转进行铰削。

如开始铰削时，铰刀打滑，可在铰刀下垫上粗砂布，以去除气门座圈上的表面硬化层。

经铰削后的座圈面必然增宽，气门与其结合时不易密合，还必须选用适当角度的铰刀铰削其上口或下口，使座圈面宽度缩小在1.2~1.6mm之间为适宜。如果气门座圈上的接触宽度太大，积炭将很容易粘附在气门上并降低密封性。相反，如果气门座圈上的接触宽度太小，将会导致不均匀的磨损从而在气门周围形成一个坡度。所以铰削气门座圈时应检查气门和气门座圈之间的接触面。在气门锥面周围薄薄地涂上红丹油或普鲁士蓝，将气门推入气门座圈，通过观察气门锥面的红丹油或普鲁士蓝印痕来检查接触宽度和接触位置。接触位置应在气门工作锥面的中间略偏气门杆部。如果接触位置过高或过低，必须选用适当角度的铰刀铰削其上口或下口。如偏气门盘部，则用75°铰刀铰上口；如偏气门杆部，则用15°铰刀铰下口，如图3-63所示。为使座圈面光洁，须再用同样角度的细刃铰刀铰光座圈面。

气门座圈工作面的角度和气门工作面的角度应一致，这是决定其密合的主要条件。由于机具的误差,在进行全部气门(座)的修磨时,应先修磨一只与修磨好的座圈相试配,恰当后再按第 1 只气门修磨的角度修磨其余气门(座),修磨后应再加精研磨,以期密封良好。

铰削气门座圈时应注意:

停止转动气门座圈铰削刀具时,每次停止时都应处在不同位置。不要反向转动气门座圈铰刀。修整气门座圈时,应随时检查气门接触位置和接触宽度。为了不将表面修整成凹槽或阶梯形,修整接近完成时要逐渐减少力。检查接触位置和接触宽度时不要涂太多的红丹油或普鲁士蓝,气门被压在气门座上后,不要转动气门。

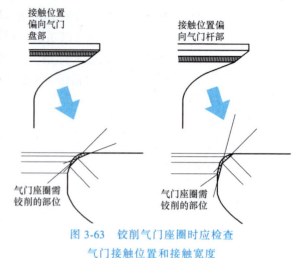

图 3-63　铰削气门座圈时应检查气门接触位置和接触宽度

(4) 气门的研磨　光磨气门、铰削气门座圈后,一般还需进行气门与气门座圈的研磨,以保证气门与气门座圈的密封。气门工作面轻微的烧蚀或斑点,在保养中也常以研磨的方法排除。

研磨气门的方法:将气门座圈、气门导管等清洗干净,在气门的工作面上涂一层很薄的气门砂,气门杆涂机油,将气门插入导管内。用皮碗吸住气门顶,然后在相配的座圈上往复旋转,以手捻转皮碗杆进行研磨。为了研磨得均匀,使气门与座圈贴合后转动约 1/4 转,并经常变换研磨的相对位置,如图 3-64 所示。在研磨中当听不到"沙、沙、沙"声时,就要清洗和更换气门砂,并注意检查接触情况,直到表面出现光泽的环带为止。然后将气门砂清洗掉,用机油再研磨一段时间即可。

气门与座圈密封性的检查:气门与座圈研磨后,检查其密封性常用的方法有画线法和涂油法两种。

画线法:在气门工作面上,每隔 10mm 左右用软铅笔画一条线,然后与相配的气门座圈上往复旋转 1/4 圈,如所画的线均被切断,表明密封良好。

涂油法:在气门工作面上,涂一层红丹油,将气门压在相配的座圈上旋转少许,然后察看气门座圈上的印痕,若均匀无间断,为密封良好。除上述方法外,还可用漏不漏汽油的方法来检查气门是否密封。

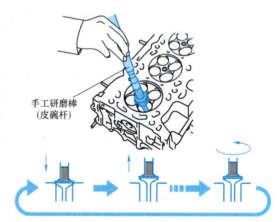

图 3-64　研磨气门

7. 检查气门弹簧

如图 3-65 所示,使用游标卡尺测量气门弹簧的自由长度。自由长度应符合原厂规定,如 5A-FE 发动机的气门弹簧自由长度为 38.57mm。如果自由长度不符合标准,更换气门弹簧。

使用钢角尺测量气门弹簧的偏斜量。最大偏斜量（参考）为 1.6mm。如果偏斜量大于最大值，更换气门弹簧。

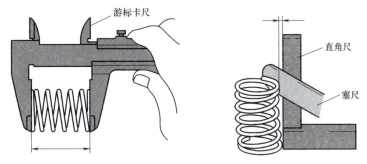

图 3-65　检查气门弹簧自由长度、垂直度偏差

如图 3-66 所示，使用弹簧测试器，在标准安装长度下测量气门弹簧的预紧力。5A-FE 发动机的气门弹簧当压缩 31.7mm 时的预紧力应为 157~174N（16.1~17.7kgf）。如果预紧力不符合标准，更换气门弹簧。

8. 检查调整气门间隙

配气机构的磨损增大了气门间隙，因而引起敲击声和加剧磨损，并使气门开度减小，引起充气不足，排气不畅；若因调整不当，间隙过小，气门就会关闭不严，甚至造成气门烧坏。这两种情况都会使发动机功率下降和工作不正常。因此需要进行高度精确的调整。

（1）气门间隙调整方法

1）逐缸检查调整法。先找到某缸压缩行程终了位置，调整该缸的进排气门，然后转动曲轴 180°（四缸发动机）或 120°（六缸发动机），使下一工作缸处于压缩上止点位置，按点火顺序调整这一处于压缩上止点的气缸的进、排气门。依此类推，逐缸调整。

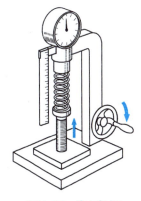

图 3-66　检查气门弹簧预紧力

2）两次检查调整法。顺着正常曲轴旋转方向转动曲轴，使曲轴带轮上的第 1 缸上止点标记与正时室盖上的标记对正（有的是飞轮上的标记与飞轮壳上的第 1 缸上止点标记对准），说明第 1 缸活塞处于上止点位置，然后根据气门的开闭状态判断出第 1 缸是处于压缩上止点还是排气上止点。例如对直列六缸发动机来说，如果第 6 缸排气门已经快关闭，而进气门正要打开时，这说明第 1 缸活塞正位于压缩行程的上止点。注意检查摇臂或凸轮的状态，找出第 1 缸的压缩行程上止点位置。此时可以按"双、排、不、进"的方法调整一半数目的气门：对工作顺序为"1-3-4-2"的四缸发动机，可调整第 1 缸的进气门与排气门（即"双"）、第 3 缸的排气门（即"排"）、第 4 缸的进排气门均不可调整（即"不"）、第 2 缸的进气门（即"进"）。对工作顺序为"1-5-3-6-2-4"的直列六缸发动机来说，当第 1 缸活塞处于压缩行程上止点时可调整第 1 缸的进、排气门；第 3 缸与第 5 缸的排气门；第 2 缸与第 4 缸的进气门，第 6 缸不可调整。对工作顺序为"1-2-3-4-5-6"的 V 型六缸发动机来说，当第 1 缸活塞处于压缩行程上止点时可调整第 1 缸的进、排气门；第 2 缸与第 3 缸的排气门；第 5 缸与第 6 缸的进气门，第 4 缸不可调整。

用塞尺检查调整这些气门的气门间隙后，将曲轴转动 1 周，即使第 1 缸活塞位于排气行程的上止点，此时可调整剩余气门的气门间隙。

（2）气门间隙调整部位　所有发动机的气门间隙的调整方法基本上相同。然而，调整气门的顺序取决于气缸的排列。另外，每个间隙的调整点取决于配气结构的布局，主要是通过更换气门挺杆、调整垫片或调整螺钉等方式进行调整。

1）更换气门挺杆方式。更换气门挺杆方式的流程如图3-67所示。这种方式，必须拆下凸轮轴，更换合适的气门挺杆，如图3-68a所示。

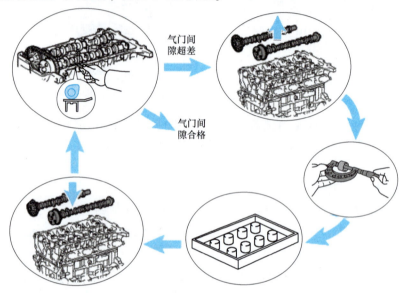

图3-67　采用更换气门挺杆方式调整气门间隙的流程

2）更换调整垫片方式。调整气门间隙时，须更换调整垫片，如图3-68b、c、d所示。

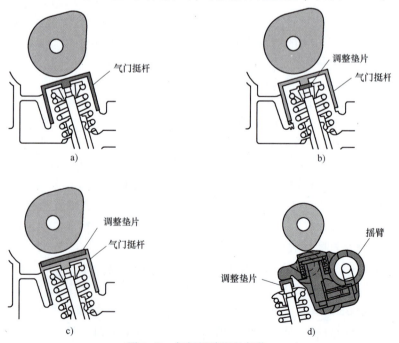

图3-68　气门间隙调整部位

这种方式可分几种类型：

① 调整垫片在挺杆里面：调整时须拆下凸轮轴更换调整垫片。

② 调整垫片在挺杆上方：调整时用SST（专用维修工具）更换垫片，如图3-69所示。

③ 调整垫片在摇臂下方：调整时用SST（专用维修工具）更换垫片。

提示：气门挺杆和调整垫片的尺寸随发动机的不同而变化。请选用合适的挺杆和垫片。选择垫片或挺杆时，用实际测量的气门间隙（A）和使用的垫片（挺杆）的厚度（T）计算，选择新垫片（挺杆）的厚度，即新垫片（挺杆）厚度 $N=$ 旧垫片（挺杆）厚度 $T+$（实际测量的气门间隙 $A-$ 规定的标准气门间隙 B）。使用的垫片（挺杆）的厚度 T 需用千分尺测量，如图3-70所示。

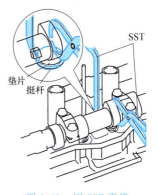

图3-69 用SST更换气门间隙垫片

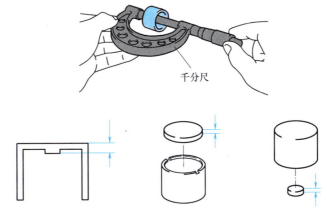

图3-70 测量垫片（挺杆）厚度

3）调整螺钉方式。通过调整螺钉方式调整气门间隙一般用于有气门摇臂的发动机。通过转动安装在摇臂上的调整螺钉调整气门间隙，如图3-71所示。

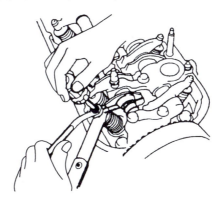

图3-71 通过调整螺钉调整气门间隙

说明：如果发动机具有液压间隙调整器或液压挺柱，则不用调整气门间隙。

将实测丰田 5A-FE 发动机的气门间隙数据记录在表 3-3 中。

表 3-3 实测丰田 5A-FE 发动机的气门间隙

气门间隙	标准值	实测值							
		1	2	3	4	5	6	7	8
进气门									
排气门									

二、配气机构常见故障诊断

（一）检查气门正时

气门正时检查方法具体见表 3-4。

表 3-4 气门正时检查方法

拆装项目和内容	图示说明
所需要的专用工具：T10068A	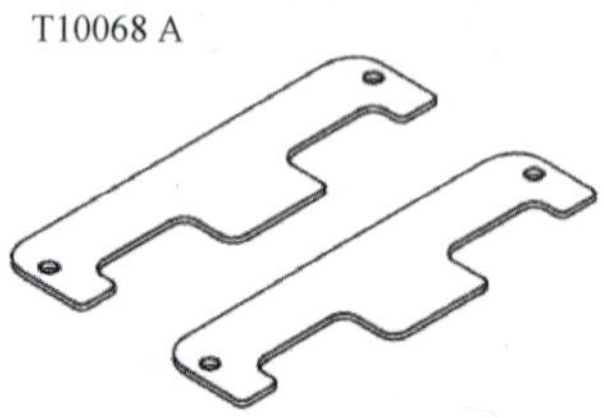 T10068 A
检查步骤 1）拆卸发动机底部隔音护板 2）拆卸进气歧管上部件 3）拆卸气缸盖前罩 4）用专用工具 T10068A 沿箭头方向旋转减振盘/带轮，使减振盘/带轮上的切口标记与密封法兰上的第 1 缸上止点标记对齐	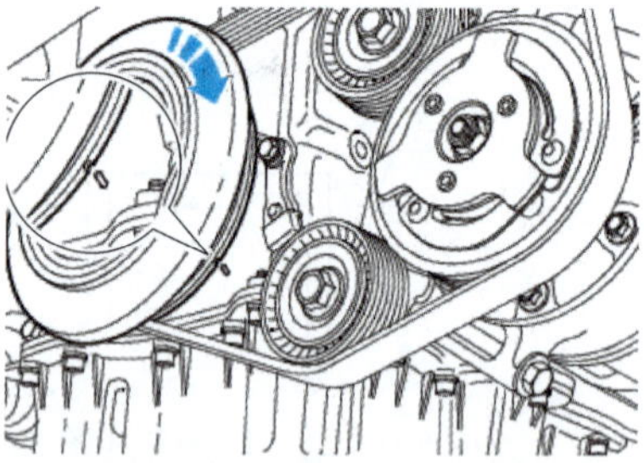
将 T10068 A 插入两个凸轮轴的轴槽中 提示：由于凸轮轴调节器的功能，两个凸轮轴的轴槽可能不是完全一致的。因此，在插入 T10068 A 时，如果必要，使用一把 27mm 呆扳手在凸轮轴的箭头处转动凸轮轴	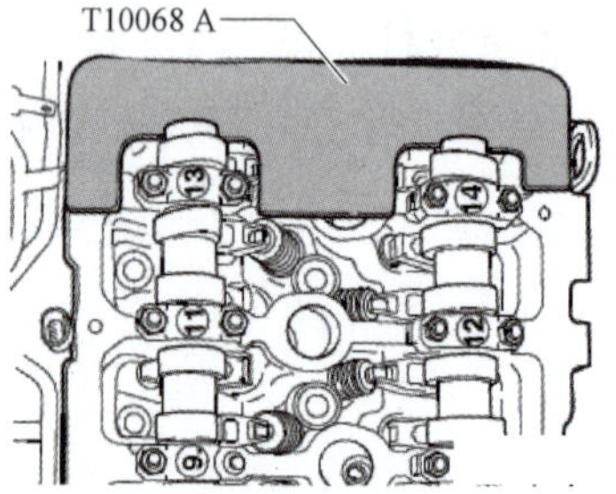 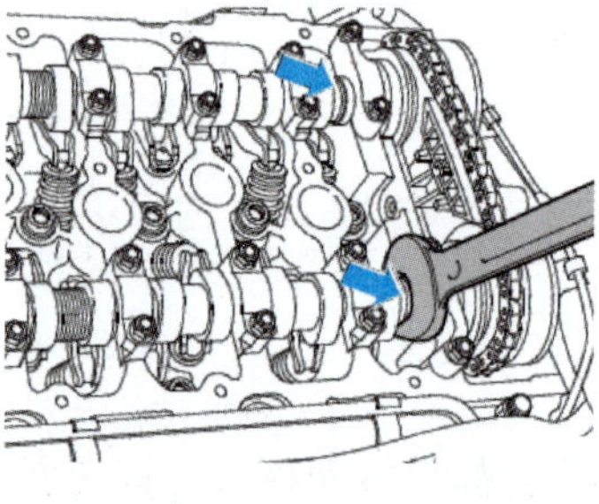 T10068 A

项目3 配气机构故障诊断

(续)

拆装项目和内容	图示说明
检查正时标记： ◆ 凸轮轴调节器上的正时标记箭头必须对准气门正时室上的正时标记切口 提示： ◆ 标记"32A"和切口之间的轻微偏离是允许的 ◆ 此时铜色链节的位置可以忽视	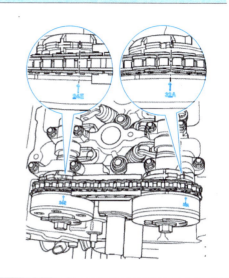
发动机上的气门正时室上的标记 A-从双质量飞轮端看去 B-从减振盘/带轮端看去，凸轮轴调节器上的标记必须与切口箭头对齐	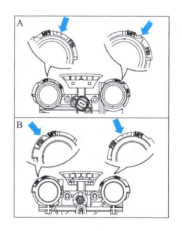
进气凸轮轴调节器上的标记24E正对的轮齿与排气凸轮轴调节器上的标记32A正对的轮齿之间有16个滚轮 如果标记对齐说明正时正确。标记没有对齐需要调整气门正时	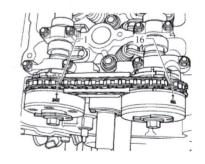

(二) 配气机构常见故障诊断表

配气机构常见故障诊断见表3-5。

发动机机械机构故障诊断与维修

表 3-5 配气机构常见故障诊断

故障	特征	原因	诊断与排除措施
气门异响	故障特征：发动机怠速运转时发出连续不断而且有节奏的"嗒、嗒、嗒"（在气门脚处）或"啪、啪、啪"（在气门座处）的敲击声 转速特征：响声在发动机任何转速下均能听到，并随转速而变化。怠速时响声最明显，高速则声音杂乱，随负荷增加而增大；"断火"对响声无影响 温度特征：一般与温度无关，有些车辆热车后响声自动消失	1）气门间隙调整过大 2）气门间隙调整螺钉端头磨损严重或不平 3）凸轮轴变形或凸轮磨损过量 4）气门弹簧座脱落 5）气门杆与气门导管积炭过多而咬住气门 6）气门导管磨损严重	1）在气门室侧倾听并观察，若响声随发动机转速不同而改变频率，且在运转时均有异响，同时发动机温度变化或断火试验时响声不随之改变，则为气门异响 2）拆下气门室罩，使发动机怠速运转，用塞尺插入气门端部与摇臂间隙中逐个试验。当插入时，响声随之减弱或消失，则为气门间隙调整过大造成的 3）若塞尺插入后，响声减轻但不消失，再用螺钉旋具撬住气门杆，若响声消失，则为气门杆磨损严重 4）对轻微的气门异响，可暂时继续行驶，而后应及时进行检修。如因气门间隙调整过大，应按要求将间隙调整合适；如锁紧螺母松动，应在调整气门间隙后再紧固。对磨损严重的调整螺钉应及时更换
气门漏气	故障特征：发动机会出现起动困难、进气管回火、排气管放炮、冒烟、燃油消耗增加以及出现异响等现象。大负荷时在机体中部有较轻微的"吃吃"声，加机油口处与响声对应出现冒烟	气门与气门座圈工作面磨损、烧蚀、密封不良而漏气 气门与气门座圈工作面有积炭，气门关闭不严而漏气 气门与气门导管间隙过大，气门杆晃动，导致气门关闭不严而漏气 气门杆在气门导管内发涩或卡住，气门不能上下移动 气门弹簧失去弹性，或弹簧折断	在排除点火系、燃料系统故障后，尚不能确定故障时，测量气缸压力或测量进气歧管的真空度，可以比较准确地确定该故障；测量气缸压力时，气门漏气的气缸压力较其他气缸低。拆卸气缸盖，对气门组零件进行修理，修磨或更换损坏的气门等零件
凸轮轴响	故障特征：发动机缸盖处出现有节奏而较钝的"当当"响声，发动机一般无其他异常现象 转速特征：发动机中速运转时比较明显，高速时消失。作单缸断火试验，声响依旧 振动特征：凸轮轴附近有振动	1）凸轮轴与轴承配合松旷 2）凸轮轴轴承松动 3）凸轮轴弯曲变形 4）凸轮轴轴向间隙过大 5）凸轮轴轴承合金烧毁或脱落	1）怠速时可听到钝重的"嗒、嗒"金属响声，中速时尤为明显，高速时似乎消失。拆下气门室盖和挺柱室盖，用螺钉旋具听诊凸轮轴以及附近部位。可将螺钉旋具放在声音最响的两凸轮轴轴承之间，压住凸轮轴，若响声减弱或消失，则为凸轮轴松旷或歪曲、凸轮轴轴承松动、凸轮轴承合金烧毁或脱落 2）发动机怠速时响声正常，稍提高转速则出现较强的响声，响声类似于气门异响的连续敲击声；再提高转速，响声又消失；断火试验时，响声依然，则为凸轮轴轴向间隙过大。如出现以上故障，应慢行到修理厂及时修复

项目 3　配气机构故障诊断

(续)

故障	特征	原因	诊断与排除措施
液力挺柱异响	发动机发生类似普通机械气门脚响的现象	1)发动机机油油面过高或过低,导致有气泡的机油进到液力挺柱中,形成弹性体而产生噪声 2)机油压力过低 3)机油泵、集滤器损坏或破裂,使空气吸到机油中 4)液力挺柱失效 5)使用质量低劣的机油	1)改变发动机转速并用听诊器察听响声的变化。急速时发动机顶部响声明显,中速以上响声减弱或消失,断火试验响声无变化,即为液力挺柱响 2)具体部位可用听诊器根据响声变化来判断。在起动液力挺柱有不大的响声是正常的(润滑油未充分进入液力挺柱),发动机转速达到2500r/min后继续运转2min,若挺柱仍有响声,应先检查调整机油压力。若机油压力正常,则应更换液力挺柱
正时齿轮(正时带)响	故障特征:声响比较复杂,有因干摩擦导致的"叽叽"声,又有间隙过大的"哗哗"声,有时有节奏,有时无节奏,有时间歇响,有时又是连续响 转速特征:发动机急速运转或转速有变化,中速以下较明显,在正时齿轮室盖处发出杂乱而轻微的噪声;转速提高后噪声消失;急减速时,此噪声随之出现 温度特征:有的声响受温度影响,温度降低时无噪声,温度正常后才出现噪声 振动特征:有的声响伴随正时齿轮室盖振动,有的声响不伴随振动	1)正时齿轮松动 2)正时齿轮轮齿折断、破裂 3)曲轴与凸轮轴中心线不平行 4)正时齿轮啮合间隙过大或过小 5)正时带过松 6)正时带有油污 7)正时带磨损损坏	1)如果发动机冷车时响声较大,而温度升高后响声逐渐消失,则是温度太低造成的,可继续运行 2)如发动机热车后响声仍存在,对正时机构做进一步的拆检

(三) 可变配气系统故障排除

1. 故障案例

一辆大众朗逸轿车,行驶过程中排气故障灯亮,油耗增加,排放超标。经检查可变配气系统,如图 3-72 所示,进气凸轮轴机油控制阀故障,更换进气凸轮轴机油控制阀后,上述故障现象消失。

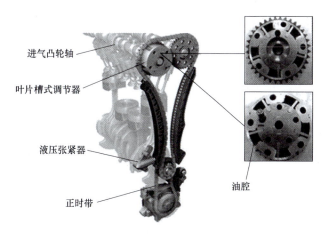

图 3-72　大众朗逸发动机可变配气系统

2. 故障诊断与排除

1）读取故障码：KT300 故障诊断仪屏幕显示"00016 P0010 气缸列 1，进气凸轮轴调节断路"。

2）信息收集：大众朗逸发动机可变配气系统的控制电路如图 3-73 所示。

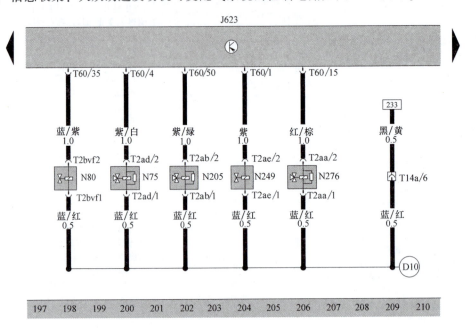

图 3-73　大众朗逸发动机可变配气系统的控制电路

3. 动态检查

用 KT300 进行执行元件测试。

1）将 KT300 故障诊断仪连接至发动机诊断接口。

2）点火开关置 ON 位，选择执行元件测试功能。

3）ECU 会对燃油泵等执行元件进行动态测试，当测试到机油控制阀时，应能听到"哒哒"声。实际测试结果显示：机油控制阀无响声。

4. 静态检查

（1）供电电压检查　点火开关 OFF，拔下凸轮轴正时机油控制阀 N205 上插头。点火开关 ON，用万用表检测插头上"1"号端子与搭铁之间电压，应为 12V。否则，检查供电电路。检查结果显示，点火开关 ON，检查插头上供电电压为 12V。

（2）控制信号线检查　点火开关 OFF，拔下凸轮轴正时机油控制阀 N205 上插头，如图 3-74 所示，同时拔下 ECU 插头 T60。用万用表检查 N205 上"2"端子与 ECU"T60/50"端子之间电阻，应小于 1Ω。否则，更换线束。检查结果显示，点火开关 OFF，检查控制线路，电阻为 0.5Ω。

（3）电阻检查　点火开关 OFF，拔下凸轮轴正时机油控制阀 N205 上插头，用万用表检查凸轮轴正时机油控制阀 N205 电阻，20℃时电阻应为 6.9~7.9Ω。当电阻偏离过大，更换

N205 阀。检查结果显示，检查机油控制阀电阻为无穷大。

5. 故障排除
更换机油控制阀，上述故障消失。

6. 故障原因分析
进气凸轮轴机油控制阀出现故障后，ECU 进入失效保护模式，将进气门正时固定在最大延迟角位置上，如图 3-75 所示。在中低速、大负荷工况时，由于进气门配气正时不能提前，缸内废气再循环效果不好、充气效率低，导致排放超标、油耗增加。

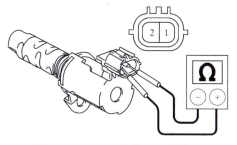

图 3-74 用万用表检查凸轮轴正时机油控制阀

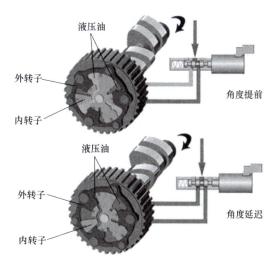

图 3-75 朗逸发动机可变配气系统工作原理

任务总结

1. 配气机构的功用是按照发动机工作的要求，定时开闭进、排气门，使可燃混合气和空气（柴油机）进入气缸，并将废气排出气缸。

2. 配气机构由气门组与气门传动组组成。气门组由气门、气门弹簧、气门锁片和气门导管等组成。气门传动组由正时齿轮、凸轮轴正时齿轮、正时带、凸轮轴和挺柱等组成。

3. 用曲轴转角表示的进、排气门实际开闭时刻和开启持续时间，称为配气相位。通常用相对于上、下止点曲柄位置的曲轴转角的环形图来表示，称为配气相位图。进气门在进气上止点前即开启，而排气门在进气上止点后才关闭，这就出现了在一段时间内进、排气门同时开启的现象，称为气门叠开。同时开启的曲轴转角 $\alpha+\delta$ 称为气门叠开角。

4. 可变配气相位机构有多种方案，目前实际应用的有：本田的可变气门控制（VTEC）机构，三菱汽车的多模式可变气门控制（MIVEC）机构，通用公司使用的无凸轮轴电子控制可变气门控制机构，丰田公司和帕萨特 B5 的可变配气正时控制（VVT-i）机构等。前 3 种机构既可以改变配气相位，也可以同时改变气门升程。第 4 种机构的实质是改变进气门的开闭时刻，增大高速时的进气迟闭角，以提高充气效率。

5. 在工作中，由于高温气体对气门工作面的烧蚀，各机件为克服气门弹簧的张力和凸轮顶起运动时而引起工作面的磨损等，必然会造成气门机构的故障。因此对配气机构应适时地进行保养和修理。

6. 配气机构常见故障主要包括气门异响、气门漏气、凸轮轴响、液力挺柱异响、正时齿轮（齿形带）响、气门漏气等故障。

学习工作页

完成"学习工作页"项目3各项作业。

项目 4 冷却系统故障诊断

学习目标

1. 能够解释冷却系统的作用、类型。
2. 能够懂得冷却系统的基本组成和工作原理。
3. 按照规范要求完成冷却系统的拆装与维修作业。
4. 培养良好的职业道德与安全、环保意识。

任务接受

客户报修：冷却液温度高

某客户的轿车出现发动机起动困难、冷却液温度高的故障，要求对其轿车发动机机械系统进行故障检修。

信息收集

4.1 冷却系统概述

发动机工作时，气缸内气体温度高达 1800~2000℃，如不及时散热，机体将会产生过热，引起如下问题：强度、刚度下降，变形损坏；材料膨胀、配合间隙被破坏；机油黏性下降，润滑条件恶化；产生炽热点，引起表面点火；充气系统数下降，发动机动力性下降等。因此，为保证发动机正常工作，必须对高温条件下的机体加以冷却。

发动机的冷却必须适度，若过冷，将使热损失过大，压缩终了温度低，燃烧不充分，功率下降、油耗增加；还会使机油黏性加大，机件运动阻力大，润滑也变差等。

因此，冷却系统的功用就是保持发动机在最适宜的温度下工作。发动机正常工作温度一般为 80~90℃。

目前汽车发动机上广泛采用以水作制冷剂的水冷系统，因此本书中所提及冷却系统为水冷却系统。

4.2 冷却系统的组成与工作原理

一、冷却系统组成

水冷系统中水为冷却介质，采用强制循环式，利用水泵强制水在冷却系统中循环流动。

水冷系统由散热器、水泵、风扇、冷却液管和节温器等组成，如图1-7所示。

二、冷却系统的工作过程

冷却液的流通路线为散热器中的冷却液经水泵抽吸进入气缸体的水道，再由气缸体流向散热器，形成循环，如图4-1所示。冷却液的循环路线分大、小循环。

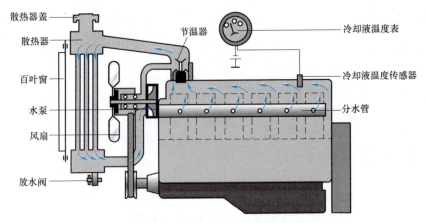

图4-1 冷却系统的工作原理

当发动机处于预热等低温状态时，节温器使水套流出的冷却液不经散热器直接进入水泵，起加速升温的作用，称为小循环，如图4-2a所示。

当发动机处于大负荷等高温状态时，节温器使水套流出的冷却液全部流入散热器，有效散热，称为大循环，如图4-2b所示。

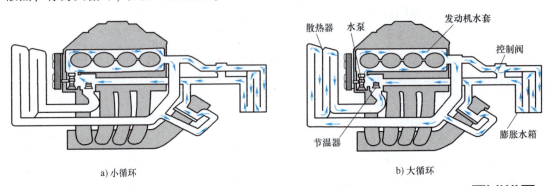

a) 小循环　　　　　　　　　　　　　　b) 大循环

图4-2 冷却系统的大、小循环

三、冷却系统主要部件的结构与工作原理

（一）散热器及散热器盖

（1）散热器　由上水室、散热器芯和下水室等组成，如图4-3所示。散热器后面装有风扇。

① 上水室、下水室。上水室顶部有加水口，并用散热器盖盖住。上水室有进水管，用橡胶软管与缸盖出水管相连；下水室有出水管，与水泵进水管相连。散热器下面装有减振垫。下水室出水管上有放水开关，可放掉散热器内冷却水。

② 散热器芯。散热器的散热效果与其和空气的接触面积成正比。为增大散热面积，散

项目 4 冷却系统故障诊断

热器芯由许多冷却管和散热片构成，当散热片间被脏物堵塞或散热管被水垢堵塞时均会影响到冷却系统的正常工作。散热器芯结构形式多样，常用的有管片式及管带式，如图 4-4 所示。

（2）散热器盖　目前汽车发动机多用封闭式水冷系统，有的发动机没有散热器盖，但有的发动机安装散热器盖，其上装有蒸汽阀或空气阀，用以控制冷却系统的压力，如图 4-5 所示。

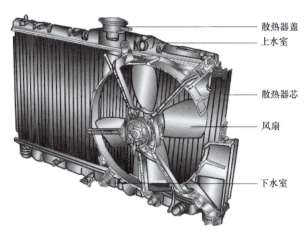

图 4-3　散热器

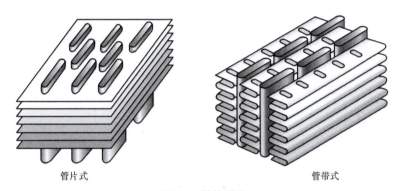

图 4-4　散热器芯

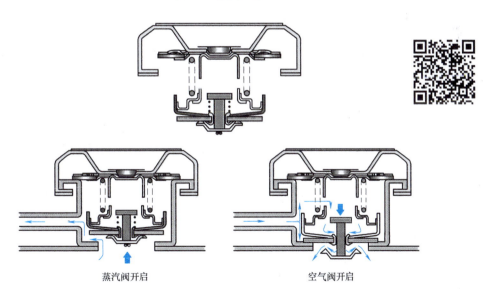

图 4-5　散热器盖的结构与工作原理

① 蒸汽阀。散热器内压力过高时，蒸汽阀开启，部分水蒸气经泄气管排入大气，避免损坏散热器软管。

② 空气阀。在散热器内气压降到低于大气压时，空气阀开启，散热器与大气相通，防止散热器芯被大气压坏。

（二）风扇

（1）电子风扇的结构　现代汽车普遍使用电子风扇，其安装位置如图4-6所示。风扇电动机的开关由散热器的冷却液温度开关控制，有高低速两个档位，低速档在低于沸点时使用，高速档在高于沸点时使用，需要冷却时自动开启。

（2）电子风扇的工作原理　对于不同牌号的汽车或同一牌号不同年份生产的汽车，其电子风扇的控制电路不完全相同，应参照具体车型维修手册。一般车型的电子风扇控制电路，由安装在发动机水道或散热器上的冷却液温度开关和汽车空调开关，通过继电器共同控制冷却风扇电动机，在发动机冷却液温度达到规定数值时或开启汽车空调时，冷却风扇电动机都会运转。

图4-6　电子风扇的安装位置

（三）节温器

节温器用于控制通过散热器冷却液的流量。节温器一般装在气缸盖出水口，通常用蜡式节温器。

蜡式节温器主要由石蜡元件、阀门等组成，如图4-7所示。

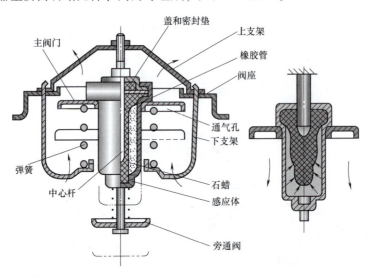

图4-7　蜡式节温器

节温器的工作原理如图4-8所示。常温时，石蜡呈固态，阀门压在阀座上，关闭通往散热器的水路，来自缸盖出水口的冷却增大，迫使橡胶管收缩，对中心杆上端产生推力。但中心杆上端固定，反推力使橡胶管、感应体下移，阀门开启。冷却液温达到80℃以上时，阀门上升，冷却液流向散热器，进行大循环。

项目 4　冷却系统故障诊断

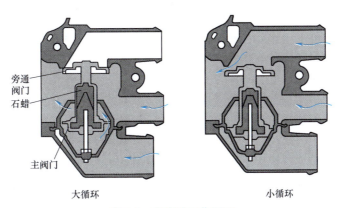

图 4-8　节温器工作原理

（四）水泵

水泵由外壳、叶轮、泵盖板、水泵轴、水泵轴承、水封、挡水圈组成。如图 4-9 所示。

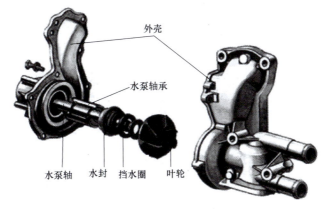

图 4-9　水泵的结构

水泵与风扇同轴，通过 V 带传动。泵壳上有进水孔，用橡胶管与散热器出水管相连，泵盖上有出水孔，与水套相连。水泵轴由两个轴承支承在壳体上，轴上装有抛水圈，以防水封渗漏时浸湿轴承，渗出的水被抛水圈从检视孔甩出。水封由密封垫圈、水封皮碗和弹簧等组成，装在叶轮前面。

离心式水泵的工作原理如图 4-10 所示。

① 压水：当叶轮旋转时，水泵中的冷却液被叶轮带动一起旋转，由于离心力的作用，冷却液被甩向叶轮边缘，经外壳上与叶轮成切线方向的出水口被压送到发动机水套内。

② 吸水：在压水同时，叶轮中心处压力降低，散热器中的冷却液经进水口被吸进叶轮中心部分。

（五）冷却液

（1）冷却液的选择　冷却液最好使用软水，即含盐类矿物质少的水。含有盐类矿物质的硬水必须经过软化后才能使用，否则，在水道内易产生水垢，影响冷却效果，造成发动机过热。

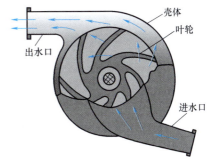

图 4-10　离心式水泵工作原理

（2）防冻液　为了适应冬季行车要求，并防止在冬季冷却水结冰而冻裂机体，可在冷却水中加入适量的防冻液，使冷却介质不单纯是水，而是加了防冻液的冷却液。防冻液一般加有防腐添加剂，不仅具有防冻作用，还具有防腐、防氧化、防结垢和提高沸点的功能。

一般防冻液有酒精与水型、甘油与水型、乙二醇与水型3种。水和防冻液选配的比例不同，防冻能力也不同。市场上销售的防冻液有成品液和浓缩液，并加有着色剂予以识别。成品液可直接使用，浓缩液在加注前，应根据当地历年最低气温，加蒸馏水调配。

现代许多汽车采用了永久封闭式水冷却系统，即增加了一个膨胀水箱（补偿水箱）。发动机工作时，冷却液蒸发进入膨胀水箱，冷却后流回散热器，这样可减少冷却液的损失。一般发动机1~2年均不用补充冷却液。

（六）膨胀水箱

膨胀水箱多用半透明材料（如塑料）制成，上部用一个细软管与水箱加水管相连，底部通过水管与水泵的进水侧相连，位置略高于散热器，如图4-11所示。

水泵吸水的压力低，易产生蒸汽泡，出水量显著下降，装膨胀水箱，与水泵进水口之间存在补充水管，使水泵进水口保持较高水压，减少蒸汽泡的产生。散热器中的蒸汽泡、水套中的蒸汽通过蒸汽导管进入膨胀水箱，使水、蒸汽分离。膨胀水箱温度较低，进入的蒸汽得到冷凝，一部分变成液态水，重新进入水泵。积存在膨胀水箱中的气体起缓冲作用，使冷却系统内压力保持稳定状态。

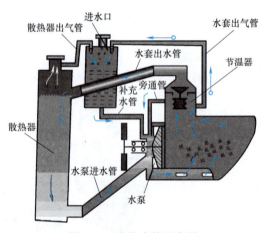

图4-11　膨胀水箱示意图

任务实施

4.3　冷却系统的检测与故障排除

一、冷却系统的检测

1. 拆卸、检测和安装水泵

检查水泵软管连接处、安装衬垫和密封垫是否泄漏。找到水泵壳体内的泄水孔。如果水泵水封泄漏，冷却液通常会从泄水孔滴落。非常缓慢的泄漏可能只在孔周围留有冷却液痕迹。当有冷却液从泄水孔漏出时，说明水封损坏，因水封不单独更换，故如果泄水孔周围有冷却液痕迹，则更换水泵。

水泵叶轮松动或腐蚀也会引起发动机过热。让发动机在通常温度下运转，从而使节温器打开，在这种情况下，用手握住散热器上的软管就可检查水泵流量的大小。在发动机加速时应能感觉到冷却液在流动。

有缺陷的水泵轴承可能会造成发动机运转时的噪声，通常怠速下明显。发动机停止运

项目 4 冷却系统故障诊断

转,抓住风扇叶片或者水泵驱动带轮,试着左右晃动,这样做可以发现水泵轴承是否有任何松动。如果轴承可以左右晃动,则应当更换水泵。拆下水泵后,转动水泵轴,并检查水泵轴承转动是否平稳且没有"咔嗒"声。如果转动不平稳,则更换水泵总成,如图 4-12 所示。

更换水泵时,一定要把新旧水泵进行比较。两个水泵可能看起来非常相似,但叶轮旋转方向可能相反,即叶轮的叶片形状不同。安装错误的水泵会造成发动机过热。

在许多发动机上,水泵安装螺栓伸入到缸体水套内。要保证在这些螺栓上使用规定的密封剂,否则冷却液可能会从发动机泄漏。螺栓也可能固定在连接处,使得将来维修困难。参阅制造商的维修手册,确定哪些螺栓要进入到水套内。有些发动机在更换小循环水管时比较麻烦,需要拆下水泵才能更换。因此在每次对发动机进行修理或更换水泵时应顺便将小循环水管更换。

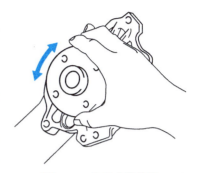

图 4-12 检查水泵轴承

注意:不要用普通的非模压热水管替代小循环水管,因这种水管弯曲后,会由于弯折使小循环冷却液流动不畅。

2. 拆卸、检修与安装节温器

节温器用来自动控制通过散热器的冷却液流量,调节发动机工作温度。它是用冷却液温度控制的自动阀门。

首先找到节温器的安装位置,节温器一般装在缸盖出水口或缸体的进水口处,图 4-13 中所示为装在进水口处。确认冷却液温度不高后,打开散热器盖。拆卸 进水口两个螺母,然后从气缸体上断开进水口,即可拆卸节温器。

节温器一般均标记了阀门的开启温度,如图 4-14 所示。

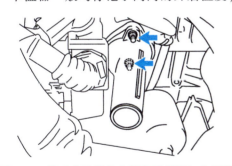

图 4-13 找到节温器的安装位置并拆卸节温器

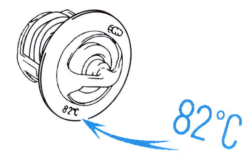

图 4-14 节温器的阀门开启温度

如图 4-15 所示,将节温器浸没在水中,逐渐将水加热。检查节温器的主阀门开启温度。如果阀开启温度不符合规定,应更换节温器。

继续加热至完全开启的温度,如水温达到 95℃ 时阀门完全开启,最大工作升程应等于或大于 10mm,如图 4-16 所示。各车型具体数据请查阅维修手册,如不合要求,必须更换。

当节温器在低温(低于 77 ℃)时,检查阀是否完全关闭。如果没有完全关闭,则更换节温器。

安装节温器时,先将新密封圈安装到节温器上,再把节温器安装到节温器座内,使跳阀(摇阀)向上。跳阀可以设定在规定位置两边 10° 以内的范围内,如图 4-17 所示。

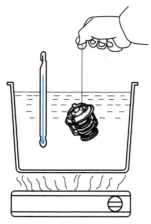

图 4-15 检查节温器的主阀门开启温度

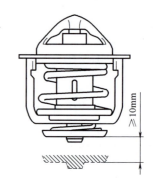

图 4-16 检查节温器的最大工作升程

然后安装进水口,连接散热器出水软管,添加发动机冷却液。检查冷却液是否泄漏。

3. 检查硅油风扇离合器

在某些汽车上装有硅油风扇离合器,这种风扇可以根据发动机热状态自动调节冷却强度:发动机温度高,风扇转动就快,风量就大;发动机温度低,风扇转动就慢,风量就小,有利于冷起动和缩短发动机升温时间。

检查硅油风扇离合器是否损坏或渗漏。如果漏油,随着油量减少,风扇转速会降低,引起发动机过热。

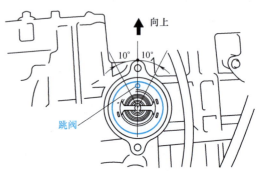

图 4-17 安装节温器

在使用中,必须了解硅油风扇离合器工作是否正常,一般通过两种方法检查判定。

(1) 冷状态检查 车辆在过夜之后,因关闭发动机时为热车状态,硅油风扇离合器的主动盘和从动盘间仍残留有硅油,由于硅油的黏度很高,这时在未起动发动机前,用手拨动风扇应感到有阻力。然后将发动机起动,使其在冷状态下以中速运转1~2min,以便使工作腔内硅油返回贮油室。这时,在发动机停转以后,用手拨动风扇应感到轻松。

(2) 热状态检查 将发动机起动,在冷却液温度接近90~95℃时,仔细观察风扇转速的变化,如风扇转速迅速提高,以至达到全速时,将发动机熄火,用手拨动风扇,感觉有阻力为正常。

4. 检查散热器及散热器盖

检查散热器是否有明显的损坏或缺陷。查找是否有弯曲或被灰尘、沉积物或昆虫堵塞散热片。这些现象大大降低了散热器的效率,并造成发动机过热。如果损坏不严重,通常可以使用为此制作的专用修理工具拉直弯曲的散热器片。可以使用低压水或压缩空气清除灰尘或昆虫。

检查散热器是有否泄漏或者热蚀点。焊缝破裂和铜散热器内的水管腐蚀会使冷却液慢慢泄漏而不留下冷却液污渍。对于铝/塑料散热器泄漏或散热器衬垫破裂会造成同样的现象。可以拆下散热器,堵住出入口接头并使用冷却系统测试仪给散热器加压,把散热器浸没在一个水池中检查是否有气泡,以找到难以发现的泄漏。

项目 4 冷却系统故障诊断

散热器盖上有两个阀：压力阀和真空阀。压力阀弹簧使橡胶密封垫压紧在散热器加水口密封面上。压力阀常见的失效原因有：橡胶密封垫由于老化而损坏；压力阀弹簧生锈或折断；散热器加水口变形使阀密封不严。当发动机停止工作后，压力阀能在一定时间内保持散热器内具有一定压力。

目视检查散热器盖是否腐蚀和损坏或者衬垫劣化，如图4-18所示。如果在橡胶密封材料①、②或③上有水垢或杂质，则用水和手指清洗这些部件；检查橡胶密封材料①、②和③有无变形、破裂或膨胀；检查橡胶密封材料③和④是否粘到一起；在使用散热器盖测试仪之前向橡胶密封材料②和③施加发动机冷却液。同时还应检查散热器加注口座，如果散热器盖或加注口座损坏，则冷却系统可能无法充分加压以防止沸腾，冷却液会被迫流出冷却系统流到地面或者进入膨胀水箱而最终漏出，发动机可能过热。

散热器盖的检查：应检查散热器盖的垫片是否损坏或真空阀是否损坏。如图4-19所示，拉动真空阀使其打开，检查释放后它是否能完全关闭。如图4-20所示，用专用的散热器盖测试仪检查散热器盖的密封性和盖上的压力阀的泄压压力。按盖上顶面所打印的压力数值来检查其压力，如其压力不符合汽车制造厂规定的压力，应更换盖子。

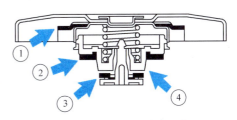

图4-18 目视检查散热器盖

如日产风度A33轿车发动机的散热器盖泄压压力标准值为：78~98kPa[0.78~0.98bar 或 0.8~1.0kgf/cm^2 或 11~14lbf/in^2（psi）]。极限值为：59~98kPa[0.59~0.98bar 或 0.6~1.0kgf/cm^2 或 9~14lbf/in^2（psi）]。如果密封垫或真空阀损坏也要更换盖子。检查加水口的座子是否有磨损或毛刺，并用细砂纸除去任何曲凸点。如果密封垫或座有损坏，发动机会过热，冷却液会流失。

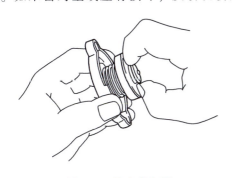

图4-19 检查真空阀

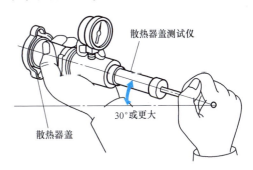

图4-20 检查散热器盖泄压压力

如盖的真空阀被粘住，在发动机被关闭或冷却液的温度下降后，这个真空度可使冷却系统的软管破裂。用压力测试表可以对散热器盖进行压力试验。先对密封面及真空阀进行外观检查，然后用压力测试表对散热器盖进行压力试验，并测试整个冷却系统。

二、冷却系统的维护与故障排除

1. 排放和加注冷却液

排放和加注冷却液的方法具体见表4-1。

发动机机械机构故障诊断与维修

表 4-1 排放和加注冷却液的方法

拆装项目和内容	图示说明
所需要的专用工具： ◆ T10007 ◆ 收集盘 VAS 6208 ◆ 软管卡箍钳 VAS 6362 ◆ 冷却系统加注装置 VAS 6096 ◆ 冷却系统检测设备的适配接头 V.A.G 1274/8 加注量：8.2L	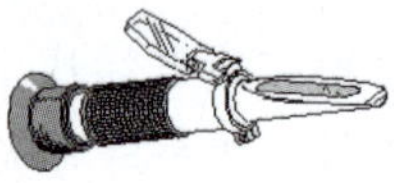 T10007 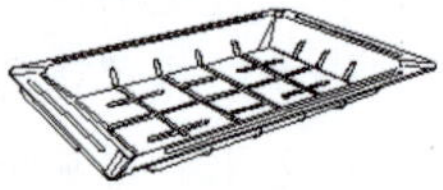　　VAS 6208 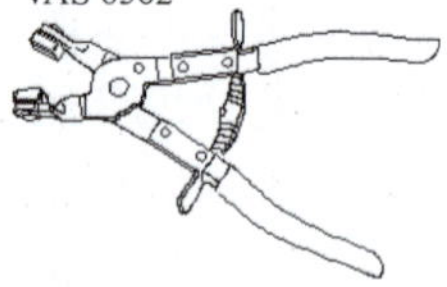 VAS 6362 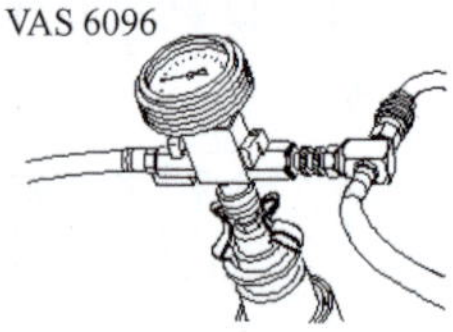　　VAS 6096 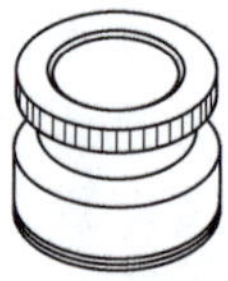 V.A.G 1274/8
检查系统密封性： 用 V.A.G1274B 手动给系统加压约 1.0bar 的压力进行检查	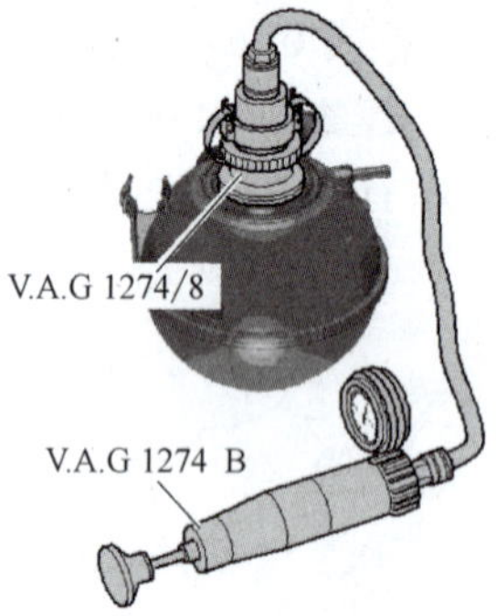 V.A.G 1274/8 V.A.G 1274 B
检查冷却液膨胀罐盖中的安全阀 开启压力为 1.6～1.8bar	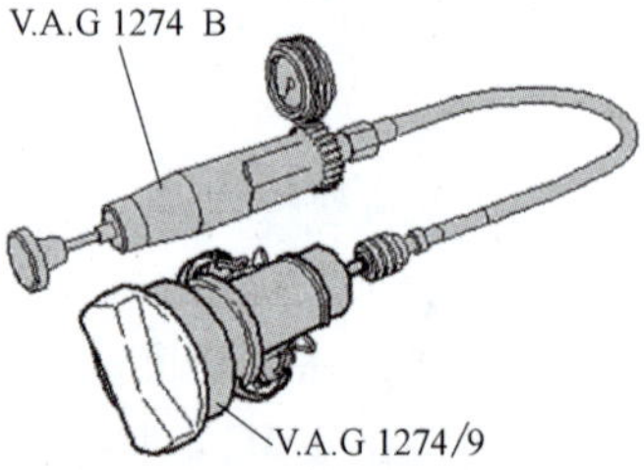 V.A.G 1274 B V.A.G 1274/9

注：1bar=0.1MPa。

2. 冷却系统常见故障排除

冷却系统常见故障排除见表 4-2。

项目 4　冷却系统故障诊断

表 4-2　冷却系统常见故障排除

故障	特征	原因分析	排除措施
冷却液温度过高	1) 汽车在行驶中冷却液温度超过90℃,冷却液温度表指针经常指在100℃以上或指针长时间处在红区,冷却液温度警告灯闪亮,直到沸腾(俗称"开锅") 2) 运行中冷却液温度在90℃以上,如一停车冷却液立即沸腾 3) 发动机在加速时伴随有明显的金属敲击声,同时动力不足,冷却液温度警告灯闪亮,难以熄火	1) 风扇传动带打滑或断裂 2) 接头、软管漏水 3) 散热器水垢过厚、堵阻或散热片过脏、变形、损坏 4) 冷却水道堵阻或水垢过厚 5) 节温器失效 6) 水泵工作不良 7) 风扇叶片变形或角度不准 8) 风扇电动机有故障 9) 冷却液变质或型号不当 10) 混合气过浓、过稀 11) 发动机积炭过多 12) 长时间大负荷工作 13) 点火过迟	1) 检查冷却系统 ① 检查冷却液的用量及其品质。对封闭式冷却系统,如液面下降很快,应检查冷却系统各部件有无渗漏;如无渗漏,应察看机油中有无水漏入 ② 检查风扇传动带是否过松、打滑、断裂 ③ 检查散热器和发动机的温度差。若散热器温度低,而发动机的温度很高,说明冷却液循环不良,应检查散热器进、出水管,水泵及节温器 ④ 检查节温器。就车检查的方法是将节温器拆下,并松开散热器进水管,起动发动机试验。如果散热器进水管处的冷却液排出有力,则故障就在节温器 ⑤ 检查温控开关。就车检查的方法是将点火开关转至"ON"位置,拆下散热器温控开关的接头,并将其两插片直接连接,此时风扇电动机应转动。如风扇不转,应检查相应的熔断器及风扇电动机 ⑥ 检查风扇电动机。将风扇电动机的正、负极与蓄电池的正、负极对应连接,风扇电动机应旋转 2) 检查其他系统引起冷却系统过热的原因
冷却液温度过低	发动机运转过程中温升低于正常温升速度;冷却液温度表指示值低于正常工作温度;发动机乏力,排气管时有放炮声	1) 冷却液温度表及电路故障 2) 冷却液温度传感器损坏 3) 节温器阀门常开 4) 温控开关、风扇电动机线路故障导致风扇常开,或装有硅油离合器风扇的车辆硅油离合器故障	1) 在环境温度较低时,检查百叶窗是否关闭自如或未装保温罩 2) 冷车起动后打开水箱盖,使发动机加速,观察冷却液流速及流量。若流速很快,流量大,说明节温器常开或未装节温器,应更换或加装节温器 3) 若冷却液温度表指示温度偏低,而用手触试散热器时感常很烫,用温度计测量冷却液温度却正常,说明冷却液温度传感器或冷却液温度表有故障 4) 冷车起动发动机。此时风扇不应运转(装用电子风扇的车辆)。若此时风扇运转,说明温控开关失灵,应予以更换 5) 冷车起动发动机,硅油离合器风扇应低速运转(装用硅油离合器的发动机)。若硅油离合器风扇在冷车时高速旋转,说明硅油离合器有故障,应予以更换
冷却液消耗异常	冷却液消耗过快,需经常补充	1) 散热器及冷却系统各管路连接处渗漏 2) 暖气热交换器渗漏 3) 水泵水封损坏、渗漏 4) 节温器盖松动或密封圈损坏 5) 气缸体或气缸盖破裂 6) 气缸垫损坏或气缸盖螺栓松动	1) 目视观察机体、水泵、散热器及各管路连接处有无冷却液渗出,必要时可对冷却系统进行加压检查。出现渗漏,应查明原因,予以排除 2) 发动机行驶无力,且排气管冒白烟,表明气缸垫损坏或气缸盖螺栓松动,应拆检、更换气缸垫并按规定重新紧固气缸盖螺栓

任务总结

1. 冷却系统的功用就是保持发动机在最适宜的温度下工作。发动机正常工作温度一般为 80~90℃。

2. 水冷系统中冷却液为冷却介质，采用强制循环式，利用水泵强制冷却液在冷却系统中循环流动。冷却系统由散热器、水泵、风扇、冷却液管和节温器等组成。

3. 冷却液的循环路线分大、小循环。当发动机处于预热等低温状态时，节温器使水套流出的冷却液不经散热器直接进入水泵，起加速升温的作用，称为小循环。当发动机处于大负荷等高温状态时，节温器使水套流出的冷却液全部流入散热器，有效散热，称为大循环。

4. 节温器是用来自动控制通过散热器的冷却液流量，调节发动机工作温度。它是用冷却液温度控制的自动阀门。

5. 冷却系统常见故障主要包括冷却液温度高、温度低和冷却液消耗异常等。

学习工作页

完成"学习工作页"项目4各项作业。

项目 5　润滑系统故障诊断

学习目标

1. 能够解释润滑系统的作用、类型。
2. 能够懂得润滑系统的基本组成和工作原理。
3. 能够按照规范要求完成润滑系统的拆装与维修作业。
4. 培养良好的职业道德与安全、环保意识。

任务接受

客户报修：润滑系统油压低

某客户的轿车出现发动机油压指示灯亮、油压低的故障，要求对其轿车发动机机械系统进行故障检修。

信息收集

5.1　润滑系统概述

发动机工作时，所有相对运动的零件的金属表面之间直接摩擦。摩擦增大发动机的功率消耗，降低发动机机械效率，使零件表面迅速磨损；摩擦产生大量热导致零件工作表面烧损，从而使发动机无法正常运转。为了保证发动机正常工作，必须对相对运动零件表面加以润滑，也就是在摩擦表面间覆盖一层薄而均匀的润滑油（机油）膜，以减小摩擦阻力、降低功率消耗、减轻机件磨损、延长发动机使用寿命。将润滑油送到运动零件表面实现润滑的系统称为发动机的润滑系统。

一、润滑系统的作用

1）润滑作用：润滑运动零件表面，减小摩擦阻力和磨损，减小发动机的功率消耗。这是润滑系统的基本作用。发动机润滑部位及作用如图 5-1 所示。
2）清洗作用：机油在润滑系统内不断循环，清洗摩擦表面，带走磨屑和其他异物。
3）冷却作用：机油在润滑系统内循环还可带走摩擦产生的热量，起冷却作用。
4）密封作用：在运动零件之间形成油膜（如活塞与气缸）可以提高它们的密封性，有利于防止漏气或漏油。
5）防锈蚀作用：在零件表面形成油膜，对零件表面起保护作用，防止腐蚀生锈。
6）液压作用：机油还可用作液压油，如在液压挺柱内起液压作用。

7) 减振作用：在运动零件表面形成油膜，可以吸收冲击并减小振动，起减振缓冲作用。

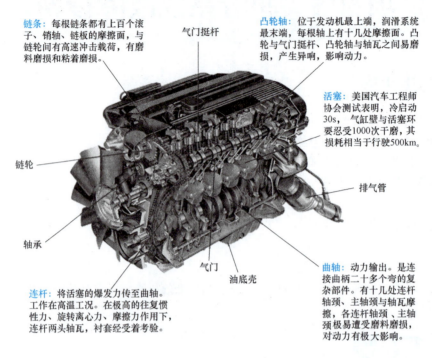

图 5-1　发动机润滑部位及作用

黏度是表示机油的稀稠程度的物理量。液体流动时，其分子之间产生的阻力叫黏度。黏度是机油性能的主要指标。机油的牌号用黏度表示。黏度过大，发动机运动阻力大，起动困难，磨损大，消耗发动机功率大，冷却和清洗作用差；黏度过小，机油易流失，加大磨损，密封差会造成气缸漏气。因此各类汽车必须严格按照生产厂的规定黏度选用机油。

二、润滑方式

发动机各运动副的工作条件不同，对润滑要求也不同，详见表 5-1。

表 5-1　润滑类型、特点和适用零件

润滑类型	特点	适用零件
压力润滑	将经机油泵升压的机油输送到需要润滑的部位。润滑效果可靠，并具有清洗及冷却作用	大负荷、高速工作的表面，如主轴承、连杆轴承、凸轮轴承、气门摇臂轴等
飞溅润滑	发动机工作时，运动件击溅以及从运动件间隙流出的机油溅洒到工作表面	荷载、速度较低的运动件及压力润滑困难的运动表面，如气缸壁、活塞销、凸轮、挺柱、偏心轮、连杆小头等
脂润滑	在轴承内注入润滑脂。现代汽车多采用生产时一次性注入	发电机轴承、水泵轴承、起动机轴承

发动机一般采用复合式润滑，即压力润滑和飞溅润滑的复合。

项目 5 润滑系统故障诊断

5.2 润滑系统的组成与工作原理

一、润滑系统的组成部分

发动机润滑系统一般由机油集滤器、机油泵、机油滤清器、安全阀和机油油道等组成。机油集滤器和机油泵安装在气缸体的曲轴箱内,机油滤清器安装在气缸体右侧,如图 5-2 所示。

二、发动机润滑系统的工作油路及其流向

油底壳内的机油经机油集滤器滤掉大的机械杂质后,被机油泵压入机油滤清器后分两路送出,如图 5-3 所示。第 1 路经主油道后分为两支:一支送入曲轴主轴承分油道,润滑主轴承,经曲轴内油道润滑连杆大端轴承,再经连杆凸轮轴内油道润滑连杆小端轴承后回到油底壳;另一支则进入中间轴的轴承后流回油底壳。第 2 路从主油道进入凸轮轴的轴承后再润滑气门机构,然后流回油底壳。当主油道油压太高或流量太大的情况下,机油冲开安全阀,流回油底壳。

机油滤清器上设有旁通阀,开启压力为 0.18MPa。当机油滤清器堵塞时,机油通过压力开关短路进入主油道,防止发动机运动副因缺机油而烧坏。

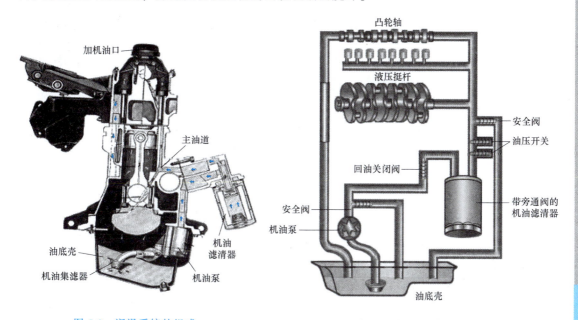

图 5-2 润滑系统的组成   图 5-3 润滑油道及走向

三、润滑系统主要总成的结构

(一)机油泵

汽车上常用的机油泵有齿轮式和转子式两种。

1. 齿轮式机油泵的结构与工作原理

（1）齿轮式机油泵的结构　齿轮式机油泵由壳体、主动齿轮、从动齿轮和轴承组成，如图5-4所示。

图5-4　齿轮式机油泵

（2）齿轮式机油泵的工作原理　发动机工作时，齿轮式机油泵的主动齿轮轴旋转，与主动齿轮啮合的从动齿轮也随之旋转。旋转时，进油腔内产生真空，吸入机油，通过两齿轮的空隙，将机油带到出油腔，机油在出油腔内受两齿轮轮齿的挤压产生压力，将机油压送到机油滤清器。经滤清的机油再经油道，流到运动件表面进行润滑，如图5-5所示。

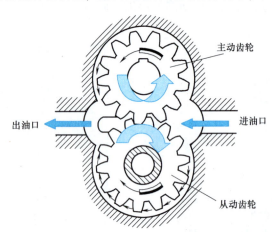

图5-5　齿轮式机油泵工作原理

2. 转子式机油泵的结构与工作原理

（1）结构　转子式机油泵主要由具有外齿的内转子及驱动内转子的转子轴组成。外转子与泵壳为滑动配合，是从动件；内转子与转子轴固定，是主动件。内转子比外转子少一个齿，外转子可在油泵壳体内自由转动，内、外转子轴的轴线有一个偏心距，安装后相互构成4个容积不等的油腔，如图5-6所示。

（2）工作原理　如图5-7所示，发动机工作时，内转子带外转子转，内转子的4个齿一边转，一边在外转子的内弧面上滑动，内转子的转速大于外转子，使4个油腔大小呈周期性变化。转子转到靠近出油口时，容积逐渐变小，油压升高而将机油压出；转子转到靠近进油口时，容积逐渐变大，形成真空而将机油吸入。

项目 5　润滑系统故障诊断

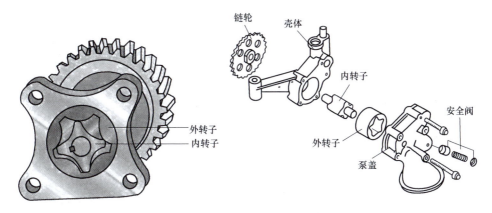

图 5-6　转子式机油泵

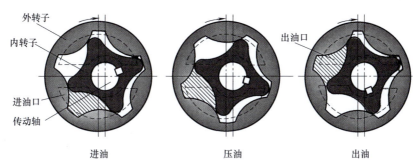

图 5-7　转子式机油泵的工作原理

3. 机油泵安全阀

如图 5-8 所示，安全阀设在机油泵壳盖上。机油压力如超过规定压力，则出油道中机油的压力克服弹簧推力，打开钢球阀门，使一部分机油流到进油道，在机油泵内循环。

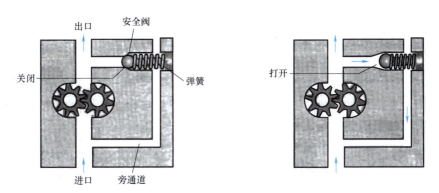

图 5-8　安全阀的工作原理

（二）机油滤清器

机油滤清器分集滤器、粗滤清器和细滤清器。

过滤装置过多，会增加机油的运动阻力。一般润滑系内会装有几个不同功能的滤清器，分别与主油道串联或并联。

105

1. 集滤器

集滤器由罩、滤网、浮子、固定管、吸油管等组成，如图 5-9 所示。

2. 粗、细滤清器

在发动机润滑系统中，小型发动机采用一个粗滤清器清除机油中的杂质，如图 5-10a 所示；大型发动机采用一个细滤清器和一个粗滤清器共同清除机油中的杂质，如图 5-10b 所示。

细滤清器滤去较细的杂质，使机油能持续自洁。粗滤清器滤去油中直径大于 0.08mm 的杂质，由于对润滑油的阻力小，因此一般被串联在机油泵与主油道之间。

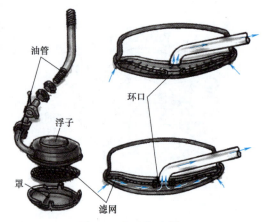

图 5-9　机油集滤器

细滤清器通常使用纸质滤芯，滤芯分内外两层，机油经内外两层滤芯过滤后再流向主油道。当进出油口的压力差大于 150～180kPa 时，旁通阀打开，防止断油，如图 5-11 所示。

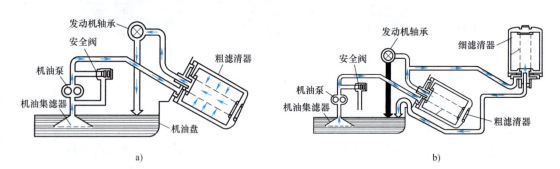

图 5-10　机油粗、细滤清器

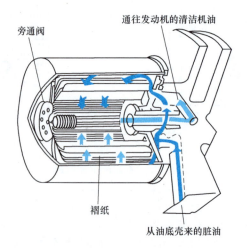

图 5-11　细滤清器的工作原理

项目 5　润滑系统故障诊断

> **任务实施**

5.3　润滑系统的检测与故障排除

一、润滑系统的检测

1. 清洗润滑系统油路

从分解后的发动机缸体、缸盖等部件上找到相应的润滑油道，用化油器清洗剂清洗，然后用压缩空气吹净。

2. 检修机油泵

机油泵磨损的检查主要是检查 3 个间隙，即体隙、端隙、齿隙，其值应符合原厂维修手册。如果无法查到这些数据，可按以下数值进行检查：

（1）转子式机油泵的间隙（图 5-12）

1）内、外转子之间的间隙应小于 0.25mm。

2）外转子与泵壳之间的间隙应小于 0.35mm。

3）机油泵内、外转子和机油泵体之间的齿端间隙应小于 0.10mm。

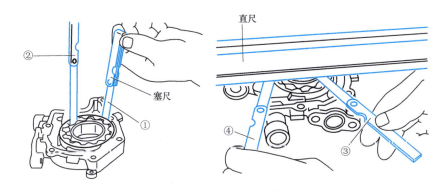

图 5-12　检查转子式机油泵

图 5-12 中：①机油泵外转子和机油泵体之间的间隙（体隙），②机油泵内转子和机油泵外转子之间的径向间隙（齿隙），③机油泵内转子和机油泵体之间的齿端间隙（端隙），④机油泵外转子和机油泵体之间的齿端间隙（端隙）。

（2）齿轮式机油泵的间隙

1）齿轮端面与泵盖之间的间隙可用塑料间隙规检查，其值应不大于 0.06mm。

2）齿轮齿顶与壳体之间的间隙应小于 0.15mm。

也可用经验法检查机油泵：用手转动机油泵，检查其转动是否灵活。用手转动主动齿轮轴，进行泵柴油或机油试验；用另一只手大拇指堵住出油口，若不能堵住出油，或者当用手堵住出油后，机油泵主动齿轮轴变得转不动，则机油泵良好。

二、润滑系统的维护与故障排除

1. 检查机油压力

检查机油压力的方法见表 5-2。

表 5-2　检查机油压力的方法

拆装项目和内容	图示说明
在不同转速下检查机油压力： ◆ 1500r/min：至少 510kPa ◆ 2000r/min：520~540kPa ◆ 2000r/min 以上：最大 600kPa	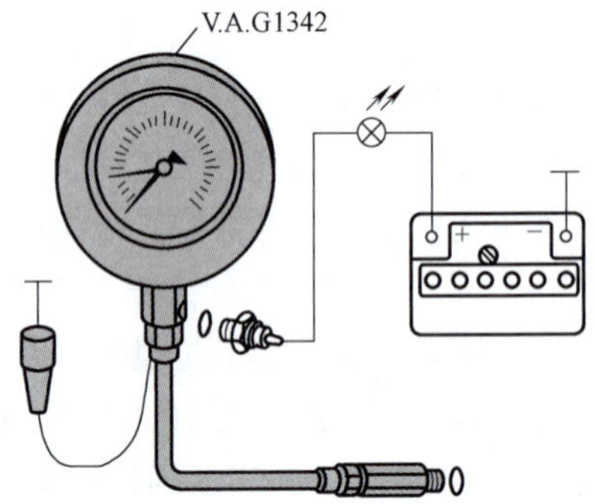 

2. 更换机油

1）等发动机温度降低或接近环境温度后方可进行机油更换操作。举升车辆，废机油盛放容器放置在油底壳下方，缓慢旋松放油螺塞，直到有油流出，迅速拿下放油螺塞，待机油放净。

2）使用机油滤清器专用扳手，将机油滤清器取下。更换新品，将新机油滤芯加注机油，密封胶圈上涂抹新机油，按照规定标准紧固放油螺塞。

3）根据不同车型选择不同黏度等级的机油；根据车型制造厂商技术要求，根据不同季节选择机油规格。打开发动机机油加油口，缓慢倒入机油，直到油底壳放油孔处流出新机油为止。紧固放油螺塞，紧固力矩按标准规定，力矩不可过大，尤其是铝制油底壳，力矩过大将损坏螺纹。

4）按规定容量添加机油，过程中要拔出机油尺查看油位是否达到上限或者接近上限。机油添加完毕，旋紧机油加油口盖，起动发动机，查看机油压力指示灯是否立即熄灭，查看机油滤芯、油底壳放油螺塞处是否有漏油现象。没有上述问题，发动机机油、机油滤清器更换工作完毕。

注意事项：防止高温机油烫伤，油底壳放油螺栓、机油滤芯按规定紧固力矩。

3. 润滑系统常见故障的诊断与排除

润滑系统常见故障的诊断方法见表 5-3。

项目 5　润滑系统故障诊断

表 5-3　润滑系统常见故障诊断一览表

故障	特征	原因分析	排除措施
机油压力过低	1)发动机怠速运转时,机油压力表指示压力过低或机油警示灯亮 2)发动机转速高达一定程度时,报警灯闪亮,报警器报警 3)油底壳机油被稀释,致使油面增高,机油黏度变小且带有很浓的汽油味或带有水泡沫	1)使用机油型号不当,机油黏度过低。未按季节换机油,或更换机油的周期太长 2)机油变质劣化(混有水或燃油) 3)机油温度过高 4)机油量没有达到规定容量;机油黏度小,汽油或冷却液进入油底壳 5)机油集滤器、机油滤清器被堵塞;安全阀调整弹簧弹力过低或弹簧折断;旁通阀不密封,或其弹簧折断或弹力调节过小 6)机油泵工作不良,磨损严重,造成机油泵泵油性能变坏 7)机油泵安全阀关闭不严或安全阀弹簧损坏 8)发动机曲轴轴承、连杆轴承间隙过大或凸轮轴轴承的间隙过大,机油油路、油管严重泄漏 9)机油压力表指示有误。如油压表、传感器、油压开关、油压警告灯和油压报警器失效等	1)通过机油尺检查机油的油面高度是否合适。将车辆停放在平坦地面上,拔出油尺,检查机油油面高度。若油面低,应加足机油 2)观察油尺上机油颜色,若呈现乳白色,说明机油渗入水分已变质,黏度下降使油压偏低,应给予更换 3)拆下机油压力传感器,装上机油压力检测表,若机油压力达到规定值,而机油压力表指示的油压过低(或机油警示灯不灭),说明机油压力传感器或机油压力表故障。换上新的机油压力传感器,起动发动机怠速运行,若机油压力表指示正常(或机油警示灯灭),则机油压力传感器故障。若故障现象依旧,表明机油压力表故障 4)若机油压力表指示的机油压力在怠速、2000r/min时均低于规定值,应将检测表安装在气缸体主油道机油压力传感器位置上,起动发动机,检测机油压力。若压力仍高于规定值,说明滤清器至主油道间有堵塞或安全阀故障。若压力无多大变化且较低,拆下安全阀清洗,在弹簧后端面加装垫片后重新进行压力检测。若机油压力明显提高,说明安全阀故障 5)加垫后压力仍偏低,应拆下油底壳,检查集滤器是否堵塞、曲轴轴承和连杆轴承间隙是否过大。若是,应加以修复 6)上述检查均正常,说明故障为机油泵磨损过多
机油压力过高	1)发动机运转时,机油压力始终过高 2)发动机在运转中,机油压力突然增高	1)机油黏度过大 2)安全阀调整不当 3)新装的发动机主轴承、连杆轴承或凸轮轴轴承间隙过小 4)气缸体润滑油道堵塞 5)机油滤清器滤芯堵塞且旁通阀开启困难	1)压力过高时,应首先检查机油黏度是否过大 2)检查机油安全阀是否调整不当或失效。如果机油泵安全阀卡死,发动机转速提高时机油滤清器盖上的密封垫很容易被冲破,一连更换几个密封垫也是如此。有时将空气压缩机的进油软管也冲破。应清洗和调整安全阀、清洗油底壳及滤清器,更换机油,必要时更换损坏机件 3)对于新装发动机,应检查主轴承、连杆轴承或凸轮轴轴承是否间隙过小 4)机油压力突然变高,可首先检查机油安全阀柱塞是否卡滞。若良好则一般为润滑系统油道堵塞 5)若机油滤清器滤芯堵塞且旁通阀开启困难时,机油表上显示机油压力过低(说明主油道供油不足),而粗滤器中的压力过高,还可能冲坏外壳密封圈,严重时能将滤清器盖冲裂。排除故障时应首先清洗机油滤清器(必要时更换滤芯)、旁通阀及安全阀;其次再考虑调整安全阀,不能用调整安全阀来调整油路压力,以免掩盖其他故障隐患

109

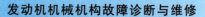

发动机机械机构故障诊断与维修

（续）

故障	特征	原因分析	排除措施
机油消耗过多	1)机油消耗量逐渐增多 2)排气管冒蓝烟	1)活塞与缸壁间隙过大 2)进气门导管磨损过甚 3)曲轴箱通风不良 4)正时齿轮室密封不良 5)曲轴后油封密封不良 6)凸轮轴后端油堵漏油 7)空气压缩机活塞与缸壁间隙过大 综上所述，机油消耗过多的原因主要是：漏油和烧机油	1)首先检查有无漏油处 ①在主要的漏油部位中，应当特别注意曲轴前端和后端漏油。前端漏油常因油封破损、老化或曲轴带轮与油封接触面磨损过甚所致。曲轴后端漏油，除因后油封密封不良外，对无后油封的发动机，还应检查后主轴承盖回油孔是否过小，凸轮轴后端油堵是否漏油 ②如果发动机前后气缸盖罩、前后气门挺杆室、粗细机油滤清器、油底壳衬垫及发动机前后油封都有机油渗出痕迹，但找不出明显的漏油处，应检查曲轴箱是否通风不良，清理曲轴箱通风管道中的积炭和结胶 ③机油滤清器盖老是漏油，应检查是否机油安全阀调整不当或卡死（机油压力过高），或检查粗滤器是否堵塞且旁通阀难以开启 2)若排气管大量排蓝烟，应检查烧机油 ①当加大负荷发动机高速运转时，排气管大量排蓝烟，机油加注口也冒烟或脉动冒烟，说明活塞、活塞环与气缸壁磨损过甚。应当拆下活塞连杆组，进行检查分析；还应当检查活塞环的闭口间隙、径向间隙和侧隙 ②当发动机大负荷运转时，排气管冒浓蓝色烟，但机油加注口并不冒烟。应检查气门导管磨损过甚或油封漏油 ③若短时间冒蓝烟，而曲轴箱机油不减，是空气滤清器油面过高或堵塞所致 3)若从贮气筒放污塞放出很多机油，说明空气压缩机活塞、活塞环与缸壁磨损过甚，应检修

任务总结

1. 润滑系统的作用主要包括润滑作用、清洗作用、冷却作用、密封作用、防锈蚀作用、液压作用和减振作用。

2. 发动机润滑系统一般由集滤器，机油泵，机油粗、细滤清器，安全阀和机油油道等组成。

3. 发动机润滑油路第1路经主油道后分为两支：一支送入曲轴主轴承分油道，润滑主轴承，经曲轴内油道润滑连杆大端轴承，再经连杆凸轮轴内油道润滑连杆小端轴承后回到油底壳；另一支则进入中间轴的轴承后流回油底壳。第2路从主油道进入凸轮轴的轴承后再润滑气门机构，然后流回油底壳。当主油道油压太高或流量太大的情况下，机油冲开安全阀，流回油项目 5 　润滑系统故障诊断

底壳。

4. 机油泵磨损的检查主要是检查 3 个间隙，即体隙、端隙、齿隙，其值应符合原厂维修手册。

5. 润滑系统常见故障主要包括油压偏低、油压过高和润滑油消耗过大等。

学习工作页

完成"学习工作页"项目 5 各项作业。

项目 6　汽油发动机燃料供给系统故障诊断

学习目标

1. 能够懂得汽油发动机燃料供给系统的基本组成和工作原理。
2. 能够懂得电控汽油喷射系统的总体结构。
3. 能够懂得进排气系统的结构。
4. 能够根据规范要求完成汽车燃料供给系统各部件的检修与故障排除作业。
5. 培养良好的职业道德与安全、环保意识。

任务接受

客户报修：怠速不稳、冒黑烟。

某客户的轿车出现怠速不稳、冒黑烟的故障，通过车间技术人员的诊断，发现汽车油路出现故障，需对该轿车燃料供给系统进行故障检修。

信息收集

6.1　汽油发动机燃料供给系统基本认知

一、汽油使用性能及牌号

汽油发动机使用的燃料是汽油，汽油是从石油中提炼出来的碳氢化合物。汽油的使用性能指标主要有蒸发性、热值、抗爆性。按照国家标准，国Ⅴ、国Ⅵ标准的车用汽油，按辛烷值分为89、92、95、98共4个牌号。

辛烷值代表了汽油的抗爆性，是汽油发动机选汽油时的主要依据，压缩比大的汽油发动机应选用较高辛烷值的汽油。

二、发动机的工况与混合气的浓度

（一）可燃混合气成分的表示方法和特性

可燃混合气是指空气与燃料的混合物，其成分对发动机的动力性、经济性有很大的影响。可燃混合气的浓度常用空燃比（A/F）和过量空气系数（α）表示。

（1）空燃比（A/F）　实际吸入发动机中的空气质量与燃料质量的比值称为空燃比。

(2) 过量空气系数（α） 燃烧1kg燃料实际消耗的空气质量与理论上1kg燃料完全燃烧所消耗的空气质量之比称为过量空气系数。

$$\alpha = \frac{\text{燃烧1kg燃料实际消耗的空气质量}}{\text{完全燃烧1kg燃料理论上消耗的空气质量}}$$

理论上1kg汽油完全燃烧需要空气14.7kg。

空燃比 = 14.7 时 α = 1，标准混合气理论值；

空燃比 < 14.7 时 α < 1，浓混合气；

空燃比 > 14.7 时 α > 1，稀混合气。

缸外燃油喷射发动机稳定工作时的空燃比最高一般为18，缸内直喷发动机一般空燃比大于18，如图6-1所示。空燃比大于18以后氮氧化物排放会大幅降低。（但是欧洲最新研究表明，空燃比提高以后氮氧化物会大幅增加。）发动机最高功率处于空

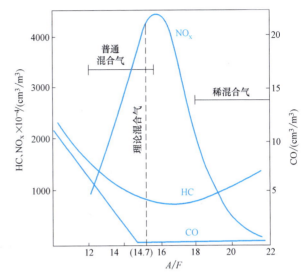

图6-1 空燃比 A/F 与排气 CO、HC、NO_x 浓度的关系

燃比12~14之间，用过量空气系数 α 表示为0.88。由于排放限制，国Ⅴ发动机过量空气系数 α 处于1~1.15之间时排放最低。经济油耗（最省油）时的 α 值为1.11。

（二）混合气浓度及其对发动机工作的影响

试验证明，发动机的功率和耗油率都是随着过量空气系数 α 变化而变化的，如图6-2所示（图中纵坐标的说明：g_e 是以各种过量空气系数下所得耗油率值最小者为100%。P_e 是以各种过量空气系数下所发出最大功率值为100%）。理论上，对于 α = 1 的标准混合气而言，空气中所含的氧正好足以使汽油完全燃烧，但实际上，由于时间和空间条件的限制，汽油细粒和蒸气不可能及时地与空气绝对均匀地混合，因此，即使 α = 1，汽油也不可能完全燃烧，α > 1 才有可能完全燃烧。

可燃混合气根据燃油含量的多少分为标准可燃混合气、浓可燃混合气、过浓可燃混合气、稀可燃混合气、过稀可燃混合气5种。

(1) 过浓可燃混合气 α < 0.85。这种混合气会使发动机耗油率增加，排气管冒黑烟，消声器有放炮声。所以这种混合气仅使用在发动机刚刚起动时。

(2) 浓可燃混合气。α 在 0.8~0.9 之间。这种混合气可使发动机的功率增大。α = 0.88 时达到最大的

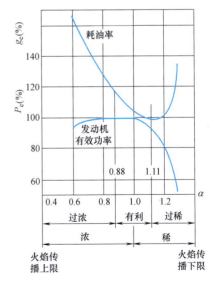

图6-2 发动机的有效功率、耗油率与过量空气系数的关系

功率（称功率混合气）。但由于氧气不足，不能充分燃烧，环保性变差。

（3）标准可燃混合气 α=1。从理论上讲，标准可燃混合气燃烧最完全，环保性最好。

（4）稀可燃混合气 α在1.05～1.15之间。这种混合气可以使汽油分子获得足够的空气而完全燃烧。α=1.11时燃料燃烧最完全，经济性最好（称经济混合气），耗油率最低。

（5）过稀可燃混合气 由于过稀混合气中的汽油分子过少，燃烧速度慢，使热量传入冷却液，热损失多，发动机的温度过高，因而使发动机功率显著减少40%～50%，耗油率激增。

（三）发动机各种工况对可燃混合台气浓度的要求

由于发动机在工作时其工况（转速和负荷情况）是不断变化的，故要求混合气浓度也不同，如图6-3所示。

1. 中等负荷工况

随着城市道路的不断建设和完善，汽车性能的不断提高，现代小汽车在最高档位时经济车速为为65～105km/h，此时发动机的转速在2000～3200r/min之间。大型汽车在最高档位时的经济车速为45～75km/h，发动机的转速在1500～2500r/min之间。发动机在此负荷下运转，经济性要求是主要的，此时要求节气门开度由小变大，使气缸的充气量增加，汽油的雾化和蒸发较好，气缸内残余废气量相对减小，故需供给稀而多的混合气，α在1.08～1.15之间。

2. 急速工况

传统发动机急速时的转速在300～600r/min之间，转速低，汽油雾化不良。另外，由于进入气缸的混合气数量少，再加上上一循环的残余废气影响，故需供给较浓而少的混合气，α在0.6～0.8之间。

现代发动机为了降低急速时废气中HC和CO的含量，采取了下列措施：

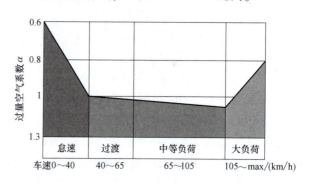

图6-3 发动机各种工况对可燃混合气浓度的要求

1）冷急速范围设计为300～700r/min，α在0.6～0.8之间。

2）热急速的稳定转速通常为700～800r/min，急速转速提高，汽油雾化得到改善。

另外，由于发动机充气系数的提高，进入气缸的混合气数量有所增加，可供给标准浓度的混合气，α为1左右。

3. 大负荷和全负荷工况

汽车行驶阻力大（如上坡或在艰难道路上行驶）时，要求发动机发出最大功率，需供给浓而多的混合气，α在0.8～0.9之间。

4. 加速工况

加速时，节气门突然开大，发动机转速迅速提高，由于大量新鲜空气进入进气管，使其温度降低，汽油蒸发性变差，致使混合气瞬时过稀，发动机不仅不能加速，反而可能熄火。故需额外供给较浓的混合气。

5. 起动工况

冷起动时，汽油蒸发条件差。同时，由于发动机转速低，吸入的空气流速也低，致使汽

项目6 汽油发动机燃料供给系统故障诊断

油雾化困难,大部分汽油呈油性状态粘附在进气管壁上,不能及时进入气缸,使气缸内混合气过稀,无法燃烧。为了保证进入气缸的汽油有足够汽油蒸发,发动机能顺利起动。故需供给极浓的混合气,α 在 0.2~0.6 之间。

6.2 电控汽油喷射系统的总体结构认知

一、电控汽油喷射系统的类型和基本组成

(一) 电控汽油喷射系统的类型

1. 按喷油器数目分为单点喷射系统和多点喷射系统

(1) 单点喷射系统 单点喷射系统是指在节气门前方安装一只或两只喷油器,向进气歧管喷油形成初步的可燃混合气,在进气行程时,可燃混合气被吸入气缸内,如图 6-4a 所示。这种系统结构简单,但混合气浓度不易精确控制。该系统逐渐被淘汰。

(2) 多点喷射系统 多点喷射系统是指在每一个气缸的进气门前的进气道内分别安装一只喷油器,实行各缸分别供油,如图 6-4b 所示。多点喷射因混合气浓度控制精确而被广泛应用。

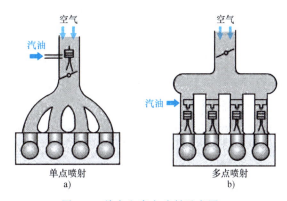

图 6-4 单点和多点喷射示意图

2. 按喷油方式分为连续喷射系统和定时喷射系统

(1) 连续喷射系统 连续喷射系统现在已被淘汰。

(2) 定时喷射系统 定时喷射系统广泛地应用于现代电控汽油喷射系统中。在发动机运转期间汽油定时喷射,其喷油量人小取决于喷油器针阀升启时间,即 ECU(发动机控制单元)指令的喷油脉冲宽度。

3. 按喷射时序分为同时喷射、分组喷射和顺序喷射

(1) 同时喷射 这种喷射方式是在电路上将各气缸喷油器全部并联在一起,通过一条共同的控制电路和 ECU 连接。在发动机的每个工作循环中,各气缸喷油器同时喷油 1 次或 2 次,如图 6-5a 所示。这种控制方式逐渐被淘汰。

(2) 分组喷射 这种喷射方式是将多缸发动机的喷油器分成 2~3 组,每组有 2~4 个喷油器,分别通过一条控制电路和 ECU 连接。在发动机每个工作循环中,各组喷油器各自同时喷油 1 次,如图 6-5b 所示。

(3) 顺序喷射 这种喷射方式的各气缸喷油器分别由各自的控制电路与 ECU 连接,ECU 分别控制各喷油器喷油,如图 6-5c 所示。这种喷射方式得到广泛应用。

4. 按控制方式分为开环控制和闭环控制

(1) 开环控制 不装氧传感器的电控汽油喷射系统。因控制精度不高,逐渐被淘汰。

(2) 闭环控制 装有氧传感器的电控汽油喷射系统。氧传感器未达到工作温度之前,

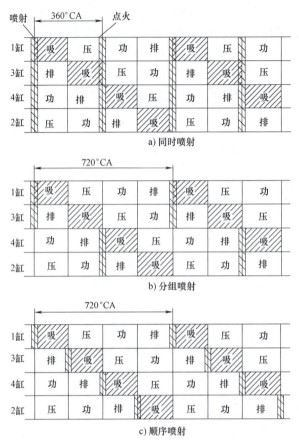

图 6-5 同时喷射、分组喷射和顺序喷射示意图

它不能向 ECU 反馈信号,这时电控汽油喷射系统是开环控制。但由于开环控制的时间较短,所以目前把装有氧传感器的电控汽油喷射系统称为闭环控制系统。

5. 按空气量检测方式分为间接检测式和直接检测式

(1) 间接检测式 采用进气压力传感器,这种系统称为 D 型电控汽油喷射系统。

(2) 直接检测式 采用热线式(LH 型)、热膜式和涡街式等空气流量计。

6. 按喷射位置分为缸外喷射和缸内喷射

(1) 缸外喷射 把汽油喷射在进气道的方法称为缸外喷射,如图 6-6a 所示。国内轿车发动机电控汽油喷射系统广泛采用缸外喷射。

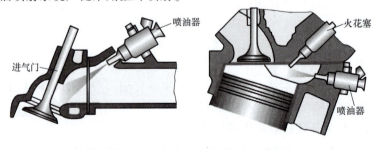

图 6-6 缸外喷射和缸内喷射

项目6 汽油发动机燃料供给系统故障诊断

（2）缸内喷射（直接喷射GDI） 缸内喷射在有些燃烧稀混合气的轿车发动机中采用，如一汽大众生产的速腾1.4TSI DSG轿车就是采用汽油直接喷射式涡轮增压发动机技术，它与缸外汽油喷射电控系统相比具有高效、低油耗的优点，如图6-6b所示。

（二）电控汽油喷射系统的组成

电控汽油喷射系统由燃油供给系统、进气系统、电子控制系统3个子系统组成，如图6-7所示。

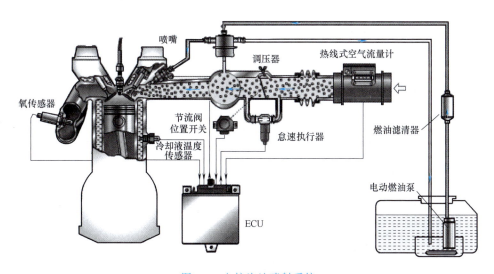

图6-7 电控汽油喷射系统

1. 燃油供给系统

燃油供给系统的功用是向发动机提供各种工况下所需要的燃油量。它由汽油箱、电动燃油泵、燃油滤清器、燃油分配管、油压调节器、喷油器和油管等组成，如图6-8所示。

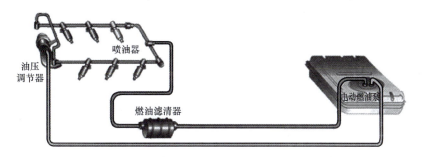

图6-8 电控燃油供给系统

在电动燃油泵的作用下，汽油从油箱以大约350kPa的压力泵出，经燃油滤清器、总油管和分配油管后，送至喷油器。喷油器在ECU控制下，将汽油以雾状喷至各气缸进气门前的进气道管内。总油管的末端装有油压调节器，用来调整油管中汽油的压力，使油压保持某一定值（250~300kPa），多余的汽油从油压调节器上的回油口经回油管返回汽油箱。也有一些发动机的油压调节器后面串联一个燃油脉动阻尼器，还有的发动机将油压调节器安装在汽油箱内。

117

2. 进气系统

LH 型电控汽油喷射系统由空气滤清器、空气流量计、节气门体、进气管总管、进气歧管和怠速控制阀组成，如图 6-9 所示，其功用是测量和控制汽油燃烧时所需要的空气量，以控制发动机输出功率。

进气量由驾驶员通过加速踏板操纵节气门或电子节气门来控制。进入发动机的空气经空气滤清器过滤，由空气流量计计量后，通过节气门体进入进气总管和进气歧管，在进气道内与喷油器喷出的燃油混合后再进入气缸。

D 型电控汽油喷射系统除了采用进气压力传感器间接测量进气量外，其他的部件与 LH 型的相同。

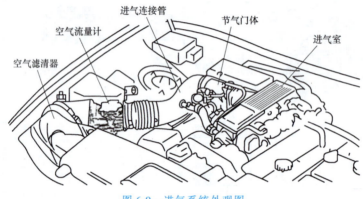

图 6-9 进气系统外观图

3. 电子控制系统

电子控制系统由各种传感器、发动机控制单元（ECU）和执行器 3 部分组成，如图 6-10 所示，其功用是根据发动机运转状况和车辆运行情况确定汽油最佳喷射量。

图 6-10 电子控制系统

项目6 汽油发动机燃料供给系统故障诊断

传感器是信号转换装置，安装在发动机的各个部位，其功用是检测发动机运行状态，将发动机各种工况下的参数转换成电信号输给 ECU。检测发动机工况的传感器有：冷却液温度传感器、进气温度传感器、发动机转速与曲轴位置传感器、节气门位置传感器、车速传感器、氧传感器、爆燃传感器、空调离合器开关等。

ECU 是发动机控制系统的核心部件。ECU 在接收了各种传感器传来的信号后，经过计算确定满足发动机运转状态的喷油时间。ECU 还可以对多种信息进行处理，实现电控汽油喷射系统以外其他诸多方面的控制，如点火控制、怠速控制、废气再循环控制和自动变速器控制等。

执行器是控制系统的执行机构，其功用是接受 ECU 输出的各种控制指令，完成具体的控制动作，从而使发动机处于最佳状态，如喷油定时和脉宽控制、点火提前角控制、怠速控制、故障自诊断、故障备用程序启动、仪表显示等。

因此，电控汽油喷射系统是由燃油系统、进气系统和电子控制系统 3 部分有机联系的整体，如图 6-11 所示。要了解电控汽油喷射系统工作原理，必须了解 3 个子系统的结构和工作原理。

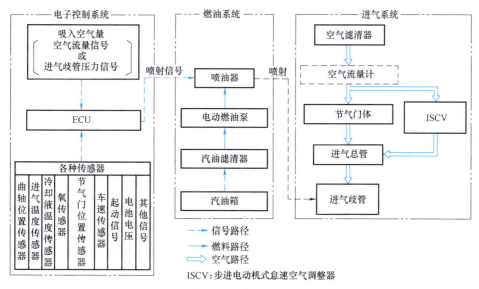

图 6-11 电控汽油喷射装置的控制原理图

二、燃油供给系统主要部件结构与工作原理

（一）电动燃油泵

电动燃油泵是一种由小型直流电动机驱动的油泵，它为汽油喷射提供所需的压力。目前最常用的是涡轮式电动燃油泵，其结构如图 6-12 所示。涡轮的圆周开有小槽，在电动机的驱动下，涡轮周围小槽内的燃油高速旋转。由于离心力的作用，使燃油出口处的油压升高，同时在进口处产生一定的真空，从而使燃油在进油口被吸入并被泵向出油口。

（二）油压调节器

油压调节器的功用就是根据进气歧管真空度的变化来调节进入喷油器的燃油压力，使燃油压力与进气歧管压力之差保持不变，让喷油压力在不同的节气门开度下保持定值

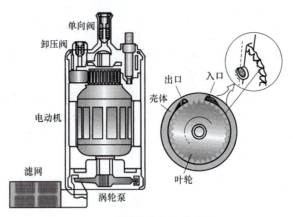

图 6-12 涡轮式电动燃油泵

（250kPa），如图 6-13 所示。这样，喷油器的喷油量只取决于喷油时间的长短，ECU 就能通过控制喷油时间的长短来精确地控制喷油量。

油压调节器壳体内腔被膜片分成两个小室，下方为真空气室，真空接口通过一根软管和进气管相通。弹簧紧压在膜片上，使阀门关闭。当膜片上方的燃油压力超过膜片下方真空气室的压力时，就推动膜片向下压缩弹簧，打开阀门，使超压的燃油经回油口流回油箱。

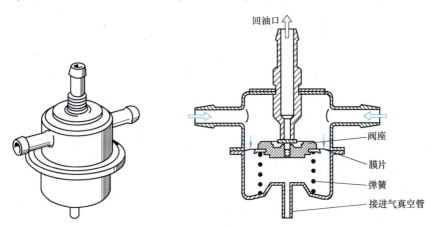

图 6-13 油压调节器

（三）喷油器

喷油器的功用是根据 ECU 提供的电信号（脉冲宽度）控制燃油喷射量。

喷油器的结构如图 6-14 所示，它由滤网、电源插座、电磁线圈、复位弹簧、衔铁和针阀等组成。采用缸外喷射的喷油器安装在气缸盖的进气道上，喷嘴朝向进气。

喷油器按电磁线圈的控制方式不同，可分为电压驱动式和电流驱动式两种。

电压驱动式喷油器是指 ECU 驱动喷油器喷油的电脉冲的电压是恒定的，这种喷油器又可分为高阻抗型和低阻抗型两种。低阻抗型喷油器是用 5~6V 的电压驱动，其电磁线圈的电阻较小，为 0.6~3Ω，不能与 12V 电源直接连接，否则会烧坏电磁线圈。高阻抗型喷油器是用 12V 电压驱动，其电磁线圈电阻较大，为 12~17Ω，可直接与 12V 电源连接。

电流驱动式喷油器的驱动电脉冲开始时是以较大的电流使电磁线圈产生较大的吸力，以

项目 6 汽油发动机燃料供给系统故障诊断

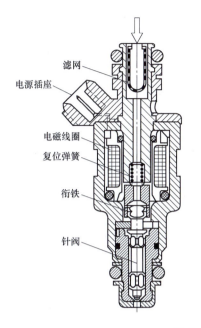

图 6-14 喷油器

打开针阀，然后再用较小的电流保持针阀的开启。这种喷油器一般为低阻抗型。

（四）冷起动喷油器

早期有些车型的汽油喷射系统，在发动机冷起动时，除了通过延长各气缸喷油器的喷油时间来增加喷油量外，还借助节气门后的进气管或谐振腔上的冷起动喷油器，喷入一部分额外的燃油，以加浓混合气，提高发动机的冷起动性能。冷起动喷油器结构与喷油器基本相同。近年来生产的电控发动机已不采用这种冷起动的方法，取而代之的是采用 ECU 控制喷油器加浓的方法。

（五）燃油脉动阻尼器

有的汽油喷射系统装有燃油脉动阻尼器，其功用是减小油路中的压力波动，并抑制喷油器或压力调节器在开启与关闭过程中产生的压力脉动。燃油脉动阻尼器一般安装在进油管或分配油管上，有的安装在电动燃油泵出口处或安装在回油管路上，以减小油压调节器产生的回油冲击。如图 6-15 所示，膜片将脉动阻尼器隔成膜片室和燃油室，当燃油压力增高时，膜片弹簧被压缩，使燃油室容积增大，减缓了燃油压力的增加；反之，当燃油压力减低时，在弹簧力的作用下使燃油室容积减少，减缓了燃油压力的降低。如此反复，使燃油系统的油压脉动降低。

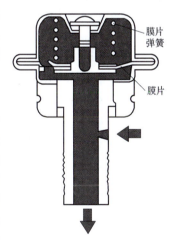

图 6-15 燃油脉动阻尼器

（六）汽油滤清器

汽油滤清器能除去汽油中的杂质和水分。电动燃油泵、喷油器等精密件，要求供给清洁的汽油，否则易出现故障。滤清方式有沉淀式和过滤式。

汽油滤清器由进油口、纸质滤芯和出油口组成，如图 6-16 所示。

(七) 汽油箱

如图 6-17 所示，油箱盖带有进气阀（空气阀门），其目的是当油箱内产生一定的真空度的情况下，能与大气相通。

图 6-16　汽油滤清器

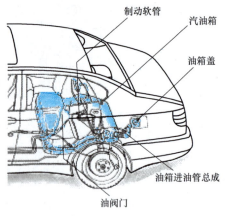

图 6-17　汽油箱的位置

三、空气供给系统主要部件结构与工作原理

（一）进气检测装置

进气检测装置按检测方式分为空气流量计和进气压力传感器两种，其检测参数作为 ECU 控制喷油量的基本依据。

1. 空气流量计

空气流量计的功用是直接检测进气量。空气流量计安装在空气滤清器和节气门之间，用来测量进入气缸内空气量的多少，将进气量信号转换成电气信号输入 ECU，从而由 ECU 计算出喷油量，控制喷油器向节气门室（进气管）喷入与进气量成最佳比例的燃油。

目前汽车上所用的空气流量计按其结构和工作原理分为翼片式空气流量计、涡街式空气流量计、热线式空气流量计和热膜式空气流量计等 4 种。

（1）翼片式空气流量计　图 6-18 所示是翼片式空气流量计的结构，图 6-19 所示是翼片式空气流量计的空气通道，图 6-20 所示是翼片式空气流量计的电位计部分结构。

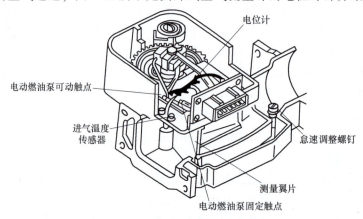

图 6-18　翼片式空气流量计的结构

项目6 汽油发动机燃料供给系统故障诊断

翼片式空气流量计由测量翼片、缓冲板、阻尼室、旁通气道、怠速调整螺钉、回位弹簧等组成,此外内部还设有电动燃油泵开关及进气温度传感器等。

在有的翼片式空气流量计中,还有一电动燃油泵开关,其作用是当点火接通而发动机不转动时,控制电动燃油泵不工作。一旦空气流量计中有空气流过时,此开关闭合,电动燃油泵开始工作。这种有电动燃油泵开关的空气流量计的电插座一般为7脚。

翼片式空气流量计的电位计是以电位变化检测空气量的装置,它与空气流量计测量

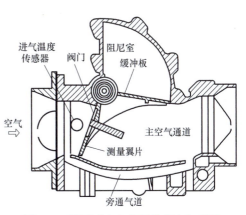

图6-19 翼片式空气流量计的空气通道

翼片同轴安装,能把因测量翼片开度而产生的滑动电阻变化转换为电压信号,并送给ECU,在测量翼片的回转轴上,装有一根螺旋回位弹簧,当吸入空气推开测量翼片的力与弹簧变形后的回位力相平衡时,测量翼片即停止转动。用电位计检测出测量翼片的转动角度。

(2)涡街式空气流量计 涡街式空气流量计进气道的正中间有一个锥形的涡流发生器。当空气流经涡流发生器时,在其后方的气流中会产生空气旋涡,这些旋涡移动的速度与空气流速成正比。因此,通过测量单位时间内旋涡的数量就可计算出空气流速和流量。

测量单位时间内旋涡数量的方法有两种。一种是在流量计的

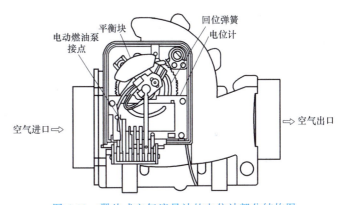

图6-20 翼片式空气流量计的电位计部分结构图

后半部的两侧设置一对超声波发生器和接收器如图6-21所示。在发动机运转时,超声波发生器不断地向接收器发出一定频率的超声波,当超声波通过进气气流到达接收器时,由于受到气流中旋涡的影响,使超声波频率的相位发生变化。接收器测出这一相位的变化,ECU根据相位变化的频率计算出单位时间内产生的旋涡的数量,从而计算出空气流速和流量。另一种方法是在流量计内设置一对发光二极管和光电晶体管,如图6-22所示。发光二极管发出的光束被一个反射镜反射到光电晶体管上,使光电晶体管导通。反射镜安装在一个很薄的金属板簧上,板簧在进气气流旋涡的压力作用下产生振动,其振动频率与单位时间内产生的旋涡数量相同。由于反射镜随板簧一起振动,因此被反射的光束方向也以相同的频率变化,致使光电晶体管也随光束的变化以同样的频率导通和截止。这一频率直接反映出单位时间内旋涡产生的数量,ECU根据光电晶体管导通和截止的频率即可计算出进气量。涡街式空气流量计的响应速度在几种空气流量计中是最快的,它几乎能同步地反映出空气流速的变化;此外,它还有测量精度高、进气阻力小、无磨损等优点,但它成本较高。

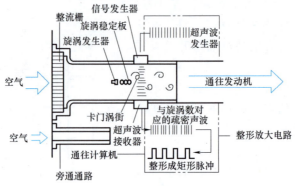

图 6-21 超声波检出式涡街式空气流量计

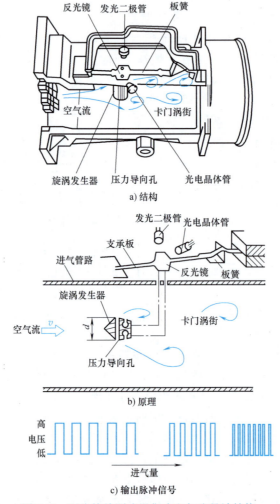

图 6-22 反光镜检测式涡街式空气流量计结构

（3）热线式空气流量计 热线式空气流量计如图 6-23a 所示。进气道的两端有金属防护网，取样管置于进气道中间，管内架有一根极细的铂线（直径约为 0.07mm），铂线被电流加热至 120°左右，称之为热线。在热线式空气流量计电路中，热线是惠斯通电桥电路的一部分，混合电路调节电桥的电流，使电桥保持平衡。当空气通过流量计时，进入取样管的气流流过热线周围，使其冷却，温度下降，电阻随之减小。热线电阻的减小使电桥失去平衡，此时混合电路会自动增加供给热线的电流，使热线恢复原来的温度和电阻值，直至电桥恢复平衡。混合电路所增加的电流大小取决于热线被冷却的程度，也就是取决于通过流量计的空气流速。由于电流的增加，电阻的电压降也增加，这就将电流的变化转换为电压的变化。当ECU接收电压信号后，会计算出通过流量计的空气量。

ECU还具有对热线的自清洁功能。在每次发动机停止运转后，ECU便会对热线进行通电，使热线温度达到1000°左右，时间1~2s，以除去热线上的污物。

热线式空气流量计电路如图6-23b所示。

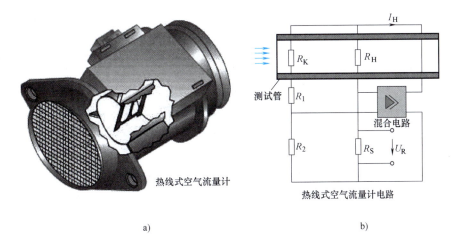

图6-23 热线式空气流量计

（4）热膜式空气流量计　热膜式空气流量计的结构和测量原理与热线式空气流量计基本相同。它采用热膜代替热线式空气流量计中的铂丝，如图6-24所示。热膜式空气流量计的特点和热线式空气流量计相同，而且可靠、耐用，不会因沾附污物而影响其测量精度。

2．进气压力传感器

进气压力传感器的功用是通过检测进气歧管内的绝对压力，间接地测量进气量。进气压力传感器种类较多，下面以电控汽油喷射系统用得较多的半导体压阻式压力传感器为例介绍其结构与工作原理，如图6-25所示。

该传感器的主要元件是一片很薄的硅片，外围较厚，中间最薄，硅片上下两面各有1层二氧化硅膜。在膜层中，沿硅片4边，有4个应变电阻。在硅片4角、各有1个金属块，通过导线和电阻相连。在硅片底面粘接了一块硼硅酸玻璃片，使硅膜片中部形成一个真空室以感应进气歧管压力，如图6-26a所示。传感器通常用一根橡胶管和需要测量其中压力的部位相连。

硅片中的4个电阻连接成惠斯通电桥形式，如图6-26b所示，由稳定电源供电，电桥应在硅片无变形时调到平衡状态。当空气压力增加时，硅膜片弯曲，引起电阻值的变化，其中R_1和R_4的电阻增加，而R_2、R_3的电阻则等量减少。这使电桥失去平衡而在AB端形成电位差，从而输出正比于压力的电压信号，经混合集成电路放大后输出给ECU。

发动机机械机构故障诊断与维修

图 6-24 热膜式空气流量计

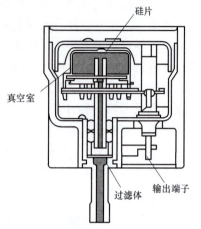

图 6-25 半导体压阻式进气歧管压力传感器

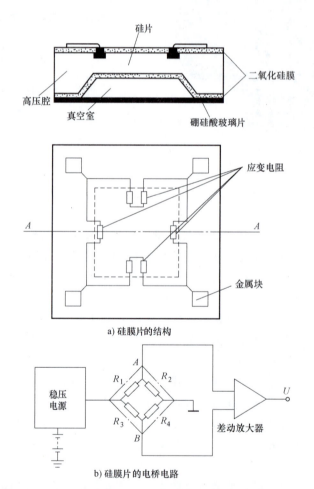

a) 硅膜片的结构

b) 硅膜片的电桥电路

图 6-26 半导体压敏电阻式压力传感器硅膜片的结构及电路

(二) 节气门体

节气门由驾驶员通过加速踏板直接操纵或间接控制，以改变发动机的进气量，从而控制

项目6 汽油发动机燃料供给系统故障诊断

发动机的运转。节气门体位于空气流量计之后的进气管上,它包括节气门、节气门位置传感器、怠速旁通气道,如图6-27所示。有些车型还将怠速控制阀、怠速空气阀等安装在节气门体上。

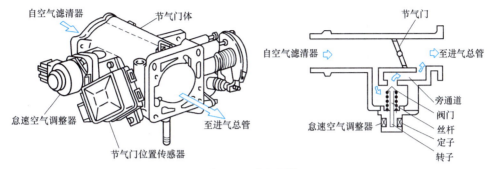

图6-27 节气门体

图6-28所示为德国大众车系AJR发动机上使用的节气门体结构图。它的特点是没有旁通道式的怠速空气阀,无怠速调整螺钉,发动机怠速的调整是通过专用仪器对ECU中的怠速数据进行基本设定的。它对发动机怠速的控制,是利用怠速电动机及其传动机构直接控制节气门的开度来调节怠速空气进气量。节气门开度由驾驶员通过操纵加速踏板来控制,并由怠速节气门电位计和节气门电位计将其转换成电信号输入ECU。

(三)节气门位置传感器

为了使喷油量能满足不同工况的要求,电控汽油喷射系统在节气门体上装有节气门位置传感器。它将节气门的开度转换成电信号输送给ECU,作为ECU判定发动机运转工况的依据。

节气门位置传感器有线性可变电阻型、开关型两种。

1. 线性可变电阻型节气门位置传感器

线性可变电阻型节气门位置传感器的结构如图6-29所示。它是一种高灵敏度的电位器,由两个与节气门联动的可动电刷触点、电阻器、怠速触点IDL等组成。

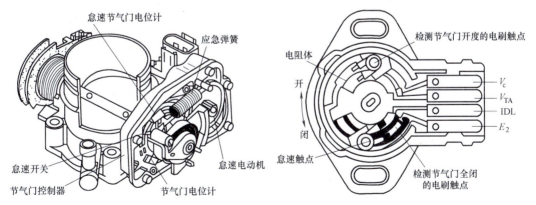

图6-28 AJR发动机节气门体   图6-29 线性可变电阻型节气门位置传感器

将点火开头置于"ON",发动机ECU给传感器输入5V的参考电压。当节气门转动时,一个电刷触点可在电阻体上滑动,利用电阻值的变化,测得与节气门开度对应的线性输出电

127

压。发动机 ECU 根据输入的电压值,可知节气门的开度,对喷油量进行控制。随着节气门开度的增大,节气门位置传感器输出电压也线性增大。另一电刷触点在节气门关闭(怠速)时与怠速触点(IDL)接触,IDL 信号主要给发动机 ECU 提供怠速信号,用于怠速断油控制和点火提前修正。

2. 开关型节气门位置传感器

开关型节气门位置传感器的结构如图 6-30 所示,它主要由可动触点和两个定触点(功率触点和怠速触点)构成。可动触点可沿导向凸轮沟槽移动,导向凸轮由固定在节气门轴上的控制杆驱动。

节气门全关闭时,可动触点与怠速触点接触,检测节气门的全关闭状态;当节气门开度达到 50°以上时,可动触点与功率触点接触,检测节气门大开度状态;在中间开度时,可动触点与任一触点都不接触,无检测信号。

(四)电子控制节气门

电子控制节气门 ETCS-i(Electronic Throttle Control System—intelligent)的功用是利用 ECU 来精确地控制节气门开度。该系统由踏板位置传感器、ECU 和节气门体等组成。

图 6-31 所示为丰田雷克萨斯轿车 1UZ-FE 发动机和 S430 轿车 3UZ-FE 发动机上的电子控制节气门体。它由减速齿轮、节气门回位弹簧、节气门位置传感器、节气门和节气门控制电动机等组成。ECU 控制流向节气门控制电动机的电流量的大小和方向,使控制电动机转动或维持,并通过减速齿轮打开、关闭或维持节气门,节气门的实际开启角度由节气门位置传感器检测并反馈给发动机 ECU。

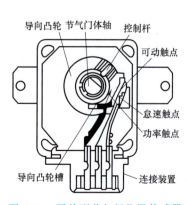

图 6-30 开关型节气门位置传感器

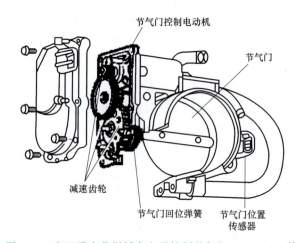

图 6-31 丰田雷克萨斯轿车电子控制节气门(ETCS-i)体

在发动机不工作时,节气门回位弹簧使节气门开启到一个固定位置(大约 7°)。在怠速时节气门的开度反而要关闭到小于这个固定位置。

ETCS-i 能进行以下控制:

1)怠速控制(ISC)。一些发动机是使用步进电动机式怠速控制阀来实现怠速控制的,而 ETCS-i 是通过 ECU 和节气门控制电动机控制节气门开度来完成对怠速的控制。

2)减少换档冲击控制。在变速器换档期间,ETCS-i 与电控变速器能实现同步控制,以减少换档冲击。

项目6　汽油发动机燃料供给系统故障诊断

3）巡航控制。以前车速是通过巡航控制执行器打开或关闭节气门来控制的。采用ETCS-i后，车速是通过ECU和节气门控制电动机控制节气门开度来完成对巡航的控制。除此之外，ETCS-i还实现对雪地模式控制、牵引力控制（TRC）、车辆稳定控制（ESP）等。

（五）怠速空气阀

怠速空气阀的功用是实现发动机的冷车快怠速。在发动机冷起动的暖机过程中，怠速空气阀开启，使部分空气经怠速空气阀和旁通气道绕过节气门，直接进入节气门后的进气管内，保证冷车快怠速运转稳定。在发动机达到正常温度的过程中，这部分附加空气量随着怠速空气阀的逐渐关闭而不断减少，直至怠速空气阀完全关闭。

怠速空气阀有双金属片式和蜡式两种，目前大都采用蜡式怠速空气阀。

蜡式怠速空气阀由一个密封的蜡盒和锥阀组成，如图6-32所示，其工作原理类似发动机冷却系统中的蜡式节温器，由发动机冷却液直接加热而起作用。冷却液经软管进入怠速空气阀内与空气隔绝的水道中，流经蜡盒周围。发动机冷车时，冷却液温度低，蜡盒内的蜡质凝固收缩，锥阀在弹簧的作用下开启，打开旁通气道。发动机热车后，冷却液温度升高，蜡盒内的蜡质受热熔化膨胀，使推杆伸出，推动锥阀关闭旁通气道。

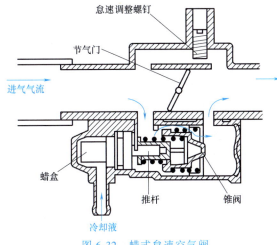

图6-32　蜡式怠速空气阀

（六）怠速控制阀

怠速控制阀通常安装在节气门体上。它在ECU的控制下利用改变绕过节气门的旁通气道的大小来增加或减少怠速进气量，使发动机保持最佳的怠速。

常见的怠速控制阀有步进电动机式、电磁式和旋转滑阀式3种，现介绍步进电动机式怠速控制阀。

步进电动机式怠速控制阀由步进电动机、螺旋机构、控制阀、阀座等组成，如图6-33所示。螺旋机构中的螺母和步进电动机的转子制成一体。螺杆与壳体之间为滑动花键连接，使螺杆不能做旋转运动，只能沿轴向做直线运动。当步进电动机转动时，螺母带动螺杆做轴向移动。步进电动机转子每转1圈，就使螺杆移动1个螺距。螺杆上固定着阀芯，螺杆向前或向后移动时，带动阀芯关小或开大旁通空气通道，以改变进气量的大小。ECU通过控制步进电动机的转动方向和转角，就可控制螺杆的移动方向

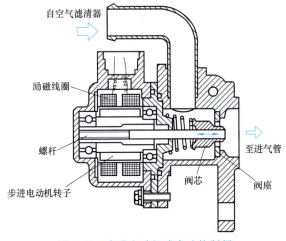

图6-33　步进电动机式怠速控制阀

129

和移动距离，从而达到控制旁通气阀开度，调整怠速进气量的目的。

四、电子控制系统主要部件结构与工作原理

（一）传感器

1. 冷却液温度传感器

冷却液温度传感器安装在发动机气缸体或气缸盖的水套上，用来检测发动机的温度，其信号输入ECU，用来对基本喷油量和点火提前角进行修正。冷却液温度传感器内部是一个半导体热敏电阻（图6-34），它具有负的温度电阻系数。温度越低，电阻越高；反之，温度越高，电阻越低。

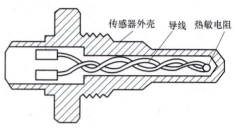

图6-34 冷却液温度传感器

2. 进气温度传感器

进气温度传感器通常安装在空气滤清器之后的进气软管或空气流量计上，也有个别车型将进气温度传感器安装在进气管的动力腔上。不论安装在何处，其作用都是相同的，即测量进气的温度，并输送给ECU作为修正喷油量的参考依据。进气温度传感器内部也是一个具有负温度电阻系数的热敏电阻，外部用环氧树脂密封。它与ECU的连接方式与冷却液温度传感器相同，如图6-35所示。

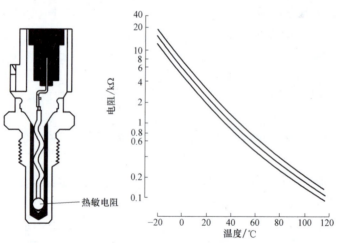

图6-35 进气温度传感器

3. 曲轴位置传感器

曲轴位置传感器的功用是提供发动机转速信号和曲轴位置（压缩行程上止点）信号，是控制点火时刻和喷油时刻的重要信号源。曲轴位置传感器主要有3种类型：电磁感应式、霍尔效应式和光电式。

（1）电磁感应式曲轴位置传感器 图6-36所示是一种安装在曲轴上的电磁感应式曲轴位置传感器。它主要由永磁体、感应线圈和信号齿盘等组成。永磁体的磁力线经信号齿盘、感应线圈、发动机壳体组成封闭回路，曲轴带动信号齿盘旋转，当齿轮靠近和离开感应线圈时，空气隙不断发生变化，感应线圈就会出现磁通量的变化，因而在感应线圈中产生感应电

动势，工作原理如图6-37所示。信号齿盘不停旋转，在感应线圈中就不断产生交变电压信号，ECU通过电压的变化频率（Ne信号）计算出发动机的转速。另外，在信号齿盘上缺2个齿，用于识别曲轴位置（第1缸上止点位置）的信号（G信号），作为喷油点火正时的参考基准。

电磁感应式曲轴位置传感器也可以安装在曲轴带轮或飞轮齿圈附近，利用带轮上特制的凸块或飞轮轮齿产生脉冲信号。这种传感器具有结构简单、坚固耐用，能适应较高温度环境，能利用齿轮轮齿产生脉冲等优点，因而被广泛采用。其缺点是：输出电压的峰值随转速的大小而变化，在发动机起动时的低速状态下，感应电压很低，影响了控制精度。

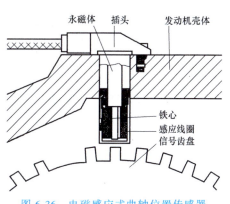

图6-36　电磁感应式曲轴位置传感器

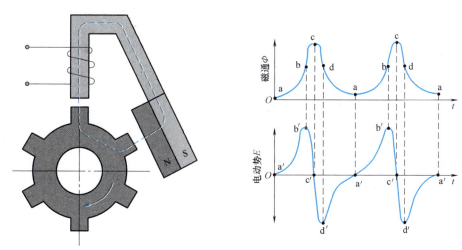

图6-37　电磁感应式曲轴位置传感器工作原理

（2）霍尔效应式曲轴位置传感器　它是利用霍尔效应原理，产生与曲轴转角相对应的电压脉冲信号进行工作的。如图6-38所示，当电流I通过放在磁场中的半导体基片（霍尔元件），且电流方向与磁场方向垂直时，在垂直于电流与磁场的霍尔元件的横向侧面上就会产生一个与电流和磁场强度成正比的霍尔电压。

美国通用汽车公司所采用的六缸发动机的霍尔效应式曲轴位置传感器的信号触发叶轮结构如图6-39所示。传感器被安装在曲轴前端，采用触发叶片的结构形式。在发动机曲轴带轮前端固定着内外两个带触发叶片的信号叶轮，与曲轴一起旋转。外信号叶轮外缘上均匀分布着18个触发叶片和18个窗口，每个触发叶片和窗口的宽度均为10°圆心角所对应的弧长；内信号叶轮外缘上设有3个触发叶片和3个窗口，3个

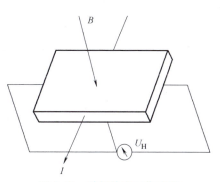

图6-38　霍尔效应工作原理

触发叶片的宽度不同,分别为100°、90°和110°圆心角所对应的弧长;3个窗口的宽度也不同,分别为20°、30°、10°圆心角所对应弧长。由于信号发叶轮安装位置的关系,其上宽度为100°圆心角所对应弧长的触发叶片前沿位于第1、第4缸上止点前75°,90°圆心角所对应弧长的触发叶片前沿位于第6、第3缸上止点前75°,110°圆心角所对应弧长的触发叶片前沿位于第5、第2缸上止点前75°。

在内、外信号叶轮侧面各设置一个霍尔信号发生器。霍尔信号发生器主要由永磁体、导磁板和霍尔集成电路组成。信号叶轮转动时,每当叶片进入永磁体与霍尔元件之间的空气隙时,磁场被触发叶片所旁路,霍尔元件不受磁场的作用,此时没有霍尔电压;当触发叶片转过空气隙、缺口对着永磁体和霍尔元件时,磁场作用到霍尔元件上,产生霍尔电压。霍尔元件间歇产生的霍尔电压信号,经集成电路放大整形后,送到ECU作为曲轴转角和曲轴位置信号,如图6-40所示。具体工作原理如下:

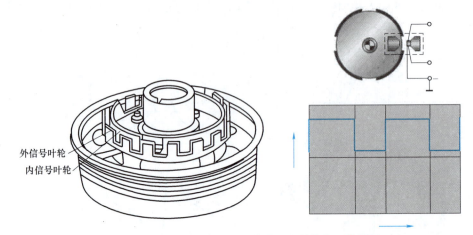

图6-39 霍尔效应式曲轴位置传感器的结构与工作原理

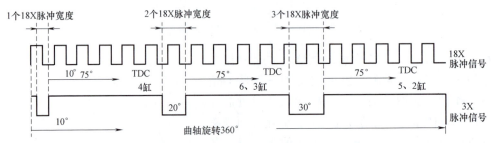

图6-40 霍尔效应式曲轴位置传感器输出信号

曲轴1°转角信号产生的工作原理:外信号叶轮每旋转1周产生18个脉冲信号,一个脉冲周期对应20°曲轴转角,ECU对18X转角信号进行处理,即可求得曲轴1°转角信号。ECU可根据1°转角信号精确控制点火和喷油时刻。

曲轴位置信号产生工作原理:内信号叶轮每旋转1周产生3个宽度不同的电压脉冲信号,即3X信号,3个脉冲信号的上升沿分别相对应1、4缸,3、6缸和2、5缸压缩行程上止点前75°,可用于ECU判别当前点火的气缸和作为计算点火和喷油时刻的基准信号。

霍尔效应式曲轴位置传感器输出的信号是矩形脉冲(数字)信号,可直接输入ECU,

而且它的信号电压的大小与发动机转速无关,在发动机起动的低速状态下仍可获得很高的检测精度。

(3) 光电式曲轴位置传感器　光电式曲轴位置传感器主要由发光二极管和光电晶体管及信号盘和控制电路组成,如图 6-41 所示。发光二极管和光电晶体管及控制电路均安装在固定底板上,发光二极管与光电晶体管位置相对应,分别位于信号盘的两侧。信号盘固定在凸轮轴上,与凸轮轴一同转动。信号盘边缘分别刻有 360 条缝隙,每转过一条缝隙对应凸轮轴 1° 转角。在信号盘边缘还刻有表示第 1 缸上止点位置的缝隙和 60°(六缸机)或 90°(四缸机)间隔的缝隙。当信号盘挡住发光二极管的光线时,光电晶体管截止,控制电路输出低电平。当缝隙对准发光二极管与光电晶体管时,光线照射到光电晶体管上,控制电路输出高电平,如图 6-42 所示。凸轮轴转 1 周,由 360 条缝隙所控制的电路将输出 360 个脉冲信号,每个脉冲信号对应于凸轮轴 1° 转角(曲轴 2° 转角),此信号作为向 ECU 输入的转速信号(Ne 信号)。由缝隙较宽的第 1 缸上止点位置标记和 60°(或 90°)间隔缝隙所控制的电路将向 ECU 输入第 1 缸上止点位置信号和缸序判别信号(G 信号)。

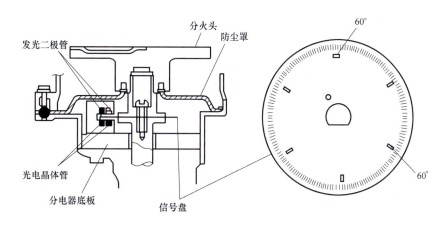

图 6-41　光电式曲轴位置传感器

光电式曲轴位置传感器可装在分电器内,也可直接装于凸轮轴轴端,此时信号盘将固定在凸轮轴上。

光电式曲轴位置传感器输出的也是矩形脉冲信号,它也能检测转速很低的运动状态。其缺点是必须保持发光二极管和光电晶体管表面的清洁,否则就会影响传感器的工作。因此,必须进行周期性的维护保养。

4. 氧传感器

氧传感器的功用是用来检测排气中的氧含量,并向 ECU 反馈响应的电压信号。

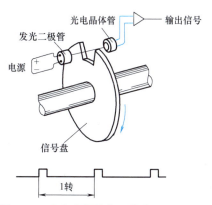

图 6-42　光电式曲轴位置传感器工作原理

目前使用的氧传感器有氧化锆氧传感器和二氧化钛氧传感器两种,其中应用最多的是氧化锆氧传感器,如图 6-43 所示。氧传感器装在发动机的排气管里,用来测量排气中氧的含量。它是按照大气与排气中氧浓度之差而产生电动势的一种电池。在陶瓷电解质的内、外两面分别涂有铂以形成电极。当它插入排气管中时，其外表面接触废气，内表面则通大气。在约300℃以上的温度时，陶瓷电解质可变为氧离子的传导体。如图6-44所示，当混合气较稀，也就是过量空气系数 $α>1$ 时，排气中含氧必然多，陶瓷电解质的内外表面的氧浓度差小，只产生小的电压；而当混合气较浓，也就是过量空气系数 $α<1$ 时，排气中氧含量较少，同时伴有大量的未完全燃烧物如CO、HC等，这些成分都可能在催化剂的作用下与氧发生反应，消耗排气中残余的氧，使陶瓷电解质外表面的氧浓度趋向于零，这样就使得电解质内外的氧浓度差突然增大，传感器输出电压也突然增大了，其数值趋向于1V。

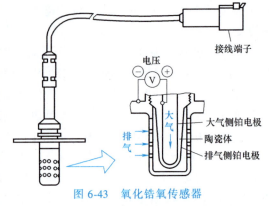

图 6-43 氧化锆氧传感器

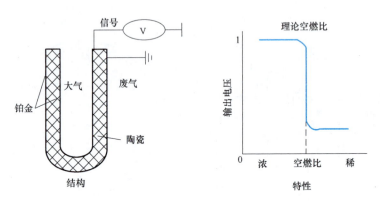

图 6-44 氧传感器工作原理

由于氧化锆氧传感器只有在400℃以上的温度时才能正常工作，为了保证传感器在发动机进气量少、排气温度低时也能工作，氧传感器中装有加热元件，加热元件受ECU的控制。

氧传感器通常和三效催化反应器一同使用。三效催化反应器安装在排气管的中段，它能同时净化排气中CO、HC和NO_2 3种主要的有害气体，但只有在混合气的空燃比处于接近理论空燃比的一个窄小范围内，三效催化反应器才能有效地起到净化作用。因此应用氧传感器进行反馈控制的目的也在于保证三效催化反应器的排气净化效果，以解决功率、油耗和排气污染之间的矛盾。

（二）ECU

ECU的作用是存储、计算、分析处理信息。ECU由输入回路、A/D转换器、微型计算机和输出回路4部分组成，如图6-45所示。各部分的功能如下：

1）输入回路是把传感器传来的信号进行预处理。

2）A/D转换器将模拟信号转换为数字信号后再输入微型计算机。

3）微型计算机是ECU的神经中枢。微型计算机由中央处理器（CPU）、存储器和A/D转换器、输入/输出接口、总线组成。CPU是整个控制系统的核心。ECU的外形如图6-46所示。

项目6 汽油发动机燃料供给系统故障诊断

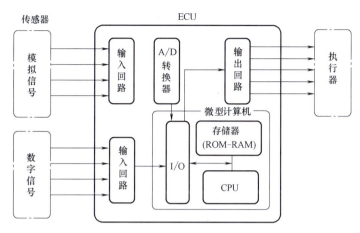

图 6-45　ECU 基本组成

存储器的功能是存储信息，它分两种：能读出、不能写入的存储器叫只读存储器（ROM），用来存放各种永久性的程序和永久性、半永久性的数据；能读出、写入的存储器叫随机存储器（RAM），用来存放工作过程中输入、输出数据，即起临时存放信息的作用。输入/输出接口（I/O）是CPU与输入装置（传感器）、输出装置（执行器）之间进行信息交流的控制电路。总线是一束传递信息的内部连线，中央处理器（CPU）、存储器和输入/输出接口之间的信息交

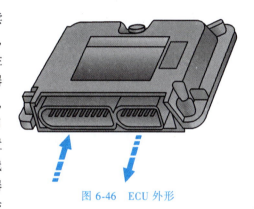

图 6-46　ECU 外形

换通过总线进行，总线按传递信息的类别分为数据总线、地址总线与控制总线。把CPU、一定容量的存储器（ROM/RAM）和输入/输出接口集成在一个芯片上，就是所谓单片机，目前在ECU中的微型计算机基本上是单片机。

4）输出回路将微型计算机发出的数字信号转换成可以驱动执行器工作的控制信号。

五、电子控制汽油直接喷射系统

汽油直接喷射就是指直接向气缸内喷射汽油，它是实现稀薄燃烧的一种方法，如图6-47所示。

1. 组成与工作原理

如图6-48所示，BOSCH公司的汽油直接喷射系统MED-7的燃油供给系统由供油模块（包括低压油泵）、高压油泵、燃油分配器/油轨、汽油压力传感器、汽油压力控制阀和电磁高压涡流喷油器组成。汽油由低压油泵输往高压油泵，在高压油泵的作用下，汽油压力被提高到12MPa后再送往燃油分配器/油轨，最后通过电磁高压涡流喷油器喷入气缸。当汽油压力传感器检测到燃油分配器/油轨的压力超过汽油压力特性场中该工况下的设定值时，在ECU的控制下，装在燃油分配器/油轨上的汽油压力控制阀打开，多余的汽油流回高压油泵，借此实现汽油压力的闭环控制。

2. 主要部件的结构与工作原理

（1）低压油泵 低压油泵是电动泵并联一个机械式汽油压力调节器，出口压力为 0.35MPa。

（2）高压油泵 高压油泵的构造如图 6-49a 所示。在发动机的作用下，凸轮轴推动泵柱塞，使汽油压力从 0.35MPa 提高到 12MPa，如图 6-49b 所示。3 套柱塞组件在凸轮轴的径向上等间隔排列。柱塞数目越多，流量脉动越小。

（3）汽油蓄压器（共轨） 汽油蓄压器为铝制管状，上有许多开口用于连接高压油泵、喷油器、汽油压力传感器和汽油压力控制阀。一方面，由于周期性的喷油和高压油泵流量的脉动，造成汽油蓄压器的压力脉动，所以汽油蓄压器必须有足够的柔度以阻尼这种压力脉动；另一方面，汽油蓄压器的压力必须按照发动机的要求足够迅速地得到调整，所以汽油蓄压器必须有足够的刚度。

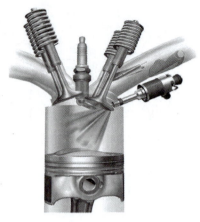

图 6-47 汽油直接喷射

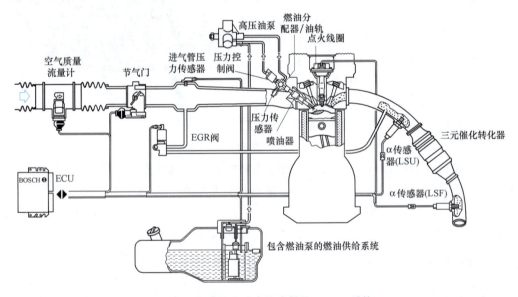

图 6-48 发动机汽油直接喷射的 MED 7 系统

（4）汽油压力传感器 汽油压力传感器用于检测汽油蓄压器中的压力。传感器采用焊入式的不锈钢膜片作为传感元件，测量电阻以薄膜技术植入其中。调节电路、补偿电路和对比例信号输出进行评价的电路均集成于传感器壳体中。

（5）汽油压力控制阀 汽油压力控制阀的功用是在发动机的整个运行范围内按照脉谱图调节系统压力，而不依赖于油泵提供多少油量和喷油器要喷多少油量。如图 6-50 所示，节流体在阀座中的位置决定了高压油通过汽油压力控制阀流回高压油泵的回流油的多少。节流体左面受到系统高压油的作用力，右面受到流过电磁线圈的电流施加在电磁衔铁上的作用力。这两个作用力的平衡决定了节流体的位置，从而决定了流过汽油压力控制阀的汽油流

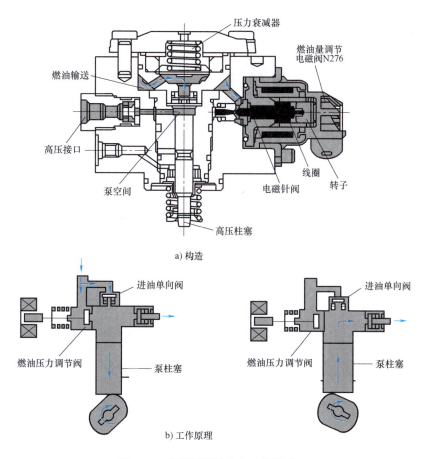

图 6-49 高压油泵构造与工作原理

量。所以,利用脉宽调制信号和汽油压力传感器可以精确地实现对汽油压力的闭环控制。

(6)电磁高压涡流喷油器 直接喷射的喷油器与进气道喷射的喷油器相比有其特点。因为直接喷射的喷油器要安装在气缸盖里面,且一直伸展到气缸,在现代四气门发动机中只有很小的空间可供喷油器使用,喷油器下段直径必须尽可能小,以便给缸盖冷却水套留有足够的空间,所以要将针阀做得更细长。尽管喷油器壳体很细,却

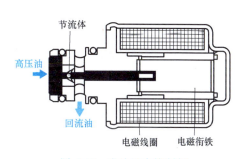

图 6-50 汽油压力控制阀

不得不承受最高达 12MPa 的燃油压力和大的油束角度。通常采用电磁驱动喷油器,电磁高压涡流喷油器的结构如图 6-51 所示。

喷油器喷口的形式对油束特性有明显的影响。如图 6-52 所示,喷口形式有多孔型、锥型和涡流型。多孔型喷油器的油束互相离散,较难均匀化,雾化特性不能令人满意。锥型喷油器的雾化质量不比第一种好。涡流型喷油器的雾化质量优良,油束可以倾斜于喷油器的中心线,而且耐脏,适用于汽油直接喷射。

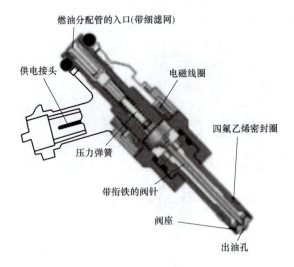

图 6-51 电磁高压涡流喷油器

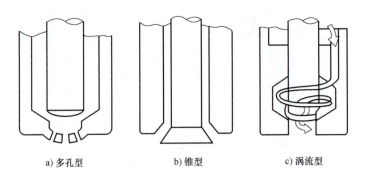

a) 多孔型　　　　b) 锥型　　　　c) 涡流型

图 6-52 喷油器的喷口形式

6.3 进排气系统的结构认知

一、进排气系统的总体认识

进气系统的功用是尽可能多、尽可能均匀地向各气缸供给可燃混合气或纯空气,由空气滤清器和进气歧管组成。排气系统的功用是尽可能多地把燃烧后的废气排出气缸。

二、空气滤清器

按清除方式不同,空气滤清器分为惯性式、过滤式、油浴式和综合式。目前采用较普遍的是综合式及纸质干式滤清器。

纸质干式空气滤清器如图 6-53 所示。滤纸室用经树脂处理的带微孔的纸质制成,过滤面积大、起消声作用、重量轻、成本低、使用方便。

综合式空气滤清器的优点是综合了惯性式、过滤式两种方式的特点,使空气通过惯性,

项目6 汽油发动机燃料供给系统故障诊断

除去粗粒灰尘,然后再通过过滤除去细粒灰尘,滤清能力强,可将空气中85%的灰尘清除,而阻力增加不大,从而得到广泛的应用。

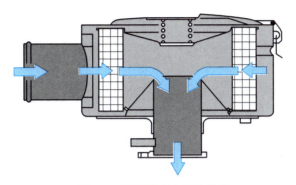

图 6-53 纸质干式空气滤清器

三、进气歧管

进气歧管安装在发动机的气缸盖上,如图6-54所示。现代汽车进气歧管上还有冷却液管路接口、加热器和真空度采集点。

四、排气歧管

排气歧管也安装在发动机的气缸盖上,由歧管分管、歧管总成和排气管安装座组成排气管总成如图6-55所示。

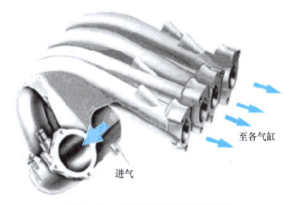

图 6-54 电喷发动机的进气歧管

五、消声器

废气中含有几乎与发动机所做有效功同等的能量,排气时的温度(673~1173K)和压力(196~490kPa)又较高,并具有极大的脉冲性质,如直接排入大气,必将造成强烈的噪声。因此,汽车发动机都必须安装排气消声器,以衰减排气噪声,其构造如图6-56所示。

图 6-55 排气管总成

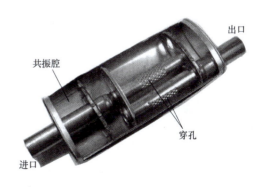

图 6-56 消声器的结构

现代轿车为了降低排气噪声大多采用二级消声器。消声器是将高压的气体流入一个体积较大的空间降低压力，减轻噪声。

六、废气再循环（EGR）系统

如图6-57所示，废气再循环是指把发动机排出的部分废气回送到进气歧管，并与新鲜混合气一起再次进入气缸。由于废气中含有大量的 CO_2，而 CO_2 不能燃烧却吸收大量的热，使气缸中混合气的燃烧温度降低，从而减少了 NO_x 的生成量。废气再循环是净化排气中 NO_x 的主要方法。在新鲜的混合气中掺入废气之后，混合气的热值降低，致使发动机的有效功率下降。为了做到既能减少 NO_x 的排放，又能保持发动机的动力性，必须根据发动机运转的工况对再循环的废气量加以控制。NO_x 的生成量随发动机负荷的增大而增多，因此，再循环的废气量也应随负荷而增加。在暖机期间或怠速时，NO_x 生成量不多，为了保持发动机运转的稳定性，不进行废气再循环。在全负荷或高转速下工作时，为了使发动机有足够的动力性，也不进行废气再循环。

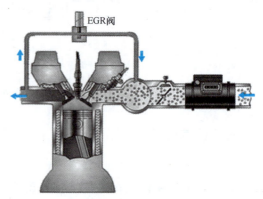

图6-57 废气再循环系统

七、可变进气系统

可变进气系统如图6-58所示。为了充分利用进气波动效应和尽量缩小发动机在高、低速运转时进气速度的差别，从而达到改善发动机经济性及动力性，特别是改善中、低速和中、小负荷时的经济性和动力性的目的，要求发动机在高转速、大负荷时装备粗短的进气歧管，而在中、低转速和中、小负荷时配用细长的进气歧管。可变进气系统就是为适应这种要求而设计的。可变进气系统在所有转速下都可以使发动机转矩平均提高5%。

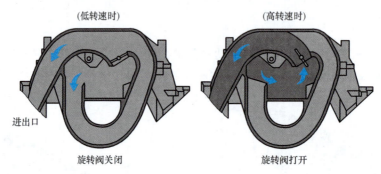

图6-58 可变进气系统

自从发动机采用多气门技术后，发动机转速及动力性能有了进一步的提高。同时，发动机在高速大负荷与中低速中小负荷下动力性差别的矛盾、燃油经济性与排放性能之间的矛盾也更为突出。传统发动机是选择发动机最常用转速来确定最佳配气相位，一经确定后则固定不变，气门升程也由凸轮形状决定而固定不变。因为不同转速对配气相位要求不一样，即对进排气门早开、迟闭角度要求不同，这样在其他转速时，发动机就会充气不足和排气不净，造成动力性、经济性下降，排放变差等问题，为解决这个问题，近年来一些发动机上采用了可变进气系统、可变配气正时等新结构。可变进气系统和配气正时改善发动机性能主要体现在以下几个方面：

1) 能兼顾高速及低速不同工况，提高发动机的动力性和经济性。
2) 降低发动机的排放。
3) 改善发动机怠速及低速时的性能及稳定性。

可变进气系统分为两类：多气门分别投入工作和可变进气道系统，其目的都是为了改变进气涡流强度、提高充气效率，或者为了形成谐振及进气脉冲惯性效应，以满足低速及中高速工况都能提高性能的需要。

1. 多气门分别投入工作

实现多气门分别投入工作的结构方案有如下两种：第一，通过凸轮或摇臂控制气门按时开或关；第二，在气道中设置涡流控制阀，按需要打开或关闭该气门的进气通道，其结构如图6-59a所示，这种结构比用凸轮、摇臂控制要简单。

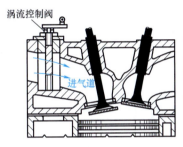
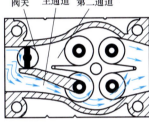
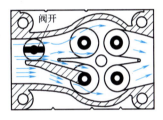

a) 涡流控制阀示意图　　b) 低速、小负荷工况　　c) 高速、大负荷工况

图6-59　多气门分别投入工作

当发动机在节气门部分开度工作时，涡流控制阀关闭，如图6-59b所示，混合气通过进气道进入气缸。节流在气道促进混合气加速，并沿着切线方向进入气缸，这样可以形成较强的进气涡流，对于低速工况及燃烧稀混合气是有利的。

当发动机转速及负荷增加时，仅由主气道进入气缸的混合气不能满足发动机的需要，于是副进气道中的阀门开启，增加进入气缸内的混合气，如图6-59c所示，而且抑制了进气道中的进气涡流强度，这对于提高发动机高速工况时的容积效率及燃烧效率、减少能量损失是有利的。

2. 可变进气道系统

可变进气道系统是根据发动机不同转速，使用不同长度及容积的进气管向气缸内充气，以便能形成惯性充气效应及谐振脉冲效应，从而提高充气效率及发动机动力性能。

(1) 双脉冲进气系统　双脉冲进气系统由空气室及两根脉冲进气管组成，如图6-60所示。空气室的入口处设置节气门，并与两根直径较大的进气管相连接，其目的在于防止两组（每组3个气缸）进气管中谐振空气柱的互相干扰。每根脉冲进气管成为形成谐振空气波的通道，分别连接两组气缸。将六缸发动机的进气道分成前后两组，这就相当于两个三缸发动机的进气管，每个气缸有240°的进气冲程，各气缸之间不会有进气脉冲波干扰。上述可变进气系统的效果在于：每个气缸都会产生空气谐振波的动力效应，而直径较大的空气室，以及中间产生谐振空气波的通道同支管一起，形成脉冲波谐振循环系统。当进气管中的动力阀关闭时（图6-60），可变进气管容积及总长大约为70cm的进气管，能在发动机转速3300r/min时形成谐振进气压力波，提高了充气效率，使转矩达到最大值。当发动机转速大于4000r/min时，进气管中便不能形成有效的进气压力波，于是动力阀门打开，两个中间进气通道便连接成一体。优化选择在每个气缸与总管连接的支管容积后，能形成高转速（如4400r/min）下的谐振进气脉冲波，使转矩值达到较高值。

（2）四气门二阶段进气系统　该进气系统由弯曲的长进气管和短的直进气管分别与空气室相连接，并分别连接到气缸盖的两个进气门上，如图6-61所示。在发动机中、低速工况时由长的弯曲管向发动机供气，而在高速时短进气管也同时供气（动力阀打开），提高了发动机功率。

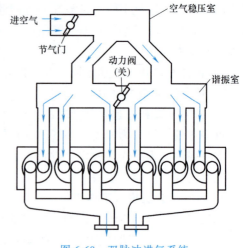

图6-60　双脉冲进气系统

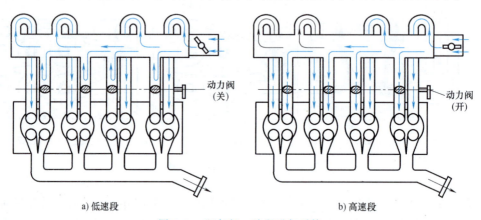

a）低速段　　　　　　　b）高速段

图6-61　四气门二阶段进气系统

在发动机中、低速工况（$n<3800r/min$）下，动力阀关闭短进气管的通道，如图6-61a所示。空气通过长的弯曲管道，使气流速度增加，并且形成较强的涡流，促进混合气的形成。此外，长进气管能够在进气门即将关闭时，形成较强的反射压力波峰，使进入气缸的空气增加，这都有助于提高发动机低速运转时的转矩。

在发动机高速工况（$n>3800r/min$）下，动力阀打开，如图6-61b所示，额外的空气从空气室经过短进气管进入气缸，改善了容积效率，并且由另一气门进入气缸的这股气流，将中、低速工况形成的涡流改变成紊流运动，能更好地满足高速高负荷时改善燃烧性能的需要。

（3）三阶段进气系统　该进气系统由末端连在一起的两根空气室管组成，并布置在V形夹角之间。每根空气管通过1根单独的脉冲管连接到左侧或右侧的气缸上。每一侧气缸形成独立的三缸机，各缸的进气冲程相位均匀隔开240°。两根空气室管的入口处有各自的节流阀，在两根空气室中部有阀门控制的连接通道，在空气室管末端U形连接管处布置有两个蝶式阀门，如图6-62所示。在发动机低速工况（$n<4000r/min$）下，两根空气室管之间的阀门及高速工况用阀关闭。每根空气室管及与其连接的3根脉冲进气管形成完整的谐振系

统，在一定转速工况下（如 $n=3500r/min$），将惯性及波动效应综合在一起，从而使充气效率及转矩达到峰值。当发动机转速高于 3500r/min 时，谐振压力波幅值变小，因此，可变系统的效果也变差，相应地每个气缸的充气效率也变小。当发动机转速处于 4000～5000r/min 之间，即中速工况时，连接两根空气室管的阀门打开，因此部分损坏了低速工况谐振压力波频率，然而却在转速 4500r/min 的工况下，形成新的谐振压力波峰，从而使更多的空气或混合气进入气缸。

当发动机转速进一步提高，如达到 5000r/min 以上，短进气管中的蝶阀打开，在两个空气室之间的短的直进气管中的空气流动，影响了第二阶段的惯性及脉冲效应。然而在高速范围（5000～6000r/min）内，通过各进气管的脉冲及谐振作用，建立了新的脉冲压力波及效果。于是三阶段的可变进气系统在 3 段转速范围内都能形成一个高的转矩峰值，从而提高了整个转速范围内的转矩，使转矩特性更平坦，数值更高。

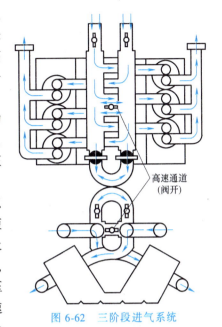

图 6-62　三阶段进气系统

八、谐振进气系统

谐振进气系统如图 6-63 所示。由于进气过程具有间歇性和周期性，致使进气歧管内产生一定幅度的压力波。此压力波以当地声速在进气系统内传播和往复反射。如果利用一定长度和直径的进气歧管与一定容积的谐振室组成谐振进气系统，并使其固有频率与气门的进气周期调谐，那么在特定的转速下，就会在进气门关闭之前，在进气歧管内产生大幅度的压力波，使进气歧管的压力增高，从而增加进气量。这种效应称作进气波动效应。谐振进气系统的优点是没有运动件，工作可靠，成本低，但只能增加特定转速下的进气量和发动机转矩。

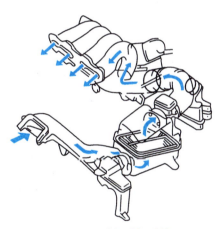

图 6-63　谐振进气系统

任务实施

6.4　燃料供给系统的检测与故障排除

一、电控汽油喷射系统拆装

1）帕萨特 B5 发动机汽油喷射系统喷油系统的分解图如图 6-64 所示。

发动机机械机构故障诊断与维修

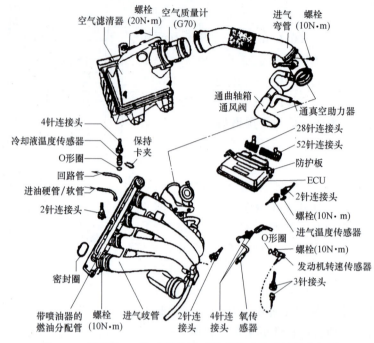

图 6-64　帕萨特 B5 发动机汽油喷射系统喷油系统的分解图

2）帕萨特 B5 发动机汽油喷射系统空气滤清器的分解图如图 6-65 所示。

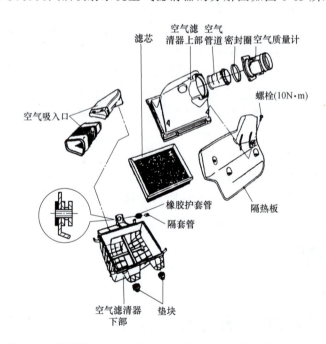

图 6-65　帕萨特 B5 发动机汽油喷射系统空气滤清器的分解图

3）帕萨特 B5 发动机汽油喷射系统燃油分配管的分解图如图 6-66 所示。

4）加速踏板的拆装见表 6-1。

项目 6　汽油发动机燃料供给系统故障诊断

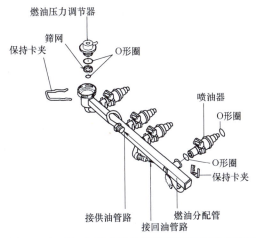

图 6-66　帕萨特 B5 发动机汽油喷射系统带喷油器的燃油分配管的分解图

表 6-1　加速踏板的拆装

拆装项目	图示
1）准备拆装工具 T10238	T10238
2）拧下转向柱盖板的固定螺母，取下转向柱盖板	
3）将松脱工具 T10238 沿箭头方向推入规定的位置，并将加速踏板模块取下	T10238

145

(续)

拆装项目	图示
4）安装： ①将插头连接1安装到加速踏板模块4上 ②将油门踏板模块4按到紧固销5上 ③将定位销6装入车辆底板的孔中 ④用螺钉2固定油门踏板模块4，拧紧力矩为10N·m，并装上盖罩3 ⑤重新装上转向柱盖板	

二、进排气系统的拆装

1. 汽油滤清器的拆装

汽油滤清器的拆卸步骤如下：

1）松开车辆底部汽油滤清器托架紧固螺栓，取下汽油滤清器托架。

2）松开夹箍，拔下汽油滤清器的油管，使用一块抹布防止剩余的汽油滴落。

3）取下汽油滤清器。安装上新的汽油滤清器时应注意汽油滤清器上箭头应该指向汽油的流向。

4）活性炭罐的拆卸和安装。活性炭罐的位置在右前轮罩下，如图6-67所示。拆卸及安装活性炭罐要拆下右前轮罩的挡板。

2. 其他部件拆装注意事项

（1）节气门机构（图6-68） 节气门拉索是非常容易弯折的，因此在安装时必须非常

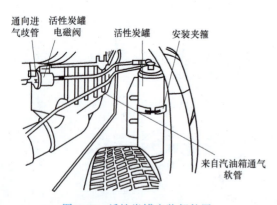

图6-67 活性炭罐安装部件图

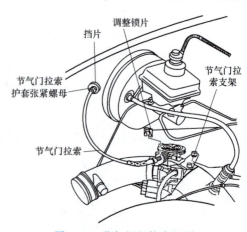

图6-68 节气门机构布置图

仔细。节气门拉索轻度的弯曲会导致在驾驶中断裂,因此节气门拉索一旦弯折就不能再安装。安装时要注意节气门拉索在各个支承座和紧固点之间保持平直。通过变换支架上的卡板的位置来调整节气门拉索,使节气门杠杆能够达到节气门全开的位置。

（2）排气系统部件（图6-69）　在完成了排气系统的组装工作后,保证排气系统没有应力,与车身部件有足够的间隙。必要时松开卡箍,对消声器和排气管进行调整,以保证与上部车身有足够的间隙及保证悬挂件的负荷均匀。更换所有的自锁螺母。

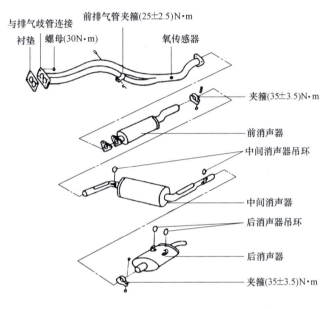

图6-69　排气系统分解图

三、电控汽油喷射系统检修

（一）检修注意事项

1）在发动机运转或用起动机带动发动机运转时,都不要去触碰或拔下高压线。

2）拆装汽油喷射和点火系统连接线以及蓄电池时,必须关断点火开关,否则可能损坏发动机ECU。

3）采用的万用表内阻不应小于10kΩ/V,这是为了防止万用表的电压损坏电子元件。测试前,应按规定选好量程。

4）用起动机带动发动机运转（如进行气缸压缩实验）时,应拔下点火线圈输出极插头和喷油器插头。试验结束后,用V.A.G1552查询故障。

5）保持零件的清洁。当汽油喷射系统拆开后,不要用压缩空气吹,也不要移动车辆。

（二）燃油系统部件检修（以帕萨特B5发动机为例介绍）

1. 喷油器的检修

检查条件：发动机转速传感器正常；电动燃油泵继电器正常；熔断器第34号正常。喷油器的检修见表6-2。

表 6-2 喷油器的检修

检修项目	图示
1）连接故障阅读仪 V.A.G1551，打开点火开关，并用地址码 01 选定发动机 ECU	Rapid　data　transfer HELP Select function　×× 快速数据传输 帮助 选择功能　××
2）按键 0 和 3，选定最终控制诊断功能，并用 Q 键确认	Rapid　data　transfer Q 03 Final control diagnosis 快速数据传输 Q　03-最终控制诊断
3）用 Q 键确认	Final　control　diagnosis → Injector cylinder 1-N30 最　终　控　制　诊　断 → 气缸1喷油器N30
4）打开节气门，只要急速开关一打开，气缸 1 的喷油器将咔嚓动作 5 次。按"→"可依次起动 2、3 缸喷油器。如果喷油器没有咔嚓动作声，拔下点火线圈的三针插头	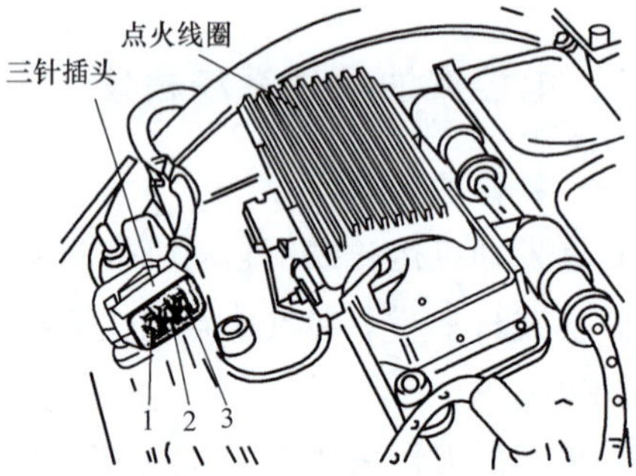 （点火线圈、三针插头图示）
5）拔下喷油器的连接插头，将发光二极管检查灯连接到待检查气缸插头的端子上，使起动电动机转动，发光二极管应闪烁。如果不闪烁，检查气缸二针插头端子和插头端子到燃油泵继电器（J17）之间的导线是否断路或短路	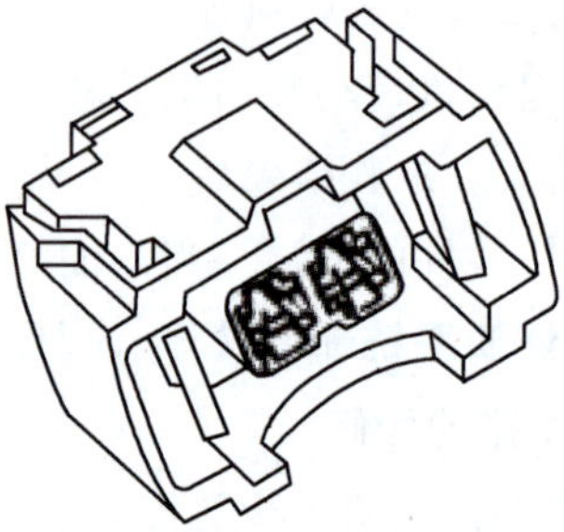 （插头图示）

项目6 汽油发动机燃料供给系统故障诊断

(续)

检修项目	图示
6)检查喷油器端子间的电阻值,其允许值为12.0~15.0Ω,如达不到允许值,更换损坏的喷油器	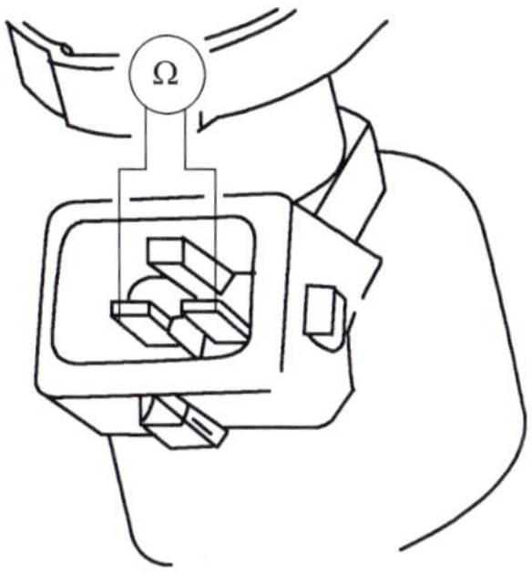
7)拆下燃油分配管总成,拔下燃油压力调节器的真空管,将燃油分配管连同喷油器从进气歧管上拆下并支撑好。激活喷油器,在燃油压力正常的前提下,目测检查喷油器的密封性,在燃油泵运转时,仅允许每个喷油器1分钟滴漏1~2滴,否则更换新的密封圈或喷油器	
8)在燃油压力正常的前提下,将喷油器插入喷油量检查仪V.A.G1602的测试玻璃管中,将喷油器连接好,如图a所示。激活各缸喷油器,用遥控器V.A.G1348/3A接通30s。检查蓄电池电压与喷油量的变化是否符合规定(图b)并比较各缸的喷油量差,喷油量的允许值为85~105ml/30s,各缸喷油量差值应不超过5ml/30s。如果喷油量不在给定范围内或各缸喷油量不平均,更换损坏的喷油器	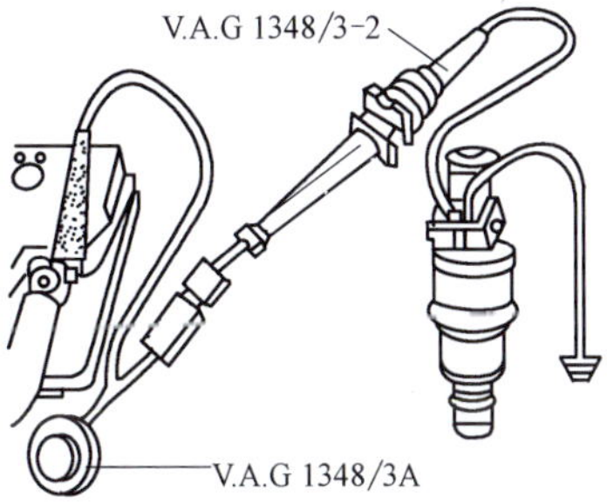 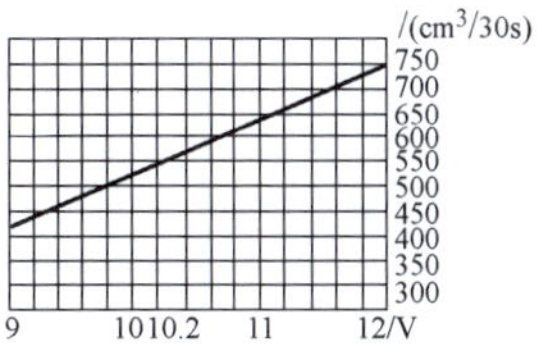

2. 燃油压力调节器的检查

燃油压力调节器的检查见表6-3。

表6-3 燃油压力调节器的检查

检查项目	图示
1)松开管接头,并将溢出的燃油抹干	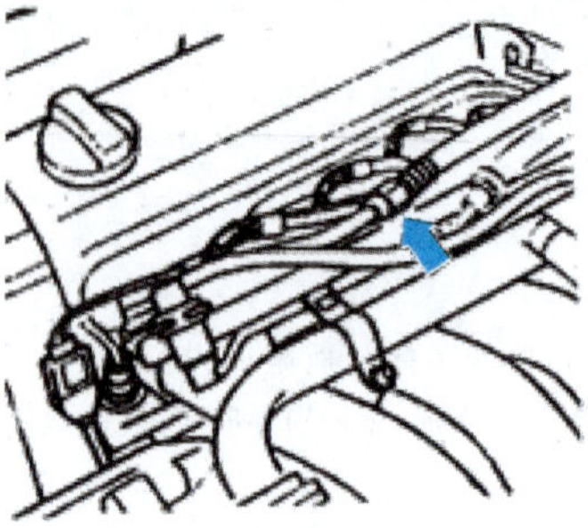
2)用适配器1318/6和1318/7将压力测试仪V.A.G1318与燃油供油管和燃油分配管相连接	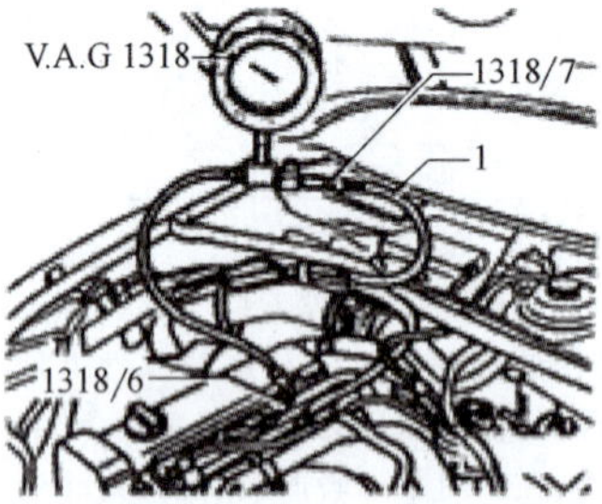
3)打开压力测试仪的截止阀,即手柄指向燃油流动方向。起动发动机,怠速运转,测试燃油压力,其允许值为约350kPa。拔下燃油压力调节器的真空管,燃油压力应升高到约400kPa	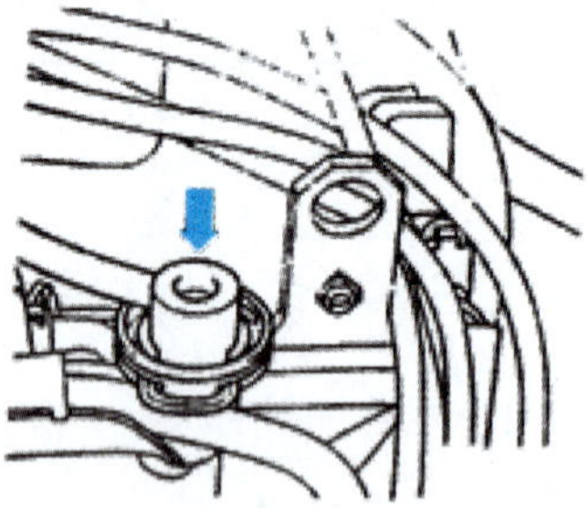
4)关闭点火开关,在10min后,保持压力应大于200kPa。这说明密封性和保持压力良好。如果压力降到200kPa以下,起动发动机并怠速运转,在压力建立起来后,关闭点火开关,同时关闭V.A.G1318压力测试仪的截止阀,即使开关手柄同流动方向垂直,如果压力不下降,检查燃油泵的回流阀;如果压力又下降,打开压力测试仪V.A.G1318的截止阀,起动发动机并怠速运转,在建立起压力后,关闭点火开关同时将回流管夹紧,如果压力不下降,检查管路连接、燃油管上的O形圈和喷油器是否泄漏	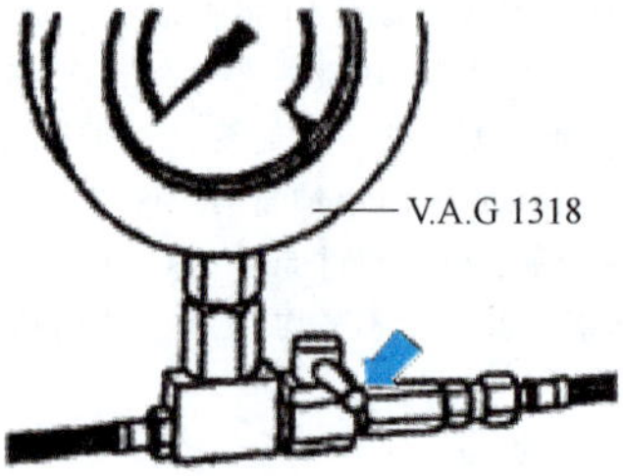

四、电控汽油喷射系统故障排除

(一)电控汽油喷射发动机故障诊断的基本步骤

1. 填写用户调查表

为了迅速地查找出故障发生点,首先要询问用户,了解故障出现时的情况、自然条件,了解故障的发生过程以及检修历史等;然后详细填写维修车辆登记表。此表与诊断测试结果

项目6 汽油发动机燃料供给系统故障诊断

一起作为查找故障点的依据，同时也可作为检修后验收、结账的参考依据。

2. 外观初步检查

电控汽油喷射系统的故障大多数是小故障，如电路短路或断路或人为的装错，以及一些传感器、执行器的规定值的失调。

所有进气胶管均不能有破裂。检查各种卡箍紧固是否适度。

检查各种真空管是否有破裂、扭结、插错。插错真空管会造成发动机怠速不稳，甚至使发动机无规律地出现工作不良。

喷油器应安装正确，密封圈完好。密封圈上部安装或密封不良会导致漏油，会造成严重事故；下部密封不良会导致漏气，使发动机真空度下降，运行不良，还会使进气压力传感器信号增加，喷油量增加，从而致使混合气变浓等。

3. 故障再现

在填写维修车辆登记表后，按照车主所叙述的故障现象，在车速、负荷、道路条件达到产生故障的条件下驾驶汽车，尽力使故障现象再度出现。从故障表现的形式上，结合外观仔细检查结果，对该车故障有一个初步的诊断。

4. 执行故障自诊断

起动发动机故障自诊断系统，读取故障码并结合该车故障诊断有关资料查找故障根源。故障诊断基本流程与步骤如图6-70所示。

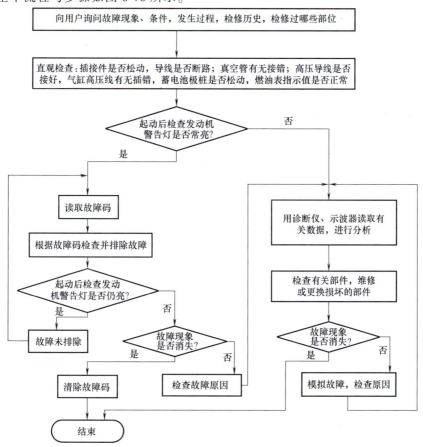

图6-70 故障诊断的基本流程与步骤

1）读取故障码。查阅该车故障码表，掌握故障码的确切含义，确定故障的产生部位。

2）如无故障码输出（显示正常码）或没有故障码含义注释表，那么可根据故障现象，结合该车型的故障诊断、检修表，按所示故障部位顺序进行检查。

5. 用发动机故障检测仪对发动机进行故障诊断，查找故障源

对已确定的故障点进行调整测试、维修；排除故障后，清除故障码，并试车验证故障是否排除。

（二）电控汽油喷射发动机不来油或来油不畅故障诊断

1. 故障现象

1）点火系工作正常，但发动机不能起动。

2）勉强能起动，但发动机不能正常运行。

2. 故障原因

1）燃油箱内存油不足。

2）油管堵塞、破裂或接头松动漏油。

3）汽油滤清器堵塞。

4）燃油泵、燃油泵继电器不工作，燃油泵熔断器烧断或电路断路、短路。

5）燃油压力调节器损坏，造成系统燃油压力过低，导致喷油器喷油量严重不足。

3. 故障诊断与排除

1）检查油箱是否有油，若存油量过少，则予以补足。

2）检查油管是否堵塞、破裂或接头松动漏油。若有异常予以修复或更换。

3）拆下汽油滤清器，检查是否堵塞或失效。若有异常，更换汽油滤清器。

4）检查燃油泵是否工作。

① 用一根导线将故障诊断插座内两个燃油泵检测插孔短接（丰田轿车燃油泵检测插孔为 FP 和 +B，如图 6-71 所示），将点火开关置 ON（但不起动发动机），油泵将运转。上海桑塔纳 2000GSi 时代超人轿车可拔下装在中央控制盒上 2 号位置的燃油泵继电器，并用一金属导线将燃油泵继电器插座 30、87 脚座短接，如图 6-72 所示，或连接 V.A.G1552 计算机解码仪，输入"执行元件诊断"的功能码 03，此时燃油泵应运转。

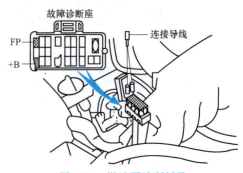

图 6-71 燃油泵诊断插孔

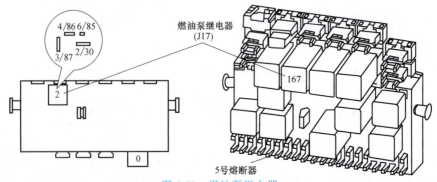

图 6-72 燃油泵继电器

② 打开油箱盖，仔细听有无燃油泵运转的声音。若听不清或无燃油泵运转的声音，也可以用手检查进油软管有无压力，如图6-73所示。若听不见燃油泵运转的声音，也感觉不到进油管的压力，说明电动燃油泵不工作。

③ 检查电动燃油泵熔断器有无烧断，燃油泵继电器有无损坏，控制线路有无断路。若上述检查都正常，则应拆检或更换燃油泵。

5）检测燃油泵最大压力和保持压力。

① 释放燃油系统的油压。

② 将油压表接在燃油管路上，并将出油口塞住，如图6-74所示。

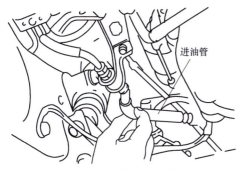
图6-73 电动燃油泵的检查

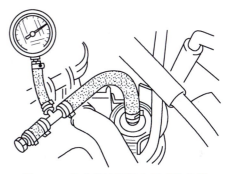
图6-74 电动燃油泵最大压力的检测

③ 用上述4）①的方法使电动燃油泵工作，同时读出油压表的压力，该压力称为电动燃油泵的最大压力，其值应比发动机运转时的燃油压力高200~300kPa，一般为490~640kPa。如不符合标准值，应更换电动燃油泵。

④ 关闭点火开关，5min后再观察油压表压力，此时的压力称为电动燃油泵的保持压力，其值应大于340kPa。如不符合标准值，应更换电动燃油泵。

6）检测燃油压力。如上述检查都正常，则应对燃油压力进行检测。

① 释放燃油系统的油压。

② 按图6-75所示，安装燃油压力表。

③ 让电动燃油泵运转，读出燃油压力表指示的压力值，该值应不小于350kPa。若不符合，则用包上软布的钳子夹住燃油压力调节器的回油管再试，如燃油压力达到标准值，则应更换燃油压力调节器。

（三）个别喷油器不工作故障诊断

1. 故障现象

发动机怠速运转不稳定，加速性能变差，输出功率降低。

2. 故障原因

1）喷油器线圈短路、断路。

2）喷油器喷嘴堵塞。

3）喷油器密封不严引起漏油。

4）喷油器连接线路断路、短路。

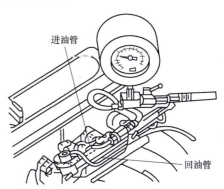
图6-75 燃油压力表的安装

3. 故障诊断与排除

起动发动机并怠速运转，逐一拔下喷油器插接器，观察发动机转速有无变化。若转速无变化，说明该喷油器不工作，这时应按图6-76所示的步骤进行检查。

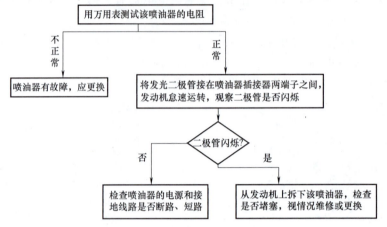

图6-76　个别喷油器不工作故障诊断

（四）耗油量过大故障诊断

1. 故障现象

发动机动力良好，但耗油量过大，加速时排气管冒黑烟。

2. 故障原因

1) 冷却液温度传感器或进气压力传感器有故障。
2) 节气门位置传感器失常。
3) 燃油压力过高。
4) 喷油器漏油。

3. 故障诊断与排除

1) 测量冷却液温度传感器。传感器的电阻过大，ECU会认为发动机处于低温状态，从而进行冷车加油，使耗油增加。可拆下冷却液温度传感器检查其表面有无水垢。
2) 检查进气压力传感器。检测结果如有异常，应更换新件。
3) 测量燃油压力。怠速时燃油压力为250kPa左右，随着节气门的开启，燃油压力应逐渐上升，节气门全开时的燃油压力约为300kPa左右。若燃油压力能够随节气门开度变化而变化，但压力始终偏高，则说明油压调节器有故障。
4) 检查节气门位置传感器。检测结果若不符合标准，应更换新件。
5) 拆卸喷油器，检查是否漏油。若有异常，应清洗或更换喷油器。

任务总结

1. 可燃混合气根据燃油含量的多少分为标准可燃混合气、浓可燃混合气、过浓可燃混合气、稀可燃混合气、过稀可燃混合气5种。
2. 电控汽油喷射系统由燃油供给系统、进气系统、电子控制系统3个子系统组成。

项目6　汽油发动机燃料供给系统故障诊断

3. 燃油供给系统的功用是向发动机提供各种工况下所需要的燃油量。它由汽油箱、电动汽油泵、汽油滤清器、燃油分配管、油压调节器、喷油器和油管等组成。

4. LH 型电控汽油喷射系统的进气系统由空气滤清器、空气流量计、节气门体、进气管总管、进气歧管和怠速控制阀组成，其功用是测量和控制汽油燃烧时所需要的空气量，以控制发动机输出功率。

5. 电子控制系统由各种传感器、发动机控制单元（ECU）和执行器 3 部分组成，其功用是根据发动机运转状况和车辆运行情况确定汽油最佳喷射量。

6. 电控汽油发动机故障诊断基本程序是①起动发动机故障自诊断系统，读取故障码并结合该车故障诊断有关资料查找故障根源；②对于无故障码发动机，结合该车型的故障诊断、检修表，按所示故障部位顺序进行检查；③用发动机故障检测仪对发动机进行故障诊断，查找故障源；④对已确诊的故障点进行调整测试、维修，排除故障后，清除故障码，并试车验证故障是否排除。

学习工作页

完成"学习工作页"项目 6 各项作业。

项目 7 柴油发动机燃料供给系统故障诊断

学习目标

1. 能够懂得柴油发动机燃料供给系统的作用。
2. 柴油发动机燃料供给系统的类型和工作原理。
3. 共轨电控柴油发动机的类型、结构及工作原理。
4. 根据规范要求完成共轨电控柴油发动机燃料供给系统各部件的检修和故障排除作业。
5. 培养良好的职业道德与安全、环保意识。

任务接受

客户报修：怠速不稳、冒黑烟。

某客户的柴油轿车出现怠速不稳、冒黑烟的故障，通过技术人员的诊断，发现汽车油路出现故障，需对其轿车燃料供给系统进行故障检修。

信息收集

7.1 柴油发动机燃料供给系统基本认知

一、柴油发动机燃料供给系统简述

（一）柴油的特性

（1）柴油的燃点 柴油在其温度达到一定时，不需点火即会自行燃烧，此温度（300℃左右）即为柴油的燃点。

（2）柴油的凝点 柴油凝点是指柴油失去流动性的温度。柴油的牌号是按疑点来划分的。应按周边温度高于凝点10°选用。0 号柴油指该柴油于 0°时失去流动性。

（二）柴油发动机燃料供给系统的作用

柴油的特点是自燃温度低，柴油发动机将气缸内的空气经高压缩比压缩后，产生远高于柴油燃点的温度使柴油自燃做功。

柴油发动机燃料供给系的作用是依据发动机的工况，适时适量地向各气缸提供清洁的、高压雾状柴油，为柴油高速完全燃烧创造条件。

（三）柴油发动机燃料供给系统的类型

柴油发动机燃料供给技术经历了传统的纯机械式喷油和现代的电控式喷油两个发展阶

项目 7 柴油发动机燃料供给系统故障诊断

段。柴油发动机燃料供给系统的类型主要分为机械式和电控式两类。

（四）传统机械式柴油发动机燃料供给系的组成

机械式柴油发动机燃料供给系由燃油供给、空气供给、混合气形成和废气排出 4 个装置组成。

1) 燃油供给装置由柴油箱、柴油滤清器、输油泵、低压油管、喷油泵、高压油管、喷油器等组成。

2) 空气供给装置由空气滤清器、进气管、气缸盖内的进气道等组成。

3) 混合气形成装置包括气缸盖上的预燃室和涡流室以及活塞顶上的涡流凹坑所组成的燃烧室。

4) 废气排出装置由气缸盖内的排气道、排气管及排气消声器等组成。

（五）传统机械式柴油发动机燃料供给系的工作原理

输油泵将柴油从油箱中将柴油吸出，经低压油管通过滤清器滤去杂质进入喷油泵。通过喷油泵增压，根据发动机的需要按时按量将高压柴油经高压油管输送到各喷油器，喷入燃烧室，喷油嘴回漏的少量柴油经喷油器回油管流回油箱，由于输油泵提供的燃油量必须多于喷油泵泵出的油量。机械式柴油发动机燃料供给系统如图 7-1 所示。

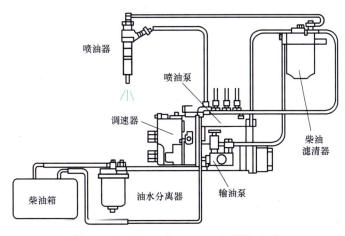

图 7-1 机械式柴油发动机燃料供给系统

二、柴油发动机电控燃油喷射系统的特点及工作原理

柴油发动机电控燃油喷射系统可分为两大类，即位置控制系统和时间控制系统。

第一代柴油发动机电控燃油喷射系统是采用位置控制系统。它不改变传统的喷油系统的工作原理和基本结构，只是采用电控组件，代替调速器和供油提前器，对分配式喷油泵（图 7-2）的油量调节套筒或柱塞式喷油泵的供油齿杆的位置，以及油泵主动轴和从动轴的相对位置进行调节，以控制喷油量和喷油定时。优点是，无须对柴油发动机的结构进行较大改动，生产继承性好，便于对现有机型进行技术改造。缺点是，控制系统频率响应仍然较慢、控制频率低、控制精度不够稳定。喷油率和喷油压力难以控制，而且不能改变传统喷油系统固有的喷射特性，因此很难较大幅度地提高喷射压力。

第二代柴油发动机电控燃油喷射系统是采用时间控制方式，其特点是在高压油路中，利

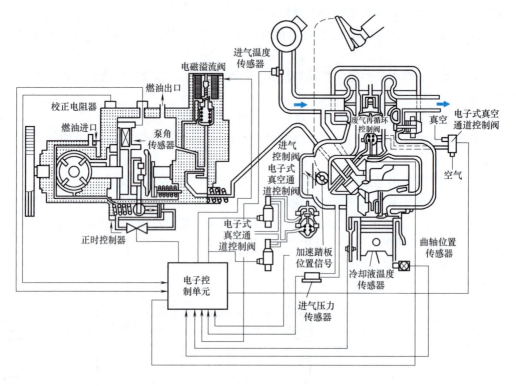

图 7-2 电控制分配式喷油泵的组成

用电磁阀直接控制喷油开始时间和结束时间,以改变喷油量和喷油定时。它具有直接控制、响应快等特点。

时间控制系统又有电控泵喷油器系统和共轨式电控燃油喷射系统两类。按照现代电控喷油技术实现的手段主要有电控泵喷嘴(UIS)系统、单体泵(UPS)系统以及共轨式系统(CRS)3种。

在电控泵喷嘴(UIS)系统中,喷油泵和喷油嘴组成一个单元。每个气缸缸盖上都装有这样一个单元,它直接通过摇臂或间接地由发动机凸轮轴通过推杆来驱动,如图7-3所示。

单体泵(UPS)系统的工作方式与电控泵喷嘴系统相同,它是一种模块式结构的高压喷射系统。与泵喷嘴系统不同的是,其喷油嘴和油泵用一根较短的喷射油管连接,单体泵系统中每个气缸都设置一个单柱塞喷油泵,由发动机的凸轮轴驱动。一根短的、精确地与喷油泵组件相匹配的高压油管连接喷油器总成。如图7-4所示。

电控泵喷嘴和单体泵系统除了能自由控制喷油量和喷油定时外,喷射压力还十分高(峰值压力可达240MPa),但其无法实现喷油压力的灵活调节,且较难实现预喷射或分段喷射。

共轨式燃油喷射系统(CRS)是比较理想的燃油喷射系统。高压共轨式系统借助于喷油器上的电磁阀,让柴油以正确的喷油压力在正确的喷油点喷射出正确的喷油量,保证发动机最佳的空燃比、雾化和点火时间,以及良好的经济性和最少的污染排放。如图7-5和图7-6所示。

项目 7 柴油发动机燃料供给系统故障诊断

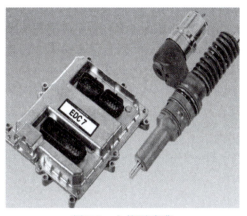

图 7-3 电控泵喷嘴

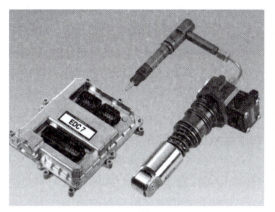

图 7-4 单体泵系统

它不再采用喷油系统柱塞泵分缸脉动供油原理,而是用一个设置在喷油泵和喷油器之间的、具有较大容积的共轨管,把高压油泵输出的燃油蓄积起来并稳定压力,再通过高压油管输送到每个喷油器上,由喷油器上的电磁阀控制喷射的开始和终止。电磁阀起作用的时刻决定喷油定时,起作用的持续时间和共轨压力决定喷油量。由于该系统采用压力时间式燃油计量原理,因此又可称为压力时间控制式电控喷射系统。按其共轨压力的高低又分为高压共轨、中压共轨和低压共轨 3 种。

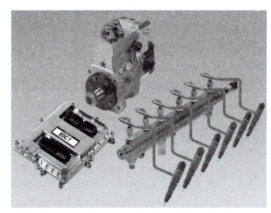

图 7-5 共轨式燃油喷射系统

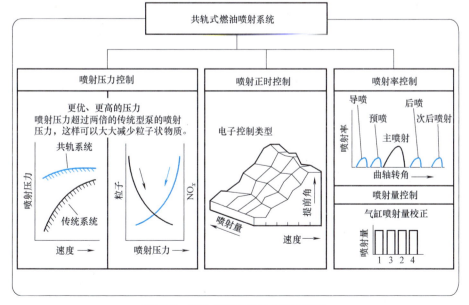

图 7-6 共轨式燃油喷射系统的优点

柴油发动机高压共轨式燃油喷射技术大致经历3个发展阶段：

第一代共轨式燃油喷射技术：1995年末，日本电装公司用ECD-U2系统批量生产卡车柴油机，开创了柴油发动机共轨式燃油喷射系统的新时代。博世公司于1997年年末开始批量生产轿车柴油发动机用高压共轨式燃油喷射系统。共轨油压最高达到140MPa，使用电磁阀喷油器。

第二代共轨式燃油喷射技术：2002-2003年推出使用压电晶体喷油器的第二代共轨式燃油喷射系统。喷油压力160MPa，并可满足欧Ⅳ排放法规。

第三代共轨式燃油喷射技术：博世公司的第三代共轨式燃油系统的喷油压力提升到180MPa可以满足柴油机2008年欧Ⅴ排放法规。

几种共轨式燃油喷射系统喷油压力的发展过程见表7-1。

表7-1 几种共轨式燃油喷射系统喷油压力的发展过程 （单位：MPa）

系统名称	第一代系统	第二代系统	第三代系统	第四代系统
BOSCH	135(140)	160	180	200
ECD-U2	140	160	180	200
HEUI系统	160	160	200	200

7.2 柴油发动机共轨式燃油喷射系统的工作原理

一、燃油供给系统

如图7-7所示，柴油发动机共轨式燃油喷射系统的燃油供给系统由低压供油部分和高压供油部分组成。

1. 低压供油部分

共轨式喷油系统的低压供油部分包括：燃油箱（带有滤网）、电动输油泵、燃油滤清器及低压油管。

2. 高压供油部分

共轨式喷油系统的高压供油部分包括：带调压阀的高压泵、高压油管、作为高压油存储器的共轨（带有共轨压力传感器）、限压阀和流量限制器、喷油器、回油管。

二、组件结构和功能

1. 低压部分

低压部分的作用是向高压部分提供足够的燃油，其主要组成部件如图7-8所示。

（1）输油泵 输油泵的作用是在任何工况下，提供所需的燃油压力，并在整个使用寿命期内向高压泵提供足够的燃油。

目前输油泵有2种类型，即电动输油泵（滚子叶片泵）和机械驱动的齿轮输油泵。

1）电动输油泵。如图7-9和图7-10所示，电动输油泵用于乘用车和轻型商用车，除了向高压泵输送燃油外，电动输油泵在监控系统中还起到了在必要时中断燃油输送的作用。

项目7 柴油发动机燃料供给系统故障诊断

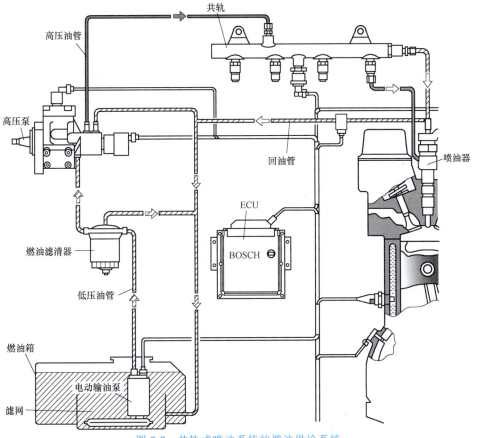

图 7-7 共轨式喷油系统的燃油供给系统

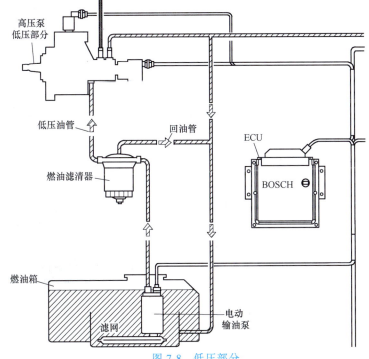

图 7-8 低压部分

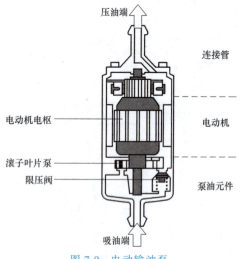

图 7-9 电动输油泵　　　　图 7-10 电动输油泵的滚子泵

发动机起动过程开始时，电动输油泵就开始运行，且不受发动机转速影响。电动输油泵持续从油箱中抽出燃油，经燃油滤清器送往高压泵，多余的燃油经溢流阀流回油箱。电动输油泵具有安全电路，可防止在停机时向发动机输送燃油。

电动输油泵有油管安装式和油箱安装式2种。油管安装式输油泵安装在车辆底盘上油箱与燃油滤清器之间的油管上，而油箱安装式输油泵则安装在油箱内的专用支架上，其总成通常还包括吸油端的吸油滤网、油位显示器、储油罐以及与外部连接的电气和液压接头。电动输油泵由泵油元件、电动机和连接盖3个功能部分组成。

泵油元件的工作原理取决于电动输油泵的应用领域，有多种型号。乘用车共轨式喷油系统采用的滚子叶片泵（容积式泵）由偏心布置的内腔和在其中转动的开槽圆盘构成，每个槽内有可活动的滚子。利用开槽圆盘转动的离心力和燃油压力的作用，滚子紧压在外侧的滚子滚道上和槽的驱动侧面上。在这种情况下，滚子的作用就像是做圆周运动的密封件。开槽圆盘的每2个滚子与滚道之间构成了1个腔室，当进油口关闭，腔室容积不断缩小时，便产生泵油作用。燃油在出油口打开以后从电动机流过，并经压油端的连接盖输出。

电动机由永磁体和电枢组成，其设计取决于在一定系统压力之下所要求的供油量。电动机和泵油元件装在共用的外壳中，燃油不间断地流过，从而使其得到冷却，因此无需在泵油元件与电动机之间设置复杂的密封件便可获得较高的电动机功率。

连接盖包含电气接头和压油端的液压接头，另外还可以在连接盖中设置防干扰装置。

2）齿轮输油泵。如图 7-11 所示，齿轮输油泵用于乘用车和轻型商用车的共轨式喷油系统中，向高压泵输送燃油。齿轮输油泵装在高压泵中与高压泵共用驱动装置，或装在发动机旁配有单独的驱动装置。驱动装置一般为联轴器、齿轮或齿带。

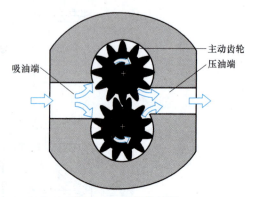

图 7-11 齿轮输油泵

项目7 柴油发动机燃料供给系统故障诊断

齿轮输油泵的基本构件是2个互相啮合反向转动的齿轮,它们将齿隙中的燃油从吸油端送往压油端。齿轮的接触线将吸油端和压油端互相密封以防止燃油倒流,输油量与发动机转速成正比,因此输油量的调节借助于吸油端的节流阀或压油端的溢流阀进行。

齿轮泵在工作期间无须保养。为了在第一次起动时或燃油箱放空后排空燃油系统中的空气,可在齿轮泵或低压管路上装配手动泵。

(2) 燃油滤清器 燃油中的杂质可能使泵油元件、出油阀和喷油嘴损坏,因此使用满足喷油系统要求的燃油滤清器是保证发动机正常工作和延长使用寿命的前提条件。通常燃油中会含有化合形态(乳浊液)或非化合形态(温度变化引起的冷凝水)的水,如果这些水进入喷油系统,会对其产生腐蚀并造成损坏,因此与其他喷油系统一样,共轨式喷油系统也需要带有集水槽的燃油滤清器,如图7-12所示,每隔适当时间必须将水放掉。随着乘用车采用柴油发动机数量的增加,自动水报警装置的使用也在不断增加。当系统必须将水排出时,该装置的报警灯就会闪亮。

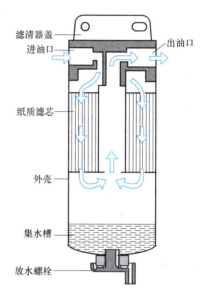

图7-12 燃油滤清器

2. 高压部分

高压部分除了产生高压力的组件外,还有燃油分配和计量组件,如图7-13所示。

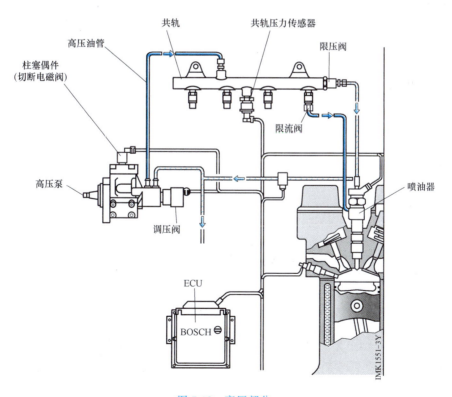

图7-13 高压部分

163

（1）高压泵　如图7-14所示，高压泵位于低压部分和高压部分之间。高压泵通常与普通分配泵类似地装在柴油发动机上，以齿轮、链条或同步带连接在发动机上，最高转速为3000r/min，依靠燃油润滑。因为安装空间大小的不同，调压阀通常直接装在高压泵旁，或固定在共轨上。

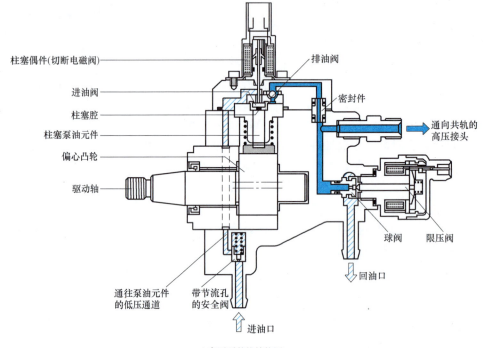

a) 高压泵整体结构图

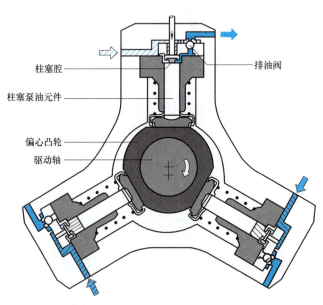

b) 高压泵工作原理图

图7-14　高压泵

项目7 柴油发动机燃料供给系统故障诊断

如图7-14b所示，燃油是由高压泵内3个相互呈120°径向布置的柱塞压缩的。由于每转1圈有3个供油行程，因此驱动峰值转矩小，泵驱动装置受载均匀。驱动转矩为16N·m，仅为同等级分配泵所需驱动转矩的1/9左右，所以共轨式喷射系统对泵驱动装置的驱动要求比普通喷油系统低。泵驱动装置所需的动力随共轨压力和泵转速（供油量）的增加而增加，排量为2L的柴油发动机，额定转速下共轨压力为135MPa时，高压泵（机械效率约为90%）所消耗功率为3.8kW。喷油嘴中的泄漏和所需的喷油量，及调压阀的回油，使其实际功消耗率要更高些。如图7-14a所示，燃油通过输油泵加压经带水分离器的滤清器送往安全阀，通过安全阀上的节流孔将燃油压到高压泵的润滑和冷却回路中。

带偏心凸轮的驱动轴或弹簧根据凸轮形状而将泵柱塞推上或压下。如果供油压力超过了安全阀的开启压力（0.05~0.15MPa），则输油泵可通过高压泵的进油阀将燃油压入柱塞腔（吸油行程）。当柱塞达到下止点后而上行时，进油阀被关闭，柱塞腔内的燃油被压缩，只要达到共轨压力就立即打开排油阀，被压缩的燃油进入高压回路。到上止点前，柱塞一直泵送燃油（供油行程）。达到上止点后，压力下降，排油阀关闭。柱塞向下运动时，剩下的燃油降压，直到柱塞腔中的压力低于输油泵的供油压力时，吸油阀再次被打开，重复进入下一工作循环。

由于高压泵是按高供油量设计的，在怠速和部分低负荷工作状态下，被压缩的燃油会有冗余。通常这部分冗余的燃油经调压阀流回油箱，但由于被压缩的燃油在调压阀出口处压力降低，压缩的能量损失而转变成热能，使燃油温度升高，从而降低了总效率。若泵油量过多，切断供应高压燃油可使供油效率适应燃油的需要量，可部分补偿上述损失。

如图7-14a所示，柱塞被切断供油时，送到共轨中的燃油量减少。因为在柱塞偶件切断电磁阀时，装在其中的衔铁销将吸油阀打开，从而使供油行程中吸入柱塞腔中的燃油不受压缩，又流回到低压油路，柱塞腔内不增加压力。柱塞被切断供油后，高压泵不再连续供油，而是处于供油间歇阶段，因此减少了功率消耗。

高压泵的供油量与其转速成正比，而高压泵的转速取决于发动机转速。喷油系统装配在发动机上时，其传动比的设计一方面要减少多余的供油量，另一方面又要满足发动机全负荷时对燃油的需要。可选取的传动比通常为1∶2和2∶3。

（2）调压阀 如图7-15所示，调压阀有安装法兰，用以固定在高压泵或共轨上。衔铁销将钢球压在密封座上，以使高压端对低压端密封。一方面弹簧将衔铁往下压，另一方面电磁线圈还对衔铁有作用力。为进行润滑和散热，整个电磁阀周围都有燃油流过。调压阀有2个调节回路：低速电调节回路用于调整共轨中可变化的平均压力值；高速机械液压调节回路用于补偿高频压力波动。

共轨或高压泵出口处的高压燃油通过高压油进口作用在调压阀上。由

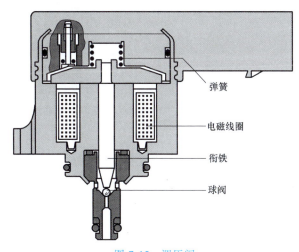

图7-15 调压阀

于无电流的电磁线圈不产生作用力，燃油的高压力大于弹簧力，调压阀打开。根据供油量的大小，调压阀调整打开的开度。该弹簧是按最大压力约10MPa设计的。

如果要提高高压回路中的压力，就必须在弹簧力的基础上再建立电磁力。当电磁力和弹簧力与燃油高压力达到平衡时，调压阀停留在某个开启位置，燃油压力保持不变。泵油量变化和燃油从喷油器中喷出时，调压阀通过不同的开度予以补偿。电磁阀的电磁力与控制电流成正比，而控制电流的变化通过脉宽调制来实现。脉宽的调制频率为1kHz，可避免衔铁的运动干扰共轨中的压力波动。

（3）共轨　如图7-16和图7-17所示，由于发动机的安装条件不同，带流量限制器（选装件）、共轨压力传感器、调压阀和限压阀的共轨可进行不同的设计。

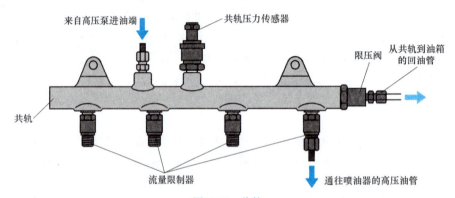

图7-16　共轨

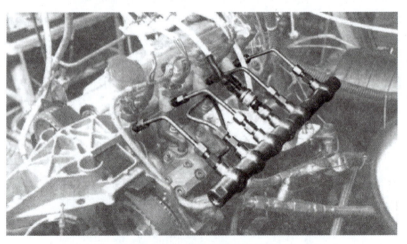

图7-17　发动机试验台架共轨

共轨中通常注满了高压燃油，充分利用高压对燃油的压缩来保持存储压力，并用高压泵来补偿脉动供油所产生的压力波动，因此即使从共轨中喷射出燃油，共轨中的压力也近似为恒定值。

（4）共轨压力传感器　如图7-18所示，共轨压力传感器包括传感器元件，它焊接在压力接头上；带有求值电路的分析电路板；带电气接头的传感器外壳。

燃油经共轨中的一个孔流向共轨压力传感器，传感器膜片将孔末端封住。在压力作用下的燃油经压力室孔流向膜片，在此膜片上装有传感元件，用以将压力转换成电信号。通过一根连接导线将产生的信号传输到向 ECU 提供放大测量信号的求值电路。

当由共轨燃油压力引起膜片形状发生变化（150MPa 时约为 1mm）时，其上的电阻值会随之变化，并在用 5V 供电的电阻电桥中产生电压变化。根据燃油压力的不同，电压在 0～70mV 之间变化，并由求值电路放大到 0.5～4.5V。

精确测量共轨中的燃油压力是喷油系统正常工作所必需的。为此，压力传感器在测量压力时的允许偏差很小，在主要工作范围内测量精度约为最大值的±2%。一旦共轨压力传感器失效，具有应急行驶功能的 ECU 以某个固定的预定值来控制调压阀的开度。

（5）限压阀　如图 7-19 所示，限压阀是按机械原理进行工作的，它包括具有便于拧在共轨上的外螺纹的外壳、通往油箱的回油管接头、可活动的活塞、压力弹簧。

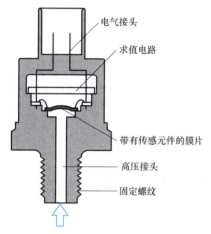

图 7-18　共轨压力传感器

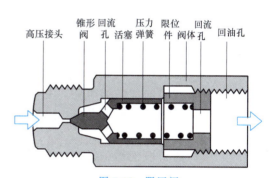

图 7-19　限压阀

外壳在通往共轨的连接端有一个孔，此孔被外壳内部密封面上的锥形活塞头部关闭。在标准工作压力（135MPa）下，弹簧将活塞紧压在座面上，共轨呈关闭状态。只有当超过系统最大压力时，活塞才受共轨中压力的作用而压缩，于是处于高压下的燃油流出。燃油经过通道流入活塞中央的孔，然后经回油管流回油箱。随着阀的开启，燃油从共轨中流出，结果降低了共轨中的压力。

（6）流量限制器　如图 7-20 所示，流量限制器有一个金属外壳，外壳有外螺纹，以便拧在共轨上，另一端的外螺纹用来拧入喷油器的进油管。外壳两端有孔，以便与共轨或喷油器进油管建立液压联系。流量限制器内部有一个活塞，一根弹簧将此活塞向共轨方向压紧。活塞对外壳壁部密封。活塞上的纵向孔连接进油孔和出油孔。纵向孔直径在末端是缩小的，这种缩小具有节流孔的效果。

正常工作状态，如图 7-21 所示。

活塞处在静止位置，即在共轨端的限位件上。一次喷油后，喷油器端的压力下降，活塞向喷油器方向运动。活塞压下的容积补偿了喷油器喷出的燃油容积。喷油终止，活塞停止运动，不关闭密封座面，弹簧将活塞推回到静止位置，燃油经节流孔流出。

泄油量过大的故障工作状态：

由于流过的油量大，活塞从静止位置被推向出油端的密封座面，一直到发动机停机时靠到喷油器端的密封座面上,从而关闭通往喷油器的进油口。

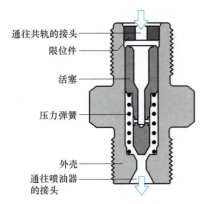

图 7-20 流量限制器

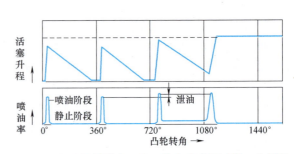

图 7-21 流量限制器在正常工作和有泄露时的工作情况

泄油量过小的故障工作状态:

由于产生泄油,活塞不再能达到静止位置。经过几次喷油后,活塞向出油处的密封座面移动,并停留在一个位置上,一直到发动机停机时靠到喷油器端的密封座面上,从而关闭通往喷油器的进油口。

(7) 喷油器 喷油器由孔式喷油嘴、液压伺服系统、电磁阀组件构成。

如图 7-22 所示,燃油从高压接头经进油通道送往喷油器,并经过进油节流孔进入阀控制室,而阀控制室经由电磁阀控制的回油节流孔与回油孔相通。

出油节流孔在关闭状态时,作用在阀控制活塞上的油压力大于作用在喷油嘴针阀承压面上的力,喷油嘴针阀被压在其座面上,紧紧关闭通往喷油孔的高压通道,因而没有燃油喷入燃烧室。

电磁阀动作时,打开回油节流孔,阀控制室内的压力下降,只要作用在阀控制活塞上的油压力小于作用在喷油嘴针阀承压面上的力,喷油嘴针阀立即打开,燃油经过喷孔喷入燃烧室。用电磁阀不能直接产生迅速关闭

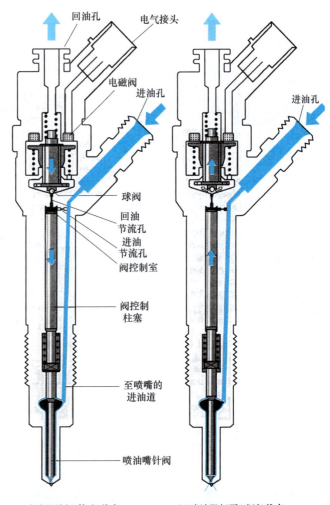

a) 喷油器关闭(静止)状态　　b) 喷油器打开(喷油)状态

图 7-22 喷油器

针阀所需的力,因此采用液力放大系统间接控制喷油嘴针阀,其间除喷入燃烧室的燃油量之外,附加的控制油量经控制室的回油节流孔进入回油通道,此外还有针阀导向和阀活塞导向部分的泄油。这种控制油量和泄油量经集油管(溢流阀、高压泵和调压阀也与集油管接通)的回油通道返回油箱。

在发动机和高压泵工作时,喷油器的功能可分为4个工作状态:喷油器关闭(依靠其中存有的高压)、喷油器打开(喷油开始)、喷油器完全打开、喷油器关闭(喷油结束)。

上述工作状态是通过喷油器构件上力的分配产生的。发动机不工作和共轨中没有压力时,喷油嘴弹簧将喷油器关闭。

喷油器关闭(静止状态):

电磁阀在静止状态不被控制,因此是关闭的,如图7-23a所示。回油节流孔关闭时,衔铁的钢球通过阀弹簧压在回油节流孔的座面上。阀控制室内建立起共轨高压,同样的压力也存在于喷油器的内腔容积中。共轨压力在控制柱塞端面上施加的力和喷油嘴弹簧力使针阀克服作用在其承压面上的开启力而处于关闭状态。

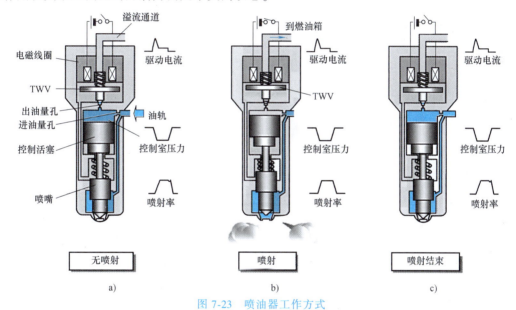

图 7-23 喷油器工作方式

喷油器打开(喷油开始):

喷油器处于静止状态时,一旦电磁线圈通入吸动电流,电磁线圈的吸力大于阀弹簧力,衔铁就将回油节流孔打开,如图7-23b所示。由于磁路的空隙较小,因此有可能在极短的时间内,急剧升高的吸动电流转换成较小的电磁阀保持电流。随着回油节流孔的打开,燃油从阀控制室流入其上面的空腔,并经回油通道返回油箱,使阀控制室内的压力下降,而进油节流孔可防止压力完全平衡,导致阀控制室内的压力小于喷油嘴内腔容积中的压力,从而针阀被打开,开始喷油。

针阀的开启速度取决于进、回油节流孔之间的流量差。控制柱塞达到其上极限位置,并在该处固定在进、回油节流孔之间的燃油垫上。此时喷油器完全被打开,燃油以近似共轨压力喷入燃烧室。喷油器上的力分布大致等于开启阶段中的力分布。喷油器可以根据需要完成5次喷射,如图7-24所示。

喷油器关闭（喷油结束）：

如果电磁阀控制电流结束，如图7-23c所示，衔铁在阀弹簧力的作用下向下将钢球压在阀座上，关闭回油节流孔。衔铁被设计成由两部分组合，虽然衔铁盘由衔铁销带着一起向下运动，但它是压着回位弹簧一起向下运动的，因此衔铁和钢球的落座没有较大的向下冲击力。

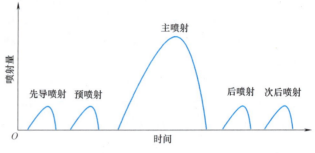

图7-24 喷油器5次喷射的模式

由于回油节流孔的关闭，进油节流孔的进油又使控制室中建立起与共轨中相同的压力，从而使作用在控制活塞上的力增加，再加上弹簧力，超过了喷油嘴内腔容积中的油压力，于是针阀关闭。

（8）喷油嘴 喷油嘴的喷孔呈喷雾锥角布置，喷孔数量与直径取决于喷油量、燃烧室形状、燃烧室中的空气涡流。

有压力室式喷油嘴的喷孔布置在压力室中。喷油嘴头部为圆形时，喷孔采用机械钻孔方法或电火花方法加工；头部为锥形的有压力室式喷油嘴一般采用电火花方法加工。

三、电控装置

1. 电控装置的组成

采用共轨式喷油系统的柴油发动机，其电控装置如图7-25所示，分为3个子系统：

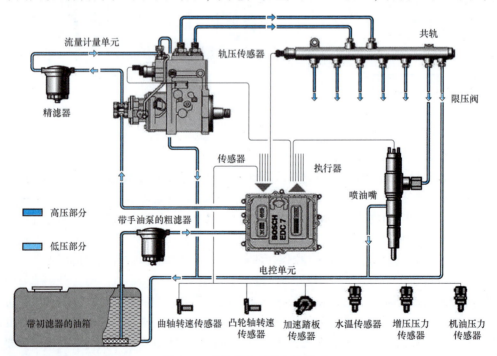

图7-25 共轨喷油系统电控装置

(1) 传感器　传感器指采集运行状况和额定值的传感器和额定值发送器，它们将各种不同的物理参数转变为电信号。共轨式喷油系统传感器见表 7-2。

表 7-2　共轨式喷油系统传感器一览表

传感器类型		传感器名称	输出信号
磁电式传感器		曲轴转速传感器	数字量
		凸轮相位传感器	数字量
变阻传感器	热敏电阻	冷却液温度、机油温度、燃油温度、进气温度等	模拟量
	滑线变阻器	加速踏板位置传感器	模拟量
	应变片变阻器	轨压、机油压力、进气压力传感器等	模拟量

(2) ECU　ECU 用于根据一定的调节算法处理信息，并发出指令电信号。

(3) 执行器　执行器用于将 ECU 输出的指令电信号转变为机械参数。

2. 传感器

(1) 曲轴转速传感器　气缸内的活塞位置对获得正确的喷油正时极为重要。由于发动机的所有活塞都是由连杆和曲轴连接的，因此曲轴转速传感器能提供所有气缸内活塞位置的信息，如图 7-26 所示。转速是指曲轴每分钟的转数，此重要输入参数由 ECU 从电感式曲轴转速传感器的信号算出。

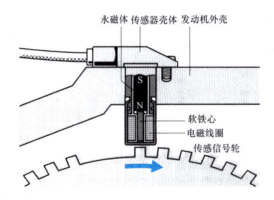

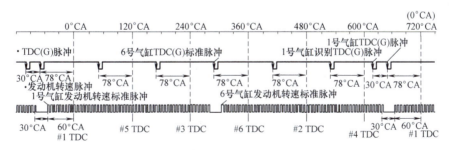

图 7-26　曲轴转速传感器工作原理

在机体上面对曲轴的部位装一个铁磁式传感信号轮，轮上应该有 60 个齿，去除 2 个齿，留下的大齿隙相应于第 1 缸活塞上止点位置。曲轴转速传感器按齿序对传感信号轮进行扫描。它由永磁体和带铜导线绕组的软铁心组成。由于齿和齿隙交替地越过传感器，使其内部的磁场发生变化，感应出一个正弦交变电压。该交变电压的振幅随转速的上升而增大。从 50r/min 的最低转速起就有足够大的振幅。

发动机气缸的点火次序是互相错开的，曲轴旋转 2 圈（720°）后，第 1 缸又开始新的工作循环。点火间隔是均匀分布的,在四缸发动机上,点火间隔为180°,也就是说,曲轴转速传感器在两次点火间隔之间扫描30个齿。由该扫描时间内的平均曲轴转数即可算出曲轴的转速。

(2) 凸轮轴位置传感器　凸轮轴控制进、排气门,它以曲轴转速的一半转动,其位置确定了向上止点运动的活塞是处于压缩冲程上止点还是排气冲程上止点。在起动过程中,仅从曲轴位置信号是无法区分这两种上止点的。而与此相反,在车辆运行时,由曲轴转速传感器产生的信号已足以确定发动机的状态。这就是说,若凸轮轴位置传感器在车辆运行过程中失效时,ECU仍然能够判别发动机的状态,如图7-27所示。

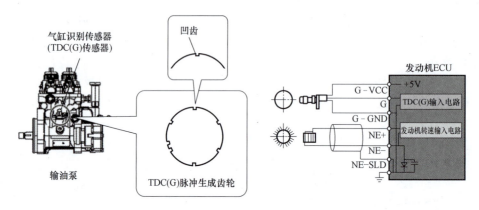

图7-27　凸轮轴位置传感器

凸轮轴位置传感器利用霍尔效应来确定凸轮轴的位置:在凸轮轴上设置一个铁磁材料制成的齿,它随同凸轮轴转动。当该齿经过凸轮轴位置传感器中流过电流的霍尔效应半导体薄片时,传感器的磁场将霍尔效应半导体薄片中的电子流向偏转到与电流方向垂直,从而短时内形成一个电压信号(霍尔电压),此信号告知ECU:此时第1缸正好处于压缩冲程上止点。

(3) 温度传感器　温度传感器用在多个地方:用在冷却液回路中,以便从冷却液温度推知发动机的温度,如图7-28所示;用在进气道中,以测定吸入空气的温度;用在机油中,以测定机油温度(可选装);用在燃油回路中,以测定燃油温度(可选装)。

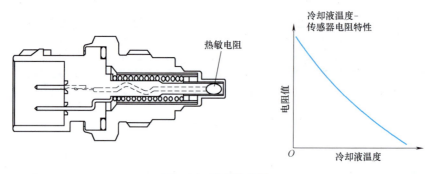

图7-28　温度传感器

温度传感器中有一个电阻值随温度而变的负温度系数电阻,它是用5V供电的一个分压器电路的一部分,其电压是温度的尺度,经模拟/数字转换器输入ECU。在ECU的微处理器中存有一条负温度系数电阻特性曲线,对任何一个电压都给出相应的温度。

项目7　柴油发动机燃料供给系统故障诊断

(4) 热膜空气质量流量计　为了达到法定的废气排放限值，特别是在发动机动态工况下，必须保持应达到的空燃比，需使用能极为精确地确定实际吸入空气质量流量的传感器。进气脉动、倒流，废气回窜，凸轮轴控制的改变以及进气温度的变化都不会影响这种传感器的测量精度。

在热膜式空气质量流量计中，通过一个加热的传感元件对空气质量流进行热传导，如图7-29所示，由一微型测量系统与一混合电路相配合来测定空气质量流量，包括流动方向。空气质量流量强烈脉动时，能识别出倒流。

传感元件布置在插接式传感器的流动通道中，这种插接式传感器可装在空气滤清器或空气引导部分的测量管中。测量管有各种不同的尺寸，通常要视发动机最大空气流量而定。

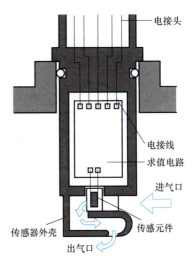

图7-29　热膜式空气质量流量计

信号电压与空气质量流量的关系曲线可分为反向和正向流动的两个信号范围。为了测定进气温度，可在热膜空气质量流量计内装温度传感器。

(5) 增压压力传感器　增压压力传感器与进气管相通，可测定0.05~0.3MPa的进气管绝对压力。该传感器分为带两个传感元件的压电晶体和求值电路空间两部分。求值电路放在共用的陶瓷底座上。

传感元件由一个钟形的厚层膜片构成，并将一个具有一定内压力的基准容积封闭起来。根据增压压力的不同，膜片将发生相应的变形。膜片上设置有由压阻式电阻构成的电桥，而这些电阻的电阻值在机械应力下是变化的，使得膜片的变形导致电桥平衡发生变化，从而电桥电压成为增压压力的尺度。

求值电路的任务是将电桥电压放大，补偿温度的影响以及使压力特性曲线线性化。求值电路的输出信号传给ECU，并借助于脉谱图将测定的电压折算成增压压力。

(6) 加速踏板传感器　与普通的分配泵或直列式泵不同，在柴油发动机电控装置中，驾驶者的加速要求不再是通过拉索或杆系传给喷油泵，而是用加速踏板传感器来获知，并传输给ECU。根据加速踏板的位置，经电位计，在加速踏板传感器中形成一个电压。ECU再根据其存储的脉谱图和该电压算出加速踏板的位置，如图7-30所示。

(7) 轨压传感器　轨压传感器皮膜上的传感元件将高压轨管管道内的压力变化转化成电压信号输送到ECU。一旦损坏，压力控制阀就通过应急（备份）功能，按设定值被"盲"触发，如图7-31所示。

3. 电控单元（ECU）

ECU计算外部传感器的信号，并把它们限制在允许的电压电平上。微处理器根据这些输入数据和存储的脉谱图计算出喷油量和喷油正时，并将这些时间量转换成与发动机运行相匹配的随时间变化的电压。由于要求的精度高，发动机的工作是高速变化的，因此计算速度非常高。

用输出电压来控制喷油器驱动末级。驱动末级应对调节共轨压力和切断柱塞供油的电磁阀提供足够大的功率。此外，执行器还可控制发动机的另外一些功能（例如废气再循环调节

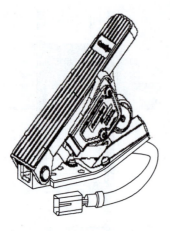
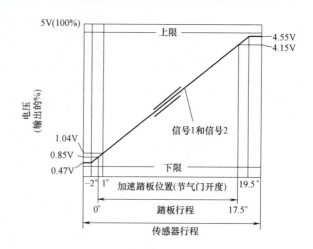

图 7-30 加速踏板位置传感器

器、增压压力调节器和电动燃油泵继电器等）和其他辅助功能（例如风扇继电器、辅助采暖继电器、预热继电器和空调装置等）。驱动末级具有短路保护和电过载故障保护。这类故障和导线断开都将反馈给 ECU。喷油器驱动末级的诊断功能还能识别有缺陷的信号变化过程。另外，一些输出信号经接口传给车辆的其他系统。为了确保车辆的安全运行，ECU 还承担着监控整个喷油系统的任务。

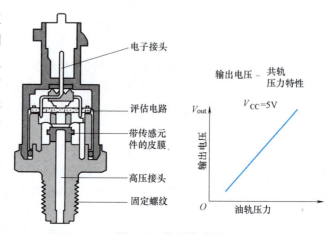

图 7-31 轨压传感器

驱动喷油器的电流调节装置将通电相位分为吸动电流相位和保持电流相位，它必须精确地工作，使得在任何一个工作范围内的喷油器都能进行可再现的喷油过程。此外，ECU 和喷油器中的功率损失必须很小。

四、燃油喷射的控制

1. 燃油喷射量的控制

燃油喷射量控制如图 7-32 所示。燃油喷射量主要是根据基本喷射量、校正量进行计算。

1）基本喷射量是根据加速踏板开度和发动机转速进行计算的，如图 7-33 所示。

2）基本喷射量的校正根据进气压力、进气温度、大气压力、环境温度、发动机最大喷射量等因素进行控制。

2. 起动喷射量

起动时，根据冷却液温度和转速算出喷油量。从开关接通（图 7-34 中开关位于位置 ST-AON）直至发动机达到最低转速为止，都提供起动油量。驾驶者的操作对起动油量不产生影响。当发动机完全起动时，该模式被取消。

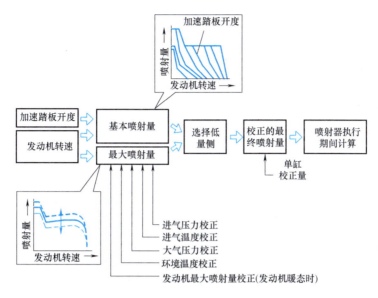

图 7-32 燃油喷射量的控制示意图

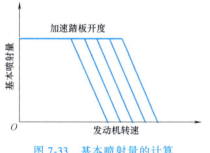

图 7-33 基本喷射量的计算

图 7-34 起动喷射量控制

3. 最高转速设定喷射量控制

最高转速设定喷射量主要由发动机转速决定，限制喷射量，以便防止发动机转速过度增加，如图 7-35 所示。

4. 怠速控制

怠速控制如图 7-36 所示。发动机怠速时，主要是效率和怠速转速决定了燃油消耗。在道路交通拥挤时，燃油消耗量中相当一部分是用在这种行驶状态，因此尽量降低怠速转速是有利的。怠速应这样来调节：在诸如车用电网负载、空调接通、带自动变速器和主动助力转向装置的汽车挂上档等条件下，怠速转速不宜降得太低，以防发动机工作噪声增大甚至停机。怠速调节器为调节怠速转速而改变喷油量，直至测得的实际转速等于预定的怠速额定转速。而怠速额定转速和调节特性受到汽车的档位和发动机温度的影响。除了外部的负载转矩外，还有内部的摩擦力矩必须由怠速调节予以补偿。但是在发动机整个使用期间，它们会不断发生少量变化，同时受温度的影响也很大。

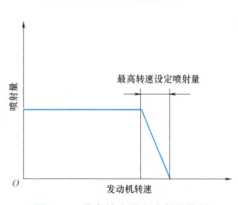

图 7-35 最高转速设定喷射量控制

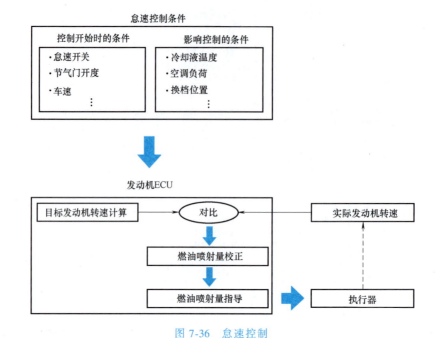

图 7-36 怠速控制

5. 最大喷射量控制

最大喷射量控制如图 7-37 所示。不允许喷入过量燃油的原因：有害物质排放量太高；烟度太高；转矩过大或超速使机械负荷过大；由于冷却液、机油或涡轮增压器的温度太高使热负荷过大。最大喷射量由各种不同的输入参数，如吸入的空气质量、转速和冷却液温度所决定。

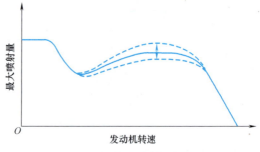

图 7-37 最大喷射量控制

6. 燃油喷射率控制

燃油喷射率控制如图 7-38 所示。尽管采用高压喷射之后，喷射率得到提高，但是从喷射开始到燃烧开始的延迟，无法缩短到低于一定时间，因此点火发生之前燃油喷射量增加，会使爆炸燃烧与点火同时发生，并使 NO_x 和噪声增加。要阻止这种情况发生，可以采用预喷射使初期喷射保持在最小的需求速率，从而缓解初级爆炸燃烧以及降低 NO_x 和噪声。

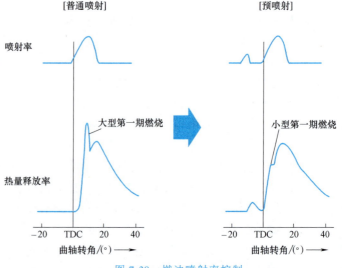

图 7-38 燃油喷射率控制

7. 燃油喷射正时控制

燃油喷射正时控制如图 7-39 所示。

（1）主喷射正时：基本喷射正时由发动机转速和最终喷射量计算，以确定最佳主喷射正时。

（2）预喷射正时：预喷射正时通过为主喷射添加预间隔值来进行控制。预间隔根据最终喷射量、发动机转速、冷却液温度来计算。

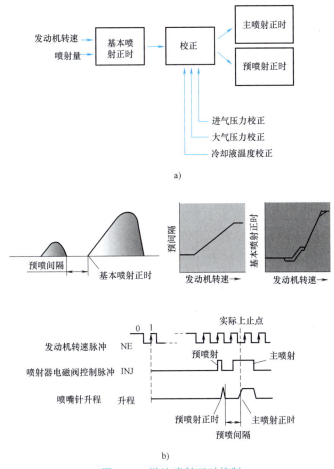

图 7-39 燃油喷射正时控制

任务实施

7.3 柴油发动机燃料供给系统的检测与故障排除

一、柴油发动机燃料供给系统的维修

（一）高压共轨式柴油发动机检修中的安全注意事项

1）当发动机起动时，绝对禁止拆卸高压共轨系统，绝对不允许松开喷油器油管做断缸

检查。发动机一定要在停机20min后（轨压要泄压）才能做相关操作，（让发动机工作温度降下来）控制电路的各导线连接器只能在断电状态（断开点火开关）下进行拔插。

2）当发现有故障代码时，应先检查导线连接器部分是否牢靠。要按照要求使用合适的设备进行故障诊断。诊断故障时，诊断设备应与发动机接地。诊断设备与发动机控制单元的连接，接插应合适。

3）保持维修环境清洁很重要，杜绝有干扰电控系统的设备（如：电焊机、磨削机等强磁、强电设备）损坏发动机电控系统。为了保证清洁，应使用专用清洁工具。

4）拆卸下来的喷油器、油管等都要按顺序做好记号，保持清洁。

5）换的新件必须与该发动机匹配。所有装配的螺母、螺栓按规定力矩拧好，特别是共轨管部分。高压油泵、喷油器、油轨只能整体更换，一般不可拆卸和更换其中的部件。

（二）共轨式柴油喷射系统的测试

低压电动油泵测试点火钥匙在"ON"时，电控单元向低压电动油泵供电，若在4s内发动机没有起动，则停止向低压电动油泵供电。加速踏板位置（传感器K55）决定了发动机负荷，并控制发动机的转速。具体工作参数可通过故障诊断仪上的数据流来读取。测试操作方法如下：

① 将点火开关置于"Run"（运转）位置，如果发动机不能起动，检查发动机温度是否过低。

② 起动发动机时，低压电动油泵（N40）的LED灯应点亮。用万用表电压档分别测量油泵端子间的电压应为蓄电池电压。

③ 将点火开关置于STA（起动）位置，根据设置，系统将自动进行调整。

1. 喷油压力测试

在喷油系统中，反映工作状态信息量最多的是压力信号，当喷油系统出现故障时，必然导致压力波形形态的局部畸变和波形参数值改变。因而，喷油系统故障诊断的关键是从压力波形中准确提取反映工作状态的特征参数。正常供油压力波形如图7-40所示，其中p_t为残余压力，p_o为开启压力，p_b为关闭压力，p_{max}为最高压力。

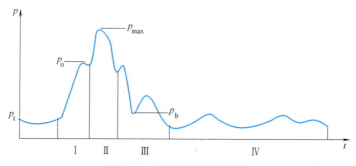

图7-40　正常供油压力波形

2. 喷油量测试

电控单元依据发动机运行工况调整燃油喷射量。当减速时，切断燃油喷射；当发动机温度超过105℃时，减少燃油喷射量；通过切断燃油喷射或降低燃油压力，使发动机转速降至5000r/min；当发动机转速超过5400r/min时，切断低压电动油泵和喷油器电路。

1）起动发动机，检测发动机转速为5000r/min时是否断油。

2）踏下加速踏板，检测发动机转速超过5400r/min时燃油泵是否工作。

3）松开加速踏板，检测减速时是否断油。
4）观察示波器上的燃油喷射控制信号。

3. 喷油脉宽测试

以 YC6112 型车用柴油机为例，在 BD850 油泵试验台上进行喷油试验。为了减少高压油的压力损耗，在高压泵上为每一个压油腔进油口都设置了一个燃油调节阀 VPAV。图 7-41 所示为供油泵转速为 400r/min、喷油脉宽为 2.0ms 时的共轨压力曲线。图 7-42 为共轨压力为 50MPa 的喷油量随喷油脉宽的变化曲线。

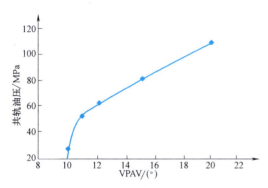

图 7-41　400r/min 时共轨油压随 VPAV 的变化规律　　图 7-42　喷油量随喷油脉宽的变化规律

4. 喷油提前角和喷油时间测试

使用故障诊断仪测量预喷射和主喷射的喷油提前角及喷油时间（喷油量）。当温度为 95℃时，发动机在不同转速下的喷油提前角见表 7-3。试验数据表明：随发动机转速的增加，预喷射、主喷射提前角加大；预喷射、主喷射之间的时间间隔缩短。

表 7-3　发动机在不同转速下的喷油提前角

发动机转速/(r/min)	喷油提前角/(°)		喷射时间/ms	
	预喷射	主喷射	预喷射	主喷射
1000	22.2	3.70	0.26	0.75
2000	35.6	5.38	0.183	0.65
3000	41.02	7.62	0.14	0.54

5. 共轨管检查

柴油发动机燃油喷射系统中，共轨管将供油泵提供的高压燃油分配到各个喷油器，共轨管起蓄压器的作用。

6. 调压阀检测

调压阀是柴油发动机燃油喷射系统的重要部件之一。当共轨系统压力控制出现异常导致压力超高时，调压阀打开及时泄压，释放燃油返回燃油箱；当压力低到一定的值时，调压阀关闭，从而确保共轨系统能正常工作，为共轨系统起安全保护作用。

7. 电磁阀检测

柴油发动机一般是通过对电磁阀的控制实现燃油喷射控制的，电磁阀的工作寿命为开关上亿次。

8. 故障自诊断

1）故障自诊断功能。柴油发动机在正常运转情况下，各种传感器向 ECU 输送的信号均处在一定范围内。一旦传感器电压信号多次或持续一定时间超出范围，即诊断为故障信号。

2）故障码的读取。

① 用随车自诊断系统。如丰田，在钥匙 OFF 时，短接 TE1 与 E1；将钥匙置于 ON 位置，通过车上的故障指示灯及液晶显示装置读取故障码。

② 用车外的诊断系统读取故障码，如专用故障诊断仪等。

二、柴油发动机共轨式燃油供给系统的故障分析

共轨式柴油发动机的主要故障同其他柴油发动机一样，也是由柴油发动机本身的机械部分和电控系统两部分的故障组成的。因此，电控柴油发动机的故障与诊断排除，较传统机械控制式柴油发动机要复杂。因此掌握共轨式电控系统的组成及工作原理是分析和判断共轨式燃油喷射系统故障的前提和保障。通过诊断设备读取故障码、数据流，再配合波形检测，万用表的电参数检测，结合构造原理的推理分析，才能在排除故障中逐渐提高维修水平和积累诊断技巧。故障诊断步骤如图 7-43 所示。

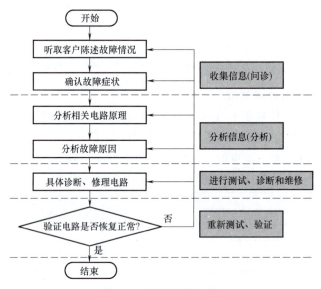

图 7-43　故障诊断步骤

1．发动机难起动

引起发动机不易起动的机械原因前面单元已经学习，属于共轨电控系统的主要故障有如下几种。

1）发动机预热系统不良，使发动机起动时温度低，柴油雾化质量差。

2）电控单元电源电压低，或电源电路接触不良，各传感器输出信号值有偏差，造成起动时喷油量低，喷油提前角修正错误等。

3）共轨压力不足。应检查压力传感器和高速电磁阀，以及调压阀的电路是否正常。

4）高压共轨系统喷油器控制腔进油节流孔不畅，使喷油压力降低，雾化不良。

5）共轨高压油泵中带负荷油量调整电磁阀的油泵由于信号线故障，使控制阀常开不闭，油泵不泵油或泵油量不足，油压过低。

6）共轨与喷油器间的限流阀因油路不良或卡滞在常闭位置，喷油器无高压油供应。

项目7　柴油发动机燃料供给系统故障诊断

7）喷油提前角错误，检查正时装配记号，检查各传感器信号。

8）共轨中的单向阀密封不严，停机时泄压，每次起动均需补压后才能正常起动着车。

2. 共轨式柴油发动机运转不稳

柴油发动机运转不稳是多发故障。引起发动机运转不稳的机械原因前已述及，下面是引起发动机运转不稳的电控系统的主要原因。

1）个别气缸喷油器电磁阀因线路或电磁阀本身故障，不能正确控制电磁阀动作，使该缸不喷油。

2）个别气缸安装在喷油器及共轨间的限流阀卡滞或漏油，使该缸喷油不良或不喷油。

3）喷油提前角不当。

4）个别气缸线路连接有断路、搭铁或接触不良等故障。

5）带进气增压式共轨发动机进气增压系统工作不良。

6）进气压力传感器信号不良。

7）废气再循环控制阀卡在常开的位置，造成发动机怠速工作不稳，大负荷时动力降低。

3. 发动机动力不足

由于电控系统不良造成发动机动力不足的主要原因有以下几种。

1）共轨油压过低，使各缸喷油量减小。

2）装有空气流量传感器的发动机，空气流量传感器信号不良。

3）进气支管压力传感器信号不良。

4）带有针阀升程传感器的喷油器信号不正确。

5）加速踏板位置传感器信号不准确，使喷油量不足。

6）由于转速传感器、油温传感器及加速踏板位置传感器等信号不良，使喷油始点信号延迟，发动机点火晚，常易伴随发动机温度过高。

7）进气增压压力控制电磁阀故障。

8）油泵泵油量控制电磁阀失效或堵塞，使燃油泵供油量不足。

9）电控单元本身有故障。

4. 柴油发动机冒黑烟

1）多段喷油控制系统不良。

2）温度传感器信号不正常，喷油量修正不当，使喷油量增加。

3）进气压力传感器信号电压高于实际进气对应的电压信号值。

4）空气流量传感器信号不正常，使喷油量与进入空气失去平衡，混合气过浓。

5）低转速中负荷供油量调整电磁阀失效，油量调整功能丢失，喷油量过多。

6）废气再循环电路与车身搭铁短路。

7）发动机转速信号、凸轮轴位置信号不良，使电控单元计算喷油量错误，喷油量过多。

8）共轨油泵压力调节电磁阀调节失控，共轨油压过高，导致混合气过浓。

9）喷油器喷油控制电磁阀控制失效，或电控单元控制系统由于故障，使个别喷油器喷油失控。

10）在高压共轨系统中，喷油器控制电磁阀控制错误或控制电磁阀的控制回路与车身搭铁短路，使控制腔压力过低，喷油器开启时间过长或常开，造成喷油量过大而冒黑烟。

任务总结

1. 柴油发动机燃料供给系的作用是：依据发动机的工况，适时适量地向各气缸提供清洁的、高压雾状柴油，为柴油高速完全燃烧创造条件。

2. 柴油发动机喷油技术经历了传统的纯机械操纵式喷油和现代的电控操纵式喷油这两个发展阶段。柴油发动机燃料供给系统的类型主要分为机械操纵式和电控操纵式两类。

3. 柴油发动机电控喷射系统可分为两大类，即位置控制系统和时间控制系统。

4. 电控柴油喷射系统由传感器、控制单元（ECU）和执行机构3部分组成。

5. 电控柴油喷射系统工作原理：传感器采集转速、温度、压力、流量和加速踏板位置等信号，并将实时检测的参数输入计算机；ECU是电控系统的"指挥中心"，对来自传感器的信息同储存的参数值进行比较、运算，确定最佳运行参数；执行机构按照最佳参数对喷油压力、喷油量、喷油时间、喷油规律等进行控制，驱动喷油系统，使柴油发动机工作状态达到最佳。

6. 电控柴油发动机的故障与诊断排除，较传统机械控制式柴油发动机要复杂。掌握共轨式电控系统的组成及工作原理是分析和判断共轨式电控喷射系统故障的前提和保障。通过诊断设备读取故障码、数据流，再配合波形检测，万用表的电参数检测，结合构造原理的推理分析，才能在排除故障中逐渐提高维修水平和积累诊断技巧。

学习工作页

完成"学习工作页"项目7各项作业。

项目 8　发动机总装与综合故障诊断

学习目标

1) 能够掌握发动机总装的基本方法。
2) 能够掌握发动机综合故障诊断的基本方法。
3) 能够根据规范要求完成发动机总装作业。
4) 能够根据规范要求完成发动机综合故障的排除。
5) 培养良好的职业道德与安全、环保意识。

任务接受

客户报修：发动机动力不足

某客户的汽车发动机动力不足，需要确定问题原因。需要检查发动机机械部件、油路和电路部分，判断发动机哪些部件可能损坏。

信息收集

8.1　发动机总装

发动机的装配是把新零件、修理合格的零件、组合件和辅助总成，按照工艺和技术条件装配成完整的发动机，并对其进行磨合。发动机的装配、磨合质量对发动机的修理质量有着重大影响，对大修发动机的使用寿命的影响也非常大。

一、发动机的装配与调整

（一）基本要求

1）复检零部件、辅助总成性能试验合格。
2）易损零件、紧固锁止件全部换新，如自锁螺母、弹簧垫片等。
3）严格保持零件、润滑油道清洁。
4）做好预润滑。预润滑剂必须清洁，品质符合发动机工作要求。
5）不许互换配合位置的零件，严格按装配标记装配。零件的平衡配重位置正确，固定可靠。
6）尽量使用专用器具装配，按规定紧固力矩、紧固方法和顺序紧固螺栓。如塑性螺栓的塑性域-螺栓转角紧固法（图 8-1），在塑性域只有螺栓转角的变化，而扭矩则保持不变。有些气缸螺栓、连杆螺栓就是用塑性域紧固法分三步拧紧的，如图 8-2 所示。

第一步，用专用工具将所有螺栓按规定顺序、力矩紧固后，在所有螺栓头前端漆上记号，如图 8-2a 所示。

第二步，将预紧的螺栓以规定顺序按图 8-2b 所示拧紧 90°。

第三步，将所有螺栓按顺序再拧紧 90°，如图 8-2c 所示，螺栓头上的记号位于后端。此类螺栓如破裂或变形，立即更换。

7）装配间隙必须符合技术条件，但应根据具体情况适当调整。如活塞的配缸间隙，若选择购买数个厂家的活塞，应根据其产品质量规律，总结调整出适合各厂家活塞的配缸间隙值。对于变形的零件配合间隙调到公差下限，无变形的调整到公差上限等，实践证明都是很有意义的措施。

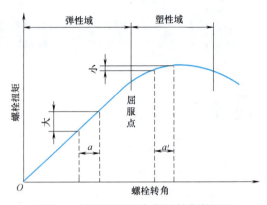

图 8-1 螺栓的塑性域-螺栓转角紧固法

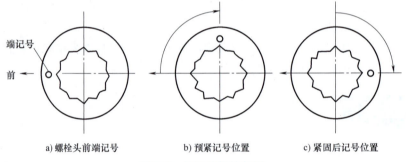

a) 螺栓头前端记号 b) 预紧记号位置 c) 紧固后记号位置

图 8-2 气缸盖螺栓紧固

8）电控系统各接头、线柱要清洁、接触可靠。燃油系统中的 O 形密封圈必须更换，而且不得使用含硅密封胶。

(二) 准备工作

（1）释放燃油管内的压力　发动机停止运行之后，燃油管内的燃油压力仍然保持，以确保能迅速地重新起动发动机。

1）释放燃油管内的压力对拆卸发动机的作业安全至关重要。释放燃油管内的压力要安排在拆卸蓄电池之前完成。

2）释放燃油管内压力的操作：将点火开关转到 LOCK 位置→断开燃油泵电路连接→起动发动机，发动机因燃油管内压力不足而停止运转→再次起动发动机确保其不能重新起动→将点火开关转到 LOCK 位置后取下点火钥匙。

（2）排放冷却液

1）要拆卸发动机，需要拆卸冷却液的软管，比如散热器软管和加热器软管。在拆卸冷却液软管之前，要提前排放冷却系统及加热系统内的冷却液。

2）排放冷却液的操作：用一块布盖住散热器盖后旋转 45°松开散热器盖，释放散热器内的压力→再将散热器盖旋转 45°将其拆卸→冷却液回收罐放在散热器和发动机的排放塞下→松开散热器的排放塞排放冷却液→松开发动机的冷却液排放塞排放发动机中的冷却液。

(三) 装配顺序与调整方法

发动机装配顺序与调整方法随结构的不同而不同，但基本顺序相同。以下就以普通轿车为例加以说明。

1. 安装曲轴与轴承

1）将气缸清洗干净倒置于安装支架上，正确安放好各道主轴承（第1、2、4、5道轴承装在缸体上的一片有油槽，装在瓦盖上的一片无油槽；第3道轴承两片均有油槽）及推力垫圈。

2）将曲轴置于缸体主轴承座孔中，按规定力矩依次拧紧各轴承盖螺栓（扭紧力矩为65N·m），安装推力垫圈后应轴向撬动曲轴检查其轴向间隙，每紧固一道主轴承盖后应转动曲轴数周，检查其径向间隙。轴承过紧或曲轴轴向间隙不符合要求应查明原因，及时予以排除。

3）安装曲轴前、后端油封凸缘、凸缘衬垫及油封等。

4）安装飞轮及曲轴带轮。

2. 安装活塞连杆组

1）组装活塞连杆组。使活塞顶部的箭头标记与同缸号连杆的凸点指向同一侧，在配合面上涂抹机油，然后用拇指将活塞销推入活塞销座孔及连杆小头孔中（阻力较大时，先用热水将活塞加热至60℃；加热后仍不能将活塞销推入，应重新选配零件），并装好锁环。

2）检查活塞是否偏缸。使发动机侧置，将未装活塞环的活塞连杆组装入各缸，并按规定扭矩分次拧紧连杆螺栓（1.8L发动机应先扭紧至30N·m，再继续扭紧180°；1.6L发动机应以45N·m的力矩扭紧）。用塞规检查活塞在上、下止点及气缸中部时，活塞顶部在气缸前、后方向的间隙是否相同，即是否存在偏缸。存在偏缸时，应查明原因予以消除。

检查偏缸的同时，还应注意检查连杆轴承与轴颈的轴向及径向间隙。

3）安装活塞环。在活塞环闭口间隙（端隙）、侧隙及径向间隙（背隙）符合要求的情况下，用活塞环钳将其装入相应的环槽中。安装第二道气环（锥形环）时，应使标有"TOP"标记的一面朝向活塞顶部各道活塞环的开口相互错开120°，并使第1道活塞环的开口位于侧压力小的一侧，且与活塞销轴线成45°。

4）将活塞连杆组装入气缸。使活塞顶面的箭头指向发动机前方，并按缸号标记，将组装好的活塞连杆组自缸体上方放入气缸中，用活塞环箍压缩活塞环后，用撬子木柄将活塞推入缸内，使连杆大头落于连杆轴颈上，按标记扣合连杆轴承盖，并按规定力矩拧紧连杆螺栓。

3. 安装中间轴

将中间轴装入机体承孔中，在其前端装入O形密封圈、油封凸缘及油封。油封凸缘紧固螺栓应以25N·m的力矩拧紧。最后装好中间轴齿带轮。

4. 安装气缸盖及配气机构

1）将各气门插入相应的气门导管中，检查气门与气门座的密封性（可用汽油进行渗漏检验），不符合要求时，应进行手工研磨。

2）取出各气门，装好气门弹簧下座，用专用工具将气门油封压装到气门导管上，再重新插入各气门，装好气门弹簧、上弹簧座及锁片（使用过的旧锁片不准再用），并用塑料锤轻轻敲击数次，以确保锁片安装的可靠性。

3）按顺序将各气门挺杆装入挺杆承孔中，在气缸盖后端装好凸轮轴半圆塞（新件），将凸轮轴置于气缸盖上的承孔中,按解体的相反顺序以20N·m的力矩拧紧各道凸轮轴轴承盖(先对称紧固2、4道轴承盖,后紧固1、3、5道轴承盖),并复查凸轮轴的轴向和径向间隙。

4)将定位导向螺栓3070拧入缸体上的1、3螺栓孔中。使有OBENTOP标记的一面朝上,将气缸垫安放于气缸体上。

5)转动曲轴使活塞离开上止点位置,将气缸盖置于气缸体上,拧入其他8个缸盖螺栓,再拧出1、3螺栓孔中的定位螺栓,拧入2只缸盖螺栓。

6)按拆卸时的相反顺序分4次拧紧各缸盖螺栓:第1次扭至40N·m;第2次扭至60N·m;第3次扭至75N·m;第4次再拧紧缸盖螺栓1/4圈(90°)。

7)装上凸轮轴油封及同步带轮,并以80N·m的力矩拧紧同步带轮紧固螺栓。

8)安装气门罩盖密封衬垫、密封条、气门罩盖、压条及储油器等,并以10N·m的力矩拧紧其紧固螺母。

5. 安装同步带、分电器和机油泵

1)将同步带套到曲轴及中间轴同步带轮上。

2)转动凸轮轴使其同步带轮上的标记与气门罩盖平面平齐(转动凸轮轴时,曲轴不可位于上止点位置,以防气门碰撞活塞,造成零件损伤)。

3)装好同步带下护罩及曲轴前端的V带轮,并装好发电机、水泵及空调压缩机,套上发电机及压缩机V带。

4)转动曲轴,使飞轮上的点火正时标记与变速器壳上的标记对齐,或使曲轴带轮外缘上的标记与同步带下护罩上的箭头标记对正。

5)将同步带套到凸轮轴同步带轮上,并通过张紧轮调整好同步带张紧程度。

6)调好发电机传动带的张紧力。

7)使分火头指向分电器壳上的第1缸标记,将分电器插入机体承孔中,并固定好分电器压板。

8)使机油泵驱动轴的扁头对正分电器驱动轴的槽口,安装好机油泵,并装上油底壳及其衬垫。

6. 安装其他附件

将机油滤清器、汽油泵、进排气歧管、起动机及同步带轮上护罩等依次安装到发动机机体上。

7. 发动机总成的装车

将发动机总成装到车上,并连接好各管路及电路。具体操作可按拆卸的相反顺序进行,并注意以下问题:

1)注意不要碰伤变速器输入轴。

2)发动机橡胶支承块的自锁螺母应更换新件。

3)将发动机装入支架座上,拧紧紧固螺栓。

4)调好离合器踏板自由行程及节气门、节气门拉索,安好排气管。

5)连接起动机接线时,导线不得碰到发动机。

6)合理加注冷却液。

项目 8　发动机总装与综合故障诊断

二、发动机总成修理竣工技术条件

（一）一般技术要求

1）装备齐全，按规定完成了发动机磨合，无漏油、漏水、漏气、漏电现象。

2）加注的机油量、牌号以及润滑脂符合原厂规定。

3）无异响，急加速时无爆燃声，消声器无放炮声，工作中无异响。

4）机油压力和冷却液温度正常。

5）气缸压力符合原厂规定，各气缸压力差，汽油机应不超过各气缸平均压力的 8%，柴油机不超过 10%。

6）四冲程汽油机转速在 500~600r/min 时，进气歧管真空度应在 57.2~70.5kPa 范围内。其波动范围，六缸机不超过 3.5kPa，四缸机不超过 5kPa。

（二）主要使用性能

1）发动机在正常工作温度下，5s 内能起动。柴油机在 5℃、汽油机在 -5℃ 环境下，起动顺利。

2）配气相位差不大于 2°30′。

3）加速灵敏，过渡圆滑，怠速稳定，各工况工作平稳。

4）最大功率和最大转矩不低于原厂规定的 90%。

5）最低燃料消耗率不得高于原厂规定。

6）发动机排放限值符合相关国家标准的规定。二级维护竣工的发动机除装备齐全有效之外，还必须进行性能检测。要求能正常起动，低、中、高速运转均匀、稳定，冷却液温度正常，加速性能好，无断火、回火、放炮等现象。发动机运转稳定后应无异响。全负荷功率不小于额定值的 80%。

7）电子控制系统的设置应正确无误。自检警告灯应显示系统正常，或通过系统自诊断功能读取的故障码应为正常码。

8.2　发动机的检测与故障排除

一、气缸密封性的检测

气缸密封性与气缸、气缸盖、气缸衬垫、活塞、活塞环和进排气门等包围工作介质的零部件的技术状况有关。在发动机使用过程中，由于上述零部件的磨损、烧蚀、结胶、积炭等原因，引起气缸密封性下降，从而导致发动机的动力性、经济性、工作稳定性变差，排放污染增加。气缸密封性是表征发动机技术状况的重要指标。气缸密封性的诊断参数主要有气缸压缩压力、曲轴箱窜气量、气缸漏气率、进气管真空度等。实际使用时只要检测上述参数中的一项或两项，就可确定气缸的密封性。

（一）气缸压缩压力的检测

气缸压缩终了时的压力与发动机压缩比、曲轴转速、发动机温度、进气阻力、机油黏度及气缸密封性等因素有关。在其他因素基本不变时，检测气缸压缩压力大小可以判断气缸的密封性。

1. 气缸压力表

气缸压力表是检测气缸压缩压力的一种专用压力表，它一般由压力表头、导管、单向阀和接头等组成。压力表头的驱动元件是一根扁平的弯成圆圈状的管子，一端为固定端，另一端为活动端。活动端通过杠杆、齿轮机构与指针相连。当压力进入弯管时弯管伸直，于是通过杠杆、齿轮机构带动指针动作，在表盘上指示出压力的大小。

气缸压力表的接头有两种：一种为锥形或阶梯形的橡胶接头，可以压紧在火花塞或喷油器孔上；另一种为螺纹管接头，可以拧紧在火花塞或喷油器孔内。接头通过导管与压力表头相连通。导管也有两种：一种为金属硬导管，适用于橡胶接头；另一种为软导管，适用于螺纹管接头。

气缸压力表还装有能通大气的单向阀。当单向阀处于关闭位置时，可保持压力表指针位置以便于读数。当按下单向阀按钮使其处于开启位置时，可使压力表指针回零。气缸压力表的外形如图8-3所示。

2. 检测方法

测量气缸压缩压力时，应将发动机运转至正常工作温度（80~90℃）后熄火进行。汽油机需要拆除全部火花塞，将节气门全开；柴油机需要拆除全部喷油器。然后把气缸压力表的锥形橡皮头压紧在火花塞（喷油器）孔上，如图8-4所示，用起动机转动曲轴385s（转速应符合原厂规定）。待压力表指针指示并保持最大压力后停止转动，记录压力表指示的读数。按下单向阀按钮使压力表指针回零。按上述方法依次进行测量各气缸，每气缸测量次数不少于2次，取平均值。

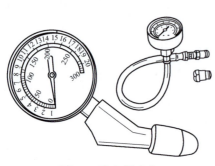

图8-3 气缸压力表

图8-4 气缸压缩压力的测量

3. 诊断标准

汽油发动机的气缸压缩压力应符合原厂规定的范围，或不低于原厂规定标准值10%；柴油发动机的气缸压缩压力应符合原厂规定的范围，或不低于原厂规定标准值，见表8-1。

4. 结果分析

当测得的气缸压缩压力不符合标准要求时，可根据测量结果分析其原因。

如果测得的气缸压缩压力超过原厂规定，其原因一般为燃烧室内积炭过多、气缸衬垫过薄或缸体与缸盖结合平面经多次修理磨削过甚所至。

如果测得的气缸压缩压力低于原厂规定时，可向该缸火花塞（喷油器）孔内注入20~30mL新机油后再测量。如果：

项目8 发动机总装与综合故障诊断

表 8-1 部分发动机气缸压缩压力的规定范围或标准值

车型	压缩比	气缸压力/kPa	检测压力时的转速/(r/min)
奥迪 100	8.5	800~1100(各缸差<300)	200~250
捷达	8.5	900~1200(各缸差<300)	200~250
切诺基	8.6	1068~1275(各缸差<206)	200~250
广州本田雅阁	8.9	930~1230	200~250
上海别克 1.46	9.0	≥689	200~250
丰田 4M、SM	8.5/8.8	1078.73	250

1）第 2 次测出的压力比第 1 次高，接近标准压力，表明是气缸、活塞环、活塞磨损过大或活塞环对口、卡死、断裂及缸壁拉伤等原因造成气缸不密封。

2）第 2 次测出的压力与第 1 次基本相同，即仍比标准压力低，表明是进、排气门或气缸衬垫不密封。

3）两次检测结果均表明某相邻两缸压力都相当低，说明是两缸相邻处的气缸衬垫烧损窜气。

（二）曲轴箱窜气量的检测

检测曲轴箱窜气量，可诊断气缸与活塞环的密封性。

曲轴箱窜气量的检测采用专用的气体流量计进行。图 8-5 所示是一种玻璃气体流量计的简图。它由 U 形管式压力计、流量孔板、刻度板和通曲轴箱的胶管等组成。

测量时，将曲轴箱密封（堵住机油尺口、曲轴箱通风进出口等），由加机油口处用胶管将漏窜气体导出，输入气体流量计。当漏窜气体沿图中箭头移动时，由于流量孔板两边存在压力差，使压力计水柱移动，直至气体压力与水柱落差平衡为止。压

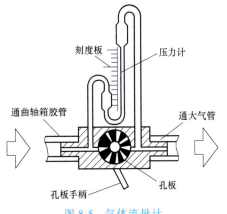

图 8-5 气体流量计

力计通常以流量为刻度，因而由压力计水柱高度可以确定窜入曲轴箱的气体量。曲轴箱的窜气量除了与气缸与活塞环的密封性有关外，还与发动机的转速和负荷有关，尤其与负荷的大小有关。测量时一般应节气门全开（供油拉杆推到底），使发动机在 1000~1600r/min 下运转进行，记录下气体流量计每分钟流量读数。发动机加载可以在测功试验台上进行，也可在坡道上或低档行驶时用制动器进行。

曲轴箱的窜气量还没有统一的诊断标准。某些企业的企业标准一般是根据具体车型逐渐积累的资料而制定的，供参考。一般新发动机曲轴箱的窜气量约为 15~20L/min，而磨损严重的发动机可高达 80~130L/min。

曲轴箱的窜气量过大，一般是由于气缸、活塞、活塞环磨损严重，活塞环与气缸、活塞的各部间隙过大，活塞环闭口间隙过大、闭口位置重合或对口，活塞环结胶、积炭、失去弹性、断裂及缸壁拉伤等原因造成的。应结合发动机的使用、维修和配件质量等情况分析判断。

（三）气缸漏气量的检测

气缸漏气量采用气缸漏气量检测仪进行检测。检测的基本原理是利用充入气缸的压缩空气，用压力表检测活塞处于压缩终了上止点时气缸内压力的变化情况，来表征整个气缸的密

封性,即不仅表征气缸活塞摩擦副,还表征气门与气门座、气缸衬垫等处的密封性。

1. 气缸漏气量检测仪

气缸漏气量检测仪的结构示意图如图8-6所示。气缸漏气量检测仪是由减压阀、进气压力表、测量表、校正孔板、橡胶软管、快换管接头和充气嘴等组成,此外还得配备外部气源、指示活塞位置的指针和活塞定位盘。外部气源的压力应相当于气缸压缩压力,一般为588.40~882.60kPa。压缩空气按箭头方向进入气缸漏气量检测仪,其压力由进气压力表显示。随后,它经由减压阀、校正孔板、橡胶软管、快换管接头和充气嘴进入气缸,气缸内的压力变化情况由测量表显示。

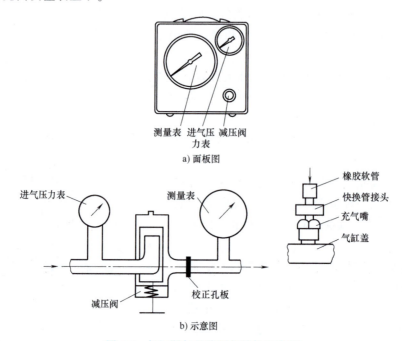

图8-6 气缸漏气量检测仪结构示意图

2. 检测方法

1) 先将发动机预热到正常温度,然后用压缩空气吹净缸盖,特别要吹净火花塞孔上的灰尘,最后拧下所有火花塞,装上充气嘴。

2) 将仪器接上气源,在仪器出气口完全密封的情况下,通过调节减压阀,使测量表的指针指在392kPa位置上。

3) 卸下分电器盖和分火头,装上指针和活塞定位盘。指针可用旧分火头改制,仍装在原来的位置上。活塞定位盘用较薄的板材制成,其上按缸数进行刻度,并按分火头的旋转方向和点火次序刻有缸号。假定是六缸发动机,分火头顺时针方向转动,点火次序为1-5-3-6-2-4,则活塞定位盘上每60°有一刻度,并按顺时针方向在每个刻度上分别刻有1、5、3、6、2、4的字样。

4) 摇转曲轴,先使第1缸活塞处于压缩终了上止点位置,然后转动活塞定位盘,使刻度"1"对正指针。变速器挂低速档,拉紧驻车制动器手柄。

5) 把第1缸充气嘴接上快换管接头,向第1缸充气,测量表上的读数,便反映了该缸的密封性。在充气的同时,可以从化油器、排气消声器口、散热器加水口和加机油口等处,

项目 8　发动机总装与综合故障诊断

察听是否有漏气声，以便找出故障部位。

6）摇转曲轴，使指针对正活塞定位盘下一缸的刻度线，按以上方法检测下一缸漏气量。

7）按以上方法和点火次序，检测其他各缸的漏气量。为使数据可靠，各缸应重复测量 1 次。仪器使用完毕后，减压阀应退回到原来位置。

3. 诊断标准

气缸漏气量目前尚无统一的诊断标准，对于某些发动机根据使用经验制定了企业标准，可以参见维修资料或使用手册。允许泄漏极限一般小于 15%。

此外，测量的同时也可配合听察漏气声响，以判断漏气部位。若散热器加水口及相邻两缸火花塞孔处有漏气，表明气缸垫不密封；若空气滤清器有漏气，表明进气门不密封；若排气管口有漏气，表明排气门不密封；若机油加注口处有漏气，表明气缸与活塞环密封不良。

（四）气缸漏气率的检测

气缸漏气率的检测，无论在使用的仪器、检测的方法，还是判断故障的方法，与气缸漏气量的检测是基本一致的，只不过气缸漏气量检测仪的测量表以 kPa 或 MPa 为单位，而气缸漏气率检测仪的测量表是以百分数为单位。

1. 气缸漏气率检测仪

气缸漏气率检测仪的结构示意图如图 8-7 所示。

漏气表一般可将 203.2~509.5kPa 气压表的表面刻度改为漏气率（%）来代替。

当出气孔精度不高时，可调整气压调节阀，以获得正确的气压表针位置。

检测仪采用 713.3~917kPa 的压缩空气源。量孔孔径的选择一般应根据各型车发动机技术状况恶化时的最大漏气量，即在接上压缩空气后打开开关，关闭开关时，调节减压器使压力表的压力达到表上

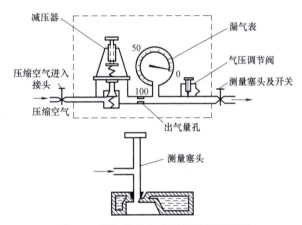

图 8-7　气缸漏气率检测仪结构示意图

额定压力时作为漏气率 0 点；然后打开出气阀，压缩空气全部经量孔漏出，压力表指示在零点作为漏气率 100%。在 0 与 100 之间等分 100 份，每一份即为 1% 的漏气量。

2. 检测方法

用气缸漏气率检测时，发动机应走热至 75~85℃后停车，旋出所有火花塞或喷油器，用摇柄摇转发动机，直到第 1 缸活塞到达压缩行程上止点，将变速器换入低档，拉紧驻车制动器（应完好有效），避免压缩空气进入气缸时推动活塞下行。将仪器接通气源，然后用测量塞头压紧在火花塞孔或喷油器孔，打开开关，表指针的读数即为第 1 缸上止点时的漏气率。同法测出其他各缸上止点的漏气率。

3. 检测结果分析

当活塞处于压缩终了上止点位置时，气缸活塞组正常的漏气率为 6%~15%，不得大于 20%~40%。当超过这一数值时，如果能确认进、排气门和气缸衬垫是密封的，则说明气缸活塞组的磨损临近极限值，已到了必须换环或搪磨气缸的程度。

此外，与测量气缸漏气量相同，也可在测量的同时配合听察漏气声响，判断漏气部位。

（五）进气管真空度的检测

发动机进气管的真空度也称进气管负压，它是进气管管内的进气压力与外部大气压力的压力差，单位用kPa表示。进气管真空度是汽油机重要诊断参数之一，它可以表征气缸组和进气管的密封性。

检测真空度的真空表，由表头和软管组成。当真空进入表头内弯管时，弯管更加弯曲，于是通过杠杆、齿轮机构带动指针动作，在表盘上指示出真空度的大小。真空表的量程为0~101.325kPa（旧式表为0~760mmHg或0~30inHg）。软管一头固定在表头上，另一头可方便地连接在进气管的接头上。

检测前应将发动机预热至正常工作温度，然后把真空表软管连接到进气管上，按下列方法检测并判断。真空表指针的动作和位置如图8-8所示，图中白针表示指针稳定，黑针表示指针漂移。

1）发动机在海平面高度（下同）急速运转时，真空表指针稳定地指在57.42~70.93kPa（17~20inHg，图8-8a）范围内，表示密封性正常。当迅速开启并关闭节气门时，指针能随之摆动在6.76~84.44kPa（2~25inHg）之间，则进一步表明技术状况良好。

2）急速时指针在50.66~67.55kPa（15~20inHg，图8-8b）之间摆动，表示气门黏滞或点火系统有问题。

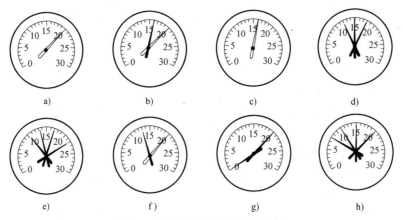

图8-8　真空表指针的动作和位置

3）急速时指针低于正常值（图8-8c），主要是活塞环、进气管漏气造成，也可能与点火过迟或配气过迟有关。此种情况若突然开大并关闭节气门，指针回落到零，且回跳不到84.44kPa（25inHg）。

4）急速时指针在40.53~60.80kPa（12~18inHg，图8-8d）之间缓慢摆动，表示化油器调整不良。

5）急速时指针在33.78~74.31kPa（10~22inHg，图8-8e）之间缓慢摆动，且随转速升高而加剧摆动，表示气门弹簧弹力不足、气门导管磨损或气缸衬垫泄漏。

6）急速时指针有规律地跌落（图8-8f），表示某气门烧毁。每当气门烧毁的气缸工作时，指针就跌落。

7）急速时指针逐渐下落至零（图8-8g），表示排气消声器或排气系统阻塞。

8）急速时指针逐渐快速摆动（图8-8h），升速时指针反而稳定，表示进气门与其导管磨损松旷。

进气管真空度的检测是一项综合检测,虽然本书仅介绍了8种典型情况,但实际上能测的项目还会成倍增多,而且检测时无须拆卸火花塞等机件,在国外被认为是最重要、最实用和最快速的测试方法之一。但是,进气管真空度的检测也有不足之处,它往往不能指出故障的确切原因。比如,真空表能指示出气门有故障,然而是哪一个气门有故障它就无能为力了。此种情况,只能再借助测气缸压力或测气缸漏气量(率)等方法才能确定。

进气管真空度随海拔升高而降低。据资料介绍,海拔每升高1000m,真空度将减少10kPa左右,检测时应根据所在地海拔高度修正诊断标准。

二、发动机综合故障诊断方法

(一)发动机异响的故障原因分析

发动机异响常与发动机的转速、温度、负荷、缸位、工作循环等有关。故障原因分析见表8-2。

表8-2 发动机异响的故障诊断一览表

影响因素	现象	异响原因
异响与发动机转速的关系	异响在发动机急加速时出现,维持高速运转声响仍存在	①连杆轴承松旷,轴瓦烧熔,尺寸不符而松动 ②活塞销折断 ③曲轴轴承松旷,轴瓦烧熔
	维持某转速时,声响紊乱,急加速时,相继发出短暂声响	①凸轮轴正时齿轮破裂,其固定螺母松动 ②活塞销衬套松旷 ③凸轮轴轴向间隙过大或其衬套松旷
	异响仅在急速或低速时存在	①活塞与气缸壁间隙过大 ②活塞销装配过紧或连杆轴承装配过紧 ③凸轮磨损 ④挺柱与其导孔间隙过大 ⑤起动爪松动影响带轮响(在转速改变时明显)
异响与缸位的关系	某缸断火,异响消失或减轻	①活塞敲缸 ②连杆轴承松旷 ③活塞环漏气 ④活塞销折断
	某缸断火,声响加重或原来无响,反而出现声响	①活塞销铜套松旷 ②活塞裙部锥度过大 ③连杆轴承盖固定螺栓松动过甚或轴瓦合金烧熔脱净 ④活塞销窜出 ⑤飞轮固定螺栓松动过甚
异响与温度的关系	低温发响,温度升高后声响减轻甚至消失	①活塞与缸壁间隙过大 ②活塞因主轴承机油槽深度、宽度失准或机油压力低而润滑不良
	温度升高后有声响,温度降低后声响减轻或消失	①过热引起的早燃 ②活塞反椭圆形 ③活塞椭圆度过小 ④活塞变形 ⑤活塞与缸壁间隙过小 ⑥活塞环各间隙过小

(续)

影响因素	现象	异响原因
发响次数与曲轴转角的关系	曲轴每转1圈发响1次（火花塞跳火1次发响2次）	①活塞敲击缸壁 ②活塞销敲击声 ③活塞顶碰气缸凸肩 ④连杆轴承松旷过甚 ⑤活塞环漏气
	曲轴每转2圈发响1次（火花塞跳火1次发响1次）	①气门间隙过大 ②凸轮线形磨损 ③推杆与挺柱孔间隙过大 ④气门杆与其导管间隙过大 ⑤气门弹簧折断 ⑥凸轮轴正时齿轮径向破裂 ⑦气门座圈松脱 ⑧气门卡滞不能关闭

发动机异响不仅与发动机转速、负荷、温度、工作循环有关，还与其他呈现出来的故障有着内在的联系。这些伴同异响出现的故障现象可作为故障诊断的重要依据，见表8-3。

表8-3 常伴同异响出现的其他故障

异响原因	伴同故障现象
曲轴轴承径向间隙过大或轴瓦合金烧毁脱落	机油压力下降，机体振抖
连杆轴承松旷过甚	机油压力下降
进排气门卡滞不能关闭	个别缸不工作，功率下降，机体抖动。若排气门卡滞，排气管会出现"喘气"声
活塞与缸壁间隙过大，活塞环对口或抱死	机油加注口脉动冒烟，排气管冒浓蓝烟，机油消耗多，机油品质恶化，燃油消耗多而功率下降
点火正时不准	燃油消耗多，爆燃，排气管放炮，功率下降
排气门弹簧折断	个别缸不工作，发动机振抖，息速不稳，不易加速

（二）发动机异响的振动区域

发动机常见异响所引起的振动，可分为4个区域，如图8-9所示。

1. A-A区域

该区域为缸盖部位。可用螺钉旋具或金属棒触听气缸盖各燃烧室部位，能辅助诊断活塞顶碰缸盖、气缸上部凸肩或气门座圈脱出等故障。

2. B-B区域

该区域为挺杆室及其对面部位。在挺杆室一侧，可听察气门组合件及挺杆等发响；在其对面，能辅助诊断活塞敲缸一类故障。

图8-9 异响振动区域

3. C-C区域

该区域为凸轮轴部位。可用螺钉旋具或金属棒触听凸轮轴的前、后衬套部位或正时齿轮室盖部位，可辅助诊断凸轮轴正时齿轮破裂或其固定螺母松动、凸轮轴衬套松旷等故障。

4. D-D区域

该区域为曲轴部位。用螺钉旋具或金属棒触听气缸体与油底壳结合面的附近，可辅助诊断曲轴轴承发响或曲轴裂纹等故障。

项目 8 发动机总装与综合故障诊断

任务实施

一、发动机总装与调试

(一) 发动机装配

发动机的装配步骤见表 8-4。

表 8-4 发动机的装配步骤

装配步骤	图示说明
1. 安装曲轴 (1) 安装曲轴主轴承 ①对准轴承凸起和缸体的凹槽，装上 5 个上轴承	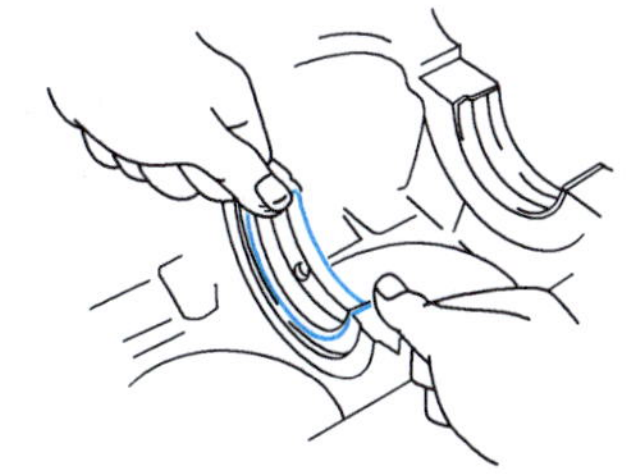
②对准轴承凸起和主轴承盖的凹槽，装上 5 个下轴承	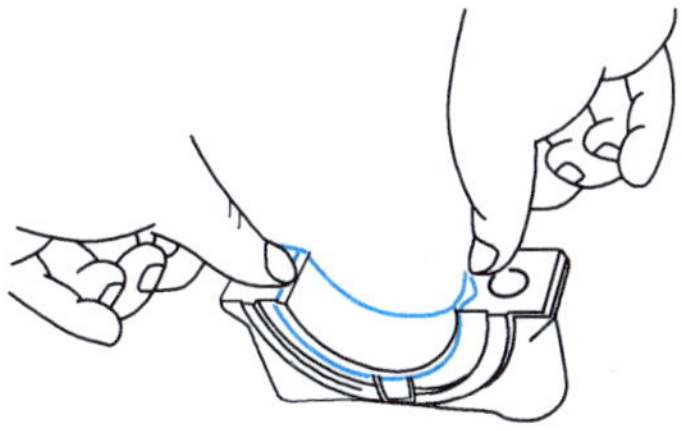
注意：轴承上、下片不可装错，如图所示	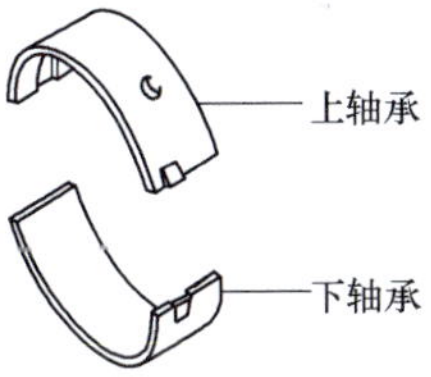 上轴承 下轴承
(2) 安装曲轴止推垫片 ①在缸体 3 号轴颈位置安装 2 个上止推垫片，带油槽的一面朝外	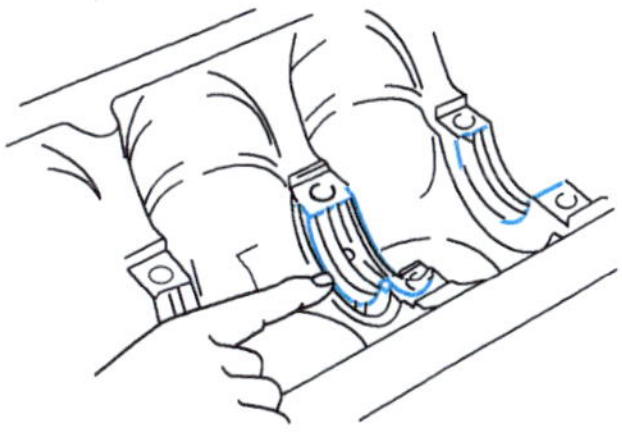
②在轴承表面涂上发动机机油。把曲轴放在缸体上 注意：不要在轴承背面涂上发动机机油。因为轴承产生的热，会通过轴承背面散发到气缸体中。如果在轴承的背面涂上发动机机油，其势必会防碍这些总成之间的接触，从而造成散热效果下降 ③在 3 号轴承盖上安装 2 个下止推垫片，带油槽的一面朝外	 3

195

(续)

装配步骤	图示说明
(3)安装曲轴 ①在正确的位置安装5个曲轴轴承盖 提示:每个轴承盖有代号和向前标记	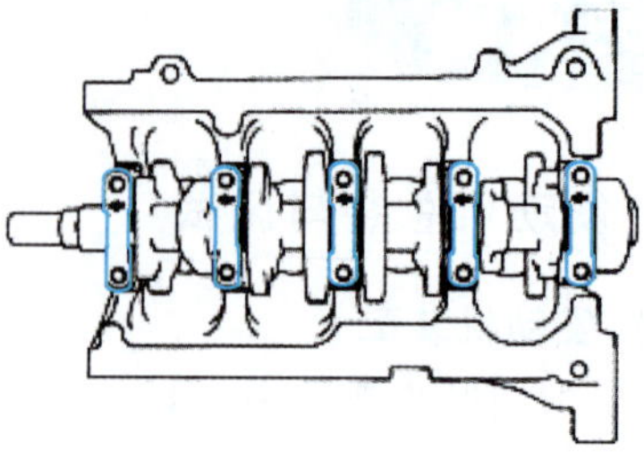
②在主轴承盖螺栓的螺纹和螺栓头下面涂一薄层机油 ③按图示顺序分几次均匀拧紧10个主轴承盖螺栓	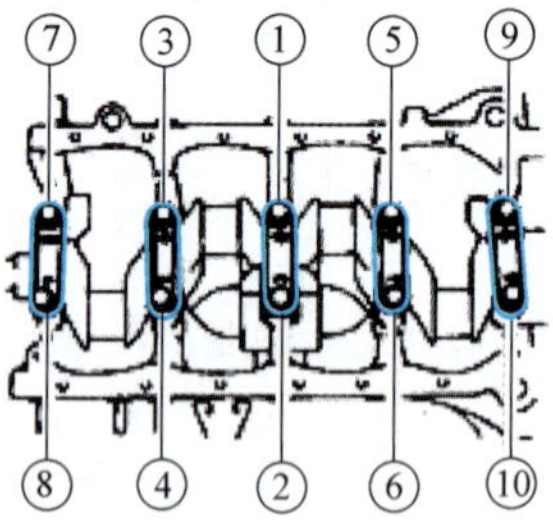
最终拧紧力矩:60N·m ④检查曲轴转动灵活性。一般来说,曲轴装配之后,应确保能够用手转动它 ⑤检查曲轴止推间隙	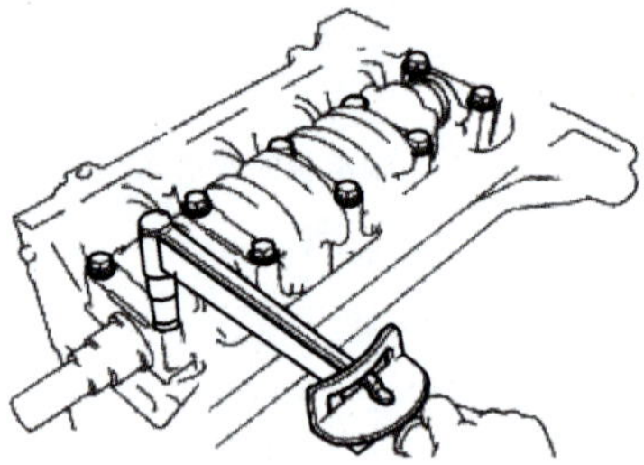
2. 装机油泵、曲轴前后油封及油封座、机油压力开关 (1)安装机油泵油封 ①使用SST和锤子,敲入新油封直到油封表面与油泵壳边缘平齐 ②在油封唇部涂MP黄油	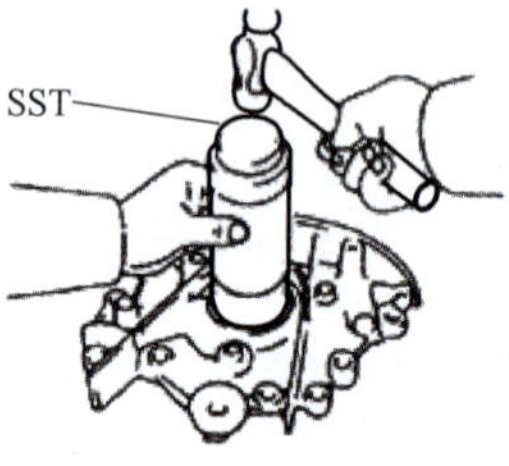
(2)安装机油泵总成 ①在气缸体上安装一个新垫片 ②使机油泵的驱动转子的键齿与油泵侧曲轴的驱动平面对正	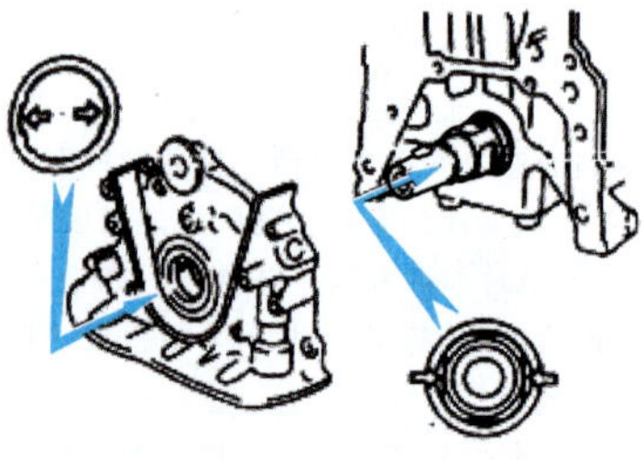

项目 8　发动机总装与综合故障诊断

（续）

装配步骤	图示说明
③用 7 个螺栓安装机油泵。力矩为 22N·m	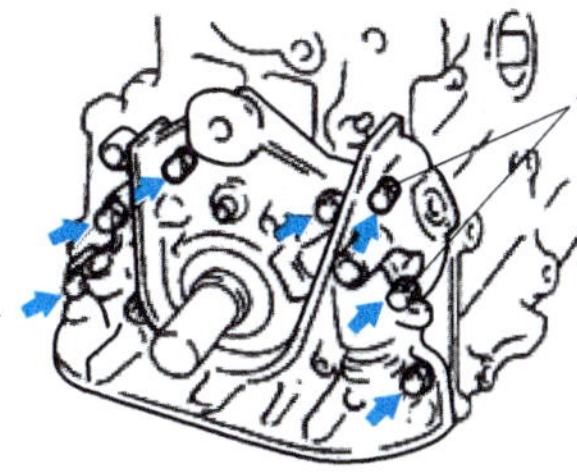 长螺栓
（3）安装发动机后油封 ①使用 SST 和锤子，敲入新油封直到油封表面与后油封座边缘平齐 ②在油封唇部涂 MP 黄油	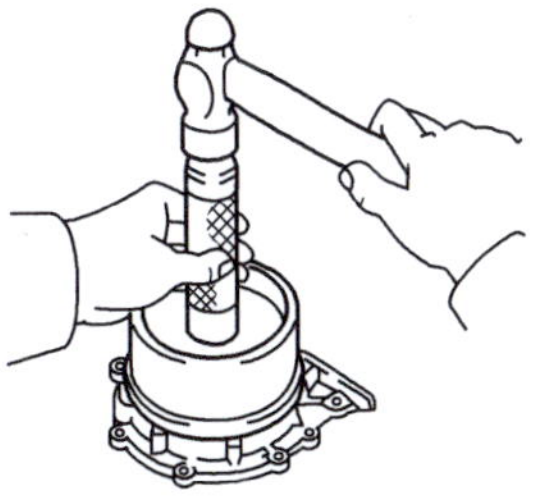
（4）安装发动机后油封座圈 安装一个新垫片和用 6 个螺栓安装后油封座圈。扭矩：9.3N·m	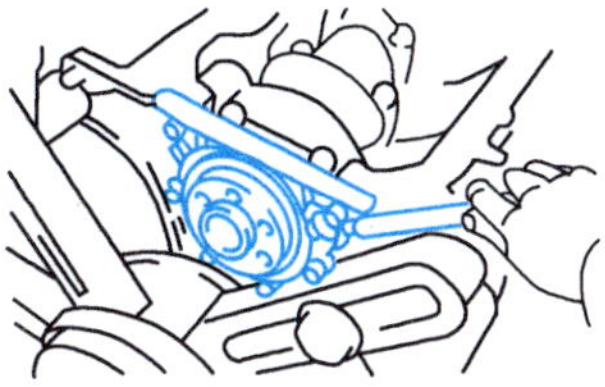
（5）安装发动机机油压力开关 ①将胶粘剂涂在机油压力开关的 2 或 3 道螺纹上	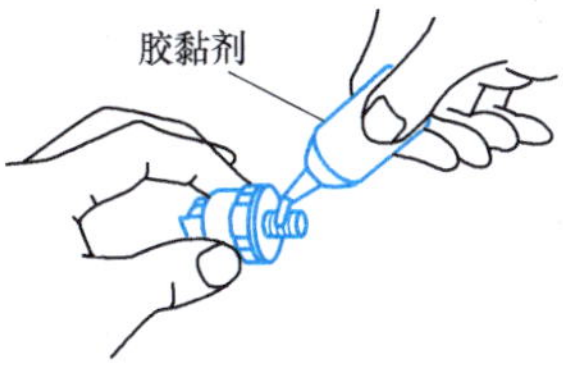 胶黏剂
②使用 SST，安装机油压力开关	
3. 安装活塞连杆组 （1）组装活塞连杆分总成 ①将活塞销和销孔涂上机油 ②对正活塞和连杆的向前标记，用拇指推入活塞销	 前标记 （凹坑） 前标记 （凸起）

197

(续)

装配步骤	图示说明
③使用 SST，压入活塞销 SST09221-25026（09221-00020，09221-00030，09221-00061，09221-00210，09221-00220）	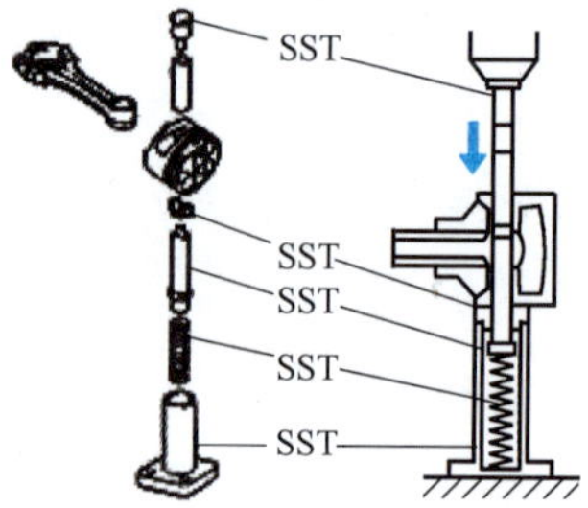
（2）安装活塞环组 ①用手安装油环弹簧和2个刮油环 ②如图所示，使用活塞环扩张器，安装2个压缩环，代码标记朝上（仅对2号压缩环）。代码标记（仅对2号压缩环）：T	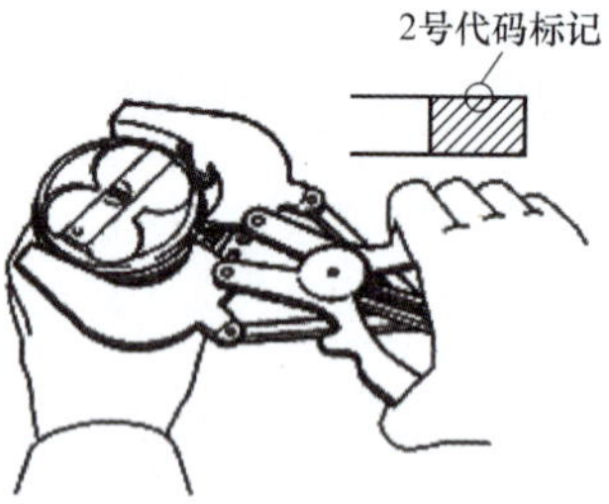
③按图所示布置活塞环端口	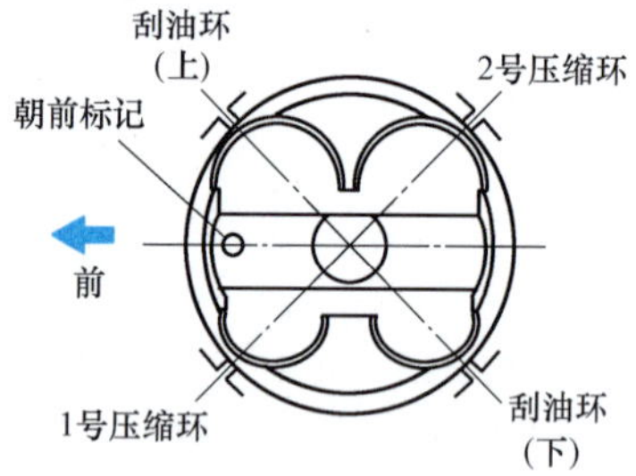
注意：不要对齐活塞环端口 （3）安装连杆轴承 ①对准轴承凸起和连杆或连杆盖的凹槽 ②将轴承安装到连杆和连杆盖中	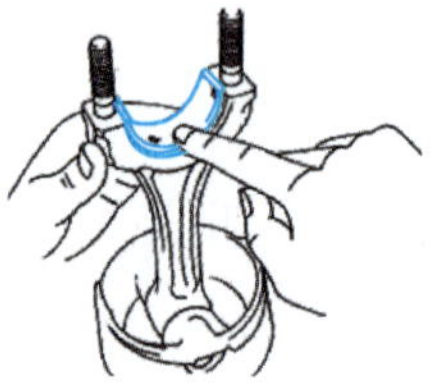
（4）安装活塞连杆分总成 ①如图所示，用一段软管套在连杆螺栓上，防止损伤曲轴 ②在轴承盖和连杆上安装连杆轴承	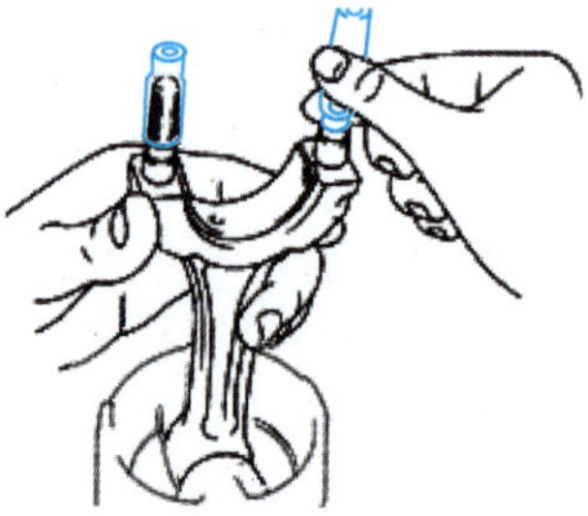

项目 8　发动机总装与综合故障诊断

（续）

装配步骤	图示说明
③在轴承表面涂上发动机机油 注意：不要在轴承背面涂上发动机机油，如图所示。因为轴承产生的热，会通过轴承背面散发到气缸体中。如果在轴承的背面涂上发动机机油，势必会妨碍这些总成之间的接触，从而造成散热效果下降	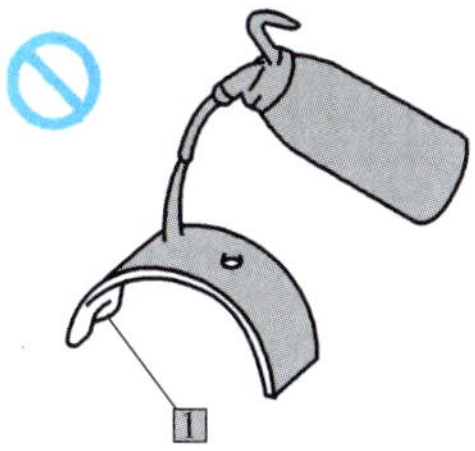
④使用活塞环收紧器，按正确的位置把活塞和连杆总成推入各自的气缸，活塞的前标记朝前，如图所示	 朝前标记（凹坑）　压
建议：定位气缸体并保持安装面竖直朝上。注意：如果气缸体的定位发生偏差或者倾斜，活塞的插入便可能造成连杆损坏气缸的内壁。如图所示 注意：如果在活塞环压缩器内转动活塞，则活塞环的位置可能改变和/或损坏 提示：如果将活塞环压缩器放至活塞裙部下面，则很难把活塞放到气缸中 在活塞环压缩器的内表面涂油，以免损坏活塞和活塞环	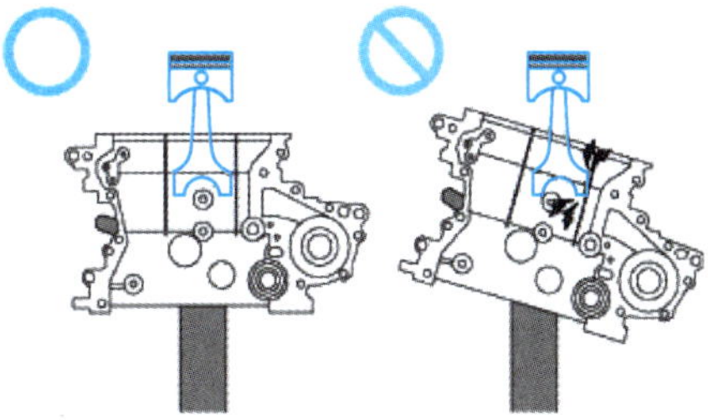
⑤匹配连杆盖和连杆的号码	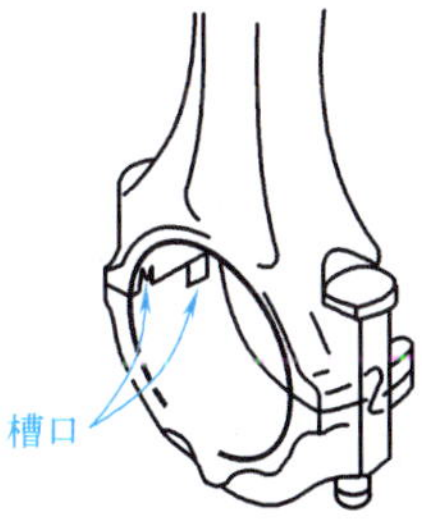 槽口
⑥安装连杆盖，前标记朝前	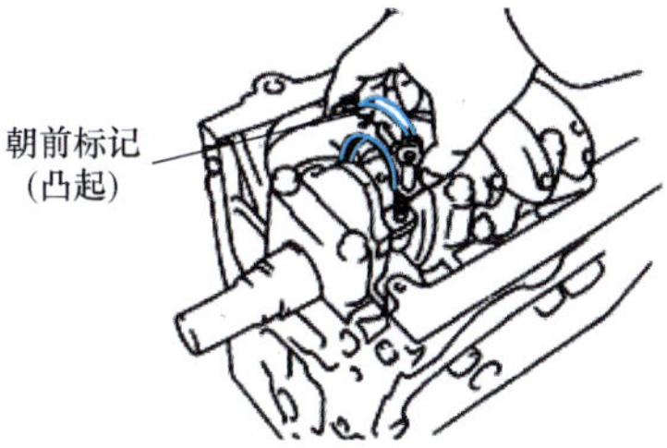 朝前标记（凸起）

199

(续)

装配步骤	图示说明
⑦在连杆盖螺母下方涂一薄层机油 ⑧分几次交替拧紧螺母,扭矩:29N·m 如果任何螺母不符合力矩标准,更换连杆螺栓和螺母,不必成套更换	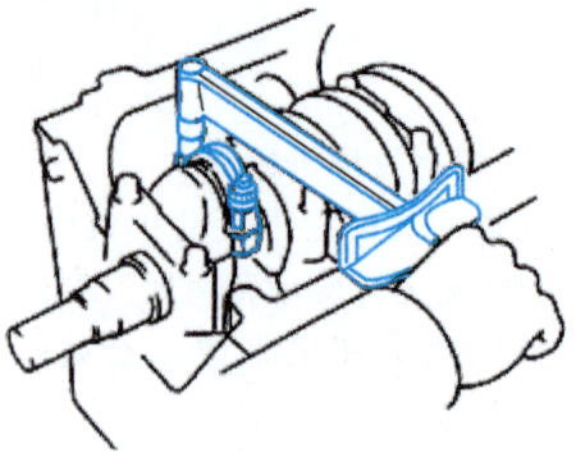
⑨如图所示,用油漆在螺母和连杆螺栓上做标记	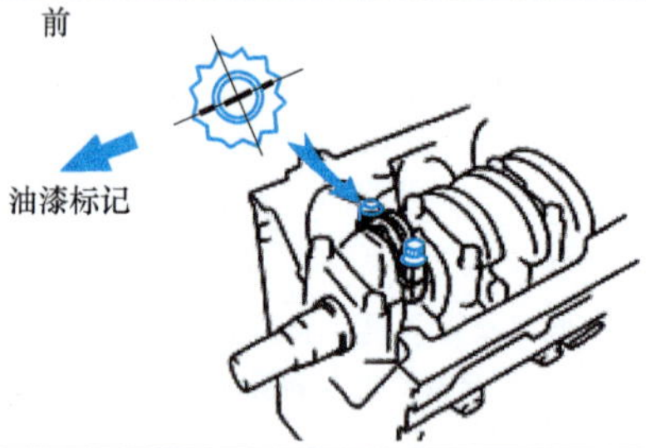 前 油漆标记
⑩再如图示将螺母拧紧90° ⑪每次装配一个活塞时,转动曲轴,确保其能够自由转动,然后装配另外的活塞 ⑫检查连杆止推间隙(见前述步骤)	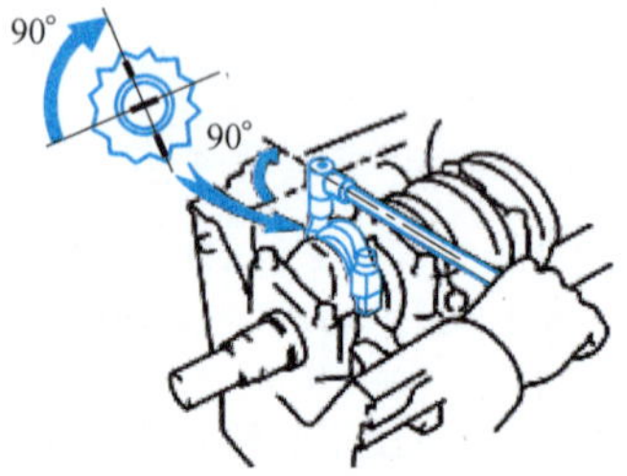 90° 90°
装配V形发动机的活塞连杆组时还应注意左、右侧标记,如图所示	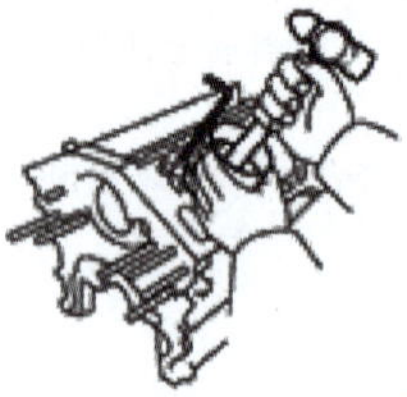 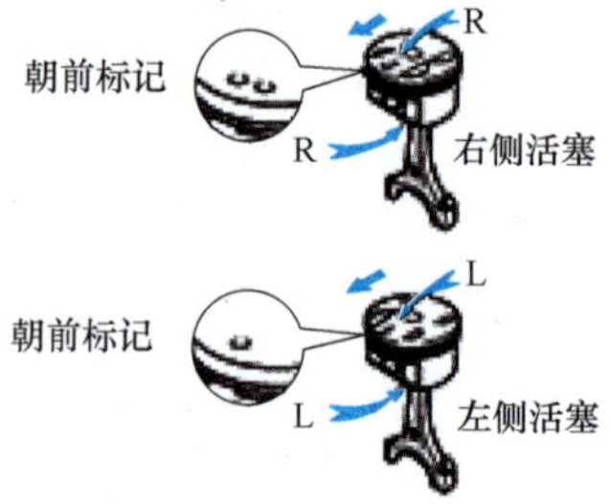 朝前标记 R 右侧活塞 朝前标记 L 左侧活塞
4. 装机油集滤器、油底壳 (1)安装机油集滤器:用2个螺栓和2个螺母安装新垫片和滤清器。扭矩:9.3N·m	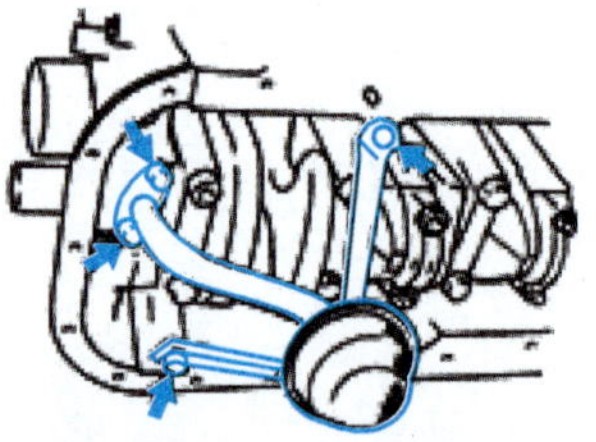

项目 8　发动机总装与综合故障诊断

（续）

装配步骤	图示说明
（2）安装油底壳分总成 ①清除旧密封材料（FIPG），小心不要使油底壳和气缸体接触表面沾油 提示：使用铲刀或垫片刮刀清除垫片面和密封槽中所有旧密封材料（FIPG）。彻底清洁所有组件，清除所有松脱的材料。使用无残留的溶剂清洁所有密封表面 注意：不要使用影响表面油漆的溶剂 ②如图所示将密封填料涂在油底壳上。密封填料零件号 08826-00080 或类似品 注意：安装一个切成 φ3～5mm 开口的喷管。涂好填料后必须在 5min 内组装，否则要清除填料重新喷涂。从喷管上立即拆下喷嘴并盖好 ③用 19 个螺栓和 2 个螺母安装油底壳。力矩：4.9N·m	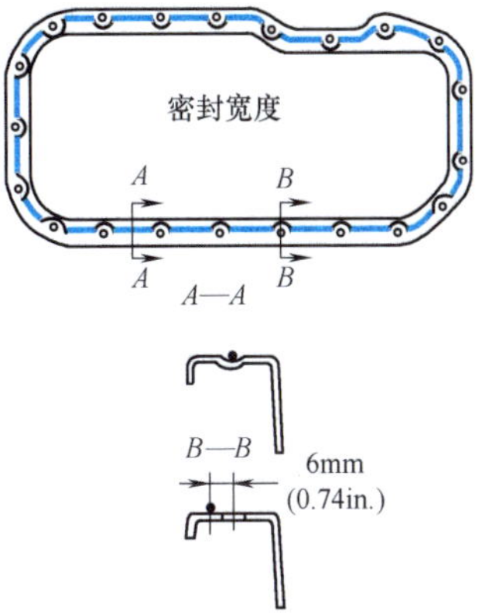 密封宽度 A　B A—A B—B　6mm(0.74in.)
5. 组装气缸盖总成 （1）安装气门弹簧下座 （2）安装气门杆油封 ①用适量的发动机机油涂气门杆油封的唇部 ②将气门杆油封固定到 SST 上 ③将气门杆油封直接推入气门导管衬套中 注意：进气侧与排气侧的气门杆油封颜色不一样。错误安装可能导致故障。气门杆油封不能再次使用。保证使用一个新的气门杆油封	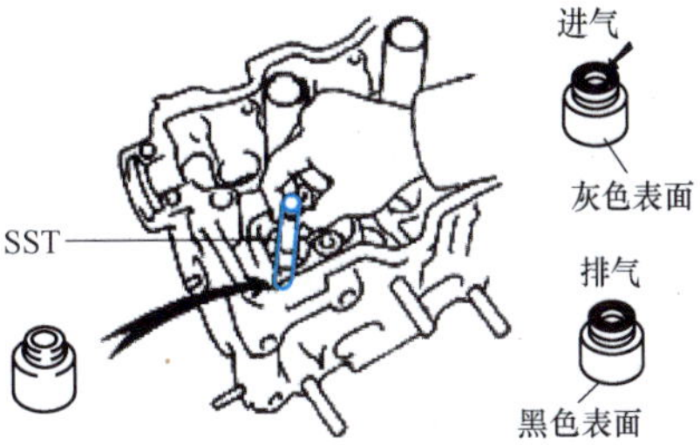 进气 灰色表面 SST 排气 黑色表面
提示：进气门油封是灰色的，排气门油封是黑色的 （3）安装进气门 ①安装进气门、弹簧座、气门弹簧和弹簧锁片，如图所示，按照顺序安装将气门安装到原拆卸位置 使用适量的机油涂在气门杆上，然后将气门杆从燃烧室插入气门导管衬套中。确保气门能够平滑移动。安装弹簧和弹簧座	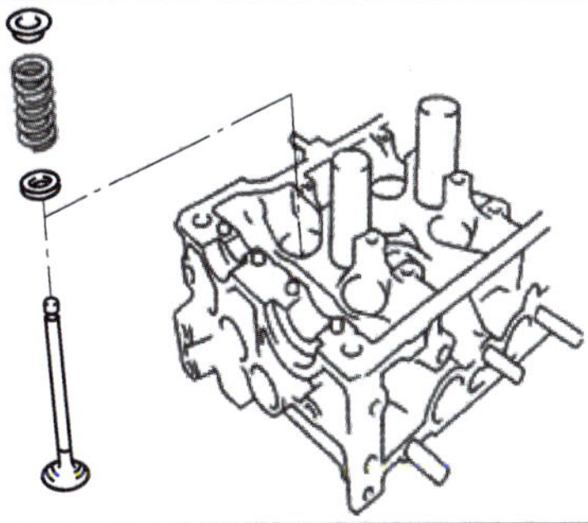
②如图所示，使用 SST，使其与气门位于同一直线上。压缩气门弹簧，并在气门杆周围放入 2 个锁片。直到气门锁片安装好 提示：为防止气门锁片滑落，在气门锁片内部涂上薄薄一层油脂，然后将其安装在气门内	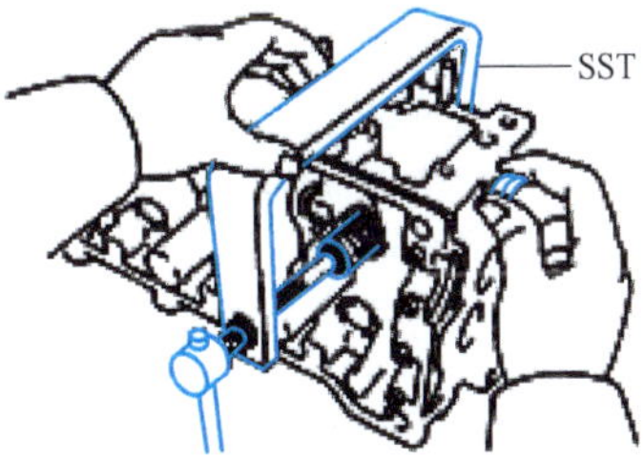 SST
③拆卸 SST。SST（气门弹簧压缩器） ④使用塑料头锤子，轻轻敲击气门端头确保装配合适，如图所示	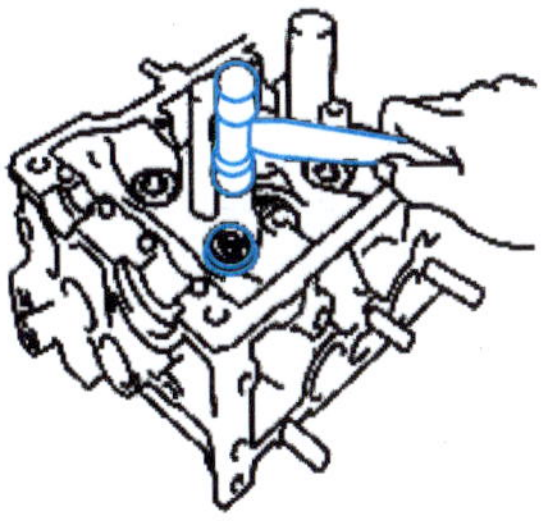

(续)

装配步骤	图示说明
参考：如果使用塑料头锤子不能直接接触到气门端头的话，可将废弃的旧气门杆放入已经安装的气门杆端头正中，并且使用一把塑料锤子将气门杆快速而轻轻地敲进已经安装的气门中。注意：不能敲到气门弹簧座边缘，这可能使气门在锁片槽处断裂。敲进气门杆时，使用布将阀杆盖住，以便在气门未正确安装时，防止气门锁片弹出。如图所示	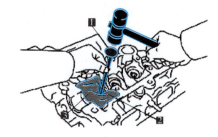 1—废弃的旧气门　2—胶带　3—布
（4）安装排气门 ①安装排气门、弹簧座、气门弹簧和弹簧锁片 ②使用 SST，压缩气门弹簧，并在气门杆周围放入 2 个锁片 ③使用塑料头锤子，轻轻敲击气门端头确保装配合适 （5）安装气门挺柱 将各气门挺柱涂上机油后放进各自的挺柱孔内 （6）安装气门调整垫片 用千分尺测量各个气门调整垫片的厚度，根据前面测得的气门间隙值及标准的气门间隙值比较而更换相应的气门调整垫片。给调整垫片涂一薄层机油，装到相应的气门挺柱上 6. 安装气缸垫、安装气缸盖总成等 （1）在气缸体上安装新气缸盖垫 注意：注意安装方向。有字的一面朝上	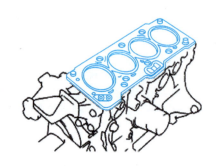
（2）安装气缸盖分总成 提示：多数发动机在装配时，如果气门全开，这缸的活塞如果也处于上止点的话，会导致运动干涉，故安装气缸盖前或凸轮轴之前，应摇转曲轴，使各缸活塞均不处于上止点位（四缸发动机最好是在第 1 缸上止点位置再将曲轴逆时针转 90°） ①将气缸盖小心地放到气缸体上，注意对正定位销 ②在气缸盖螺栓的螺纹和螺栓头下部涂一薄层机油。将气缸盖螺栓及垫圈放到安装孔内，将长螺栓（108mm）放在排气一侧（图中"A"），将短螺栓（90mm）放在进气一侧（图中"B"）	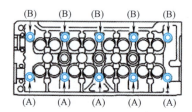
③按图示顺序分几次均匀拧紧 10 个气缸盖螺栓。力矩：29N·m	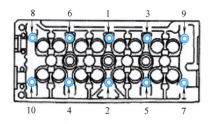

（续）

装配步骤	图示说明
④用油漆在气缸盖螺栓的前面作标记 ⑤按顺序号再将气缸盖螺栓拧紧 90° ⑥检查标记转过 90° ⑦再次按顺序号将气缸盖螺栓拧紧 90° ⑧再次检查标记转过 90° 提示：气缸盖螺栓必须按维修手册按规定顺序、规定力矩和角度分步拧紧	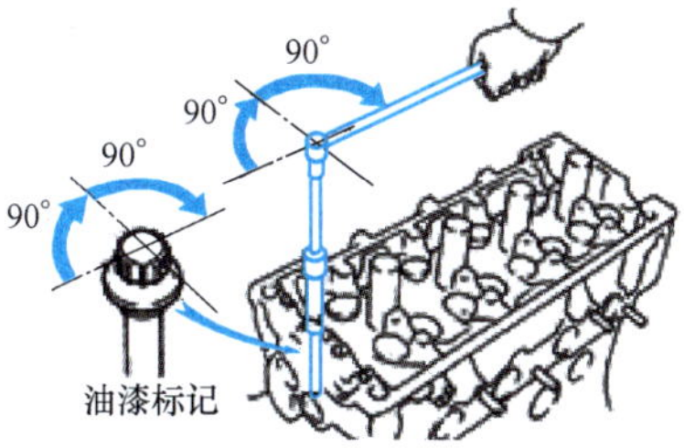
7. 安装凸轮轴及正时传动机构 注意：由于凸轮轴的止推间隙很小，必须保持水平装入凸轮轴。如果凸轮轴不能保持水平，可能造成气缸盖凸轮轴轴承座、凸轮轴轴承盖开裂或损坏，凸轮轴变形或断裂。为避免这些现象发生，必须执行下述步骤 （1）检查气门挺柱及气门调整垫片已正确安装 （2）装排气凸轮轴，如图所示 ①在 2 号凸轮轴的止推位置涂 MP 黄油 ②放置 2 号凸轮轴，使定位销定位在凸轮轴的垂直中心线偏右的位置 提示：上述角度允许排气凸轮轴的 1、3 号气缸凸轮同时顶到它们的气门挺柱	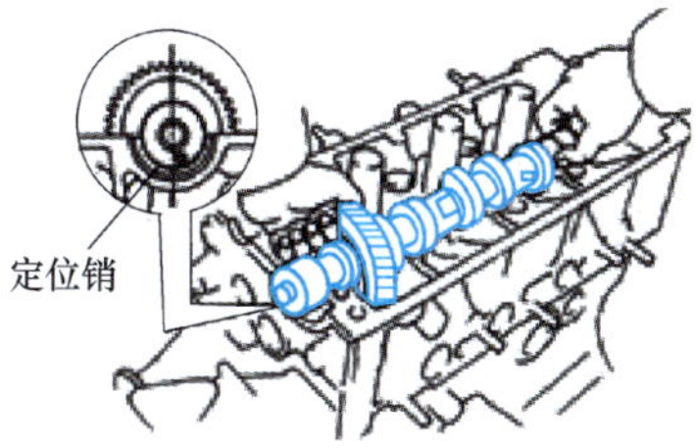
③清除旧密封材料 ④按图所示将密封填料涂在第 1 道轴承盖相应位置上	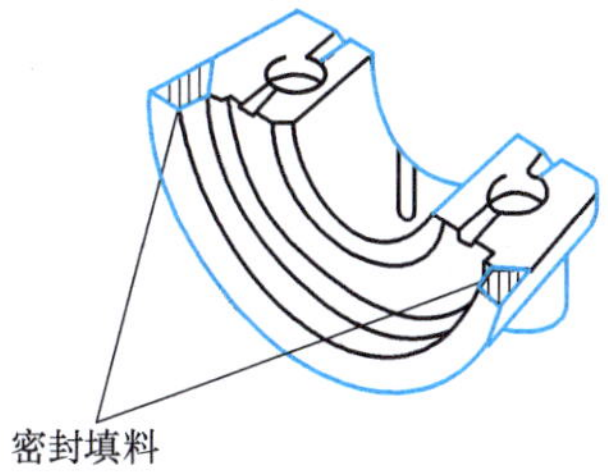
⑤将 5 个轴承盖装在各自位置上，如图所示	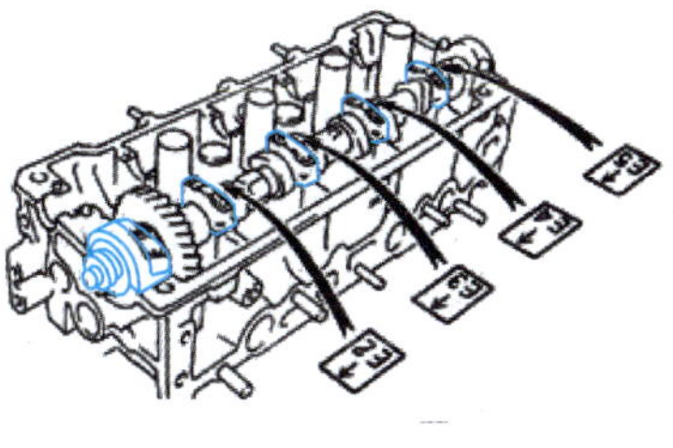
⑥在轴承盖螺栓的螺纹和螺栓头下部涂一薄层机油 ⑦按图所示顺序分几次均匀拧紧 10 个轴承盖螺栓。力矩：13N·m	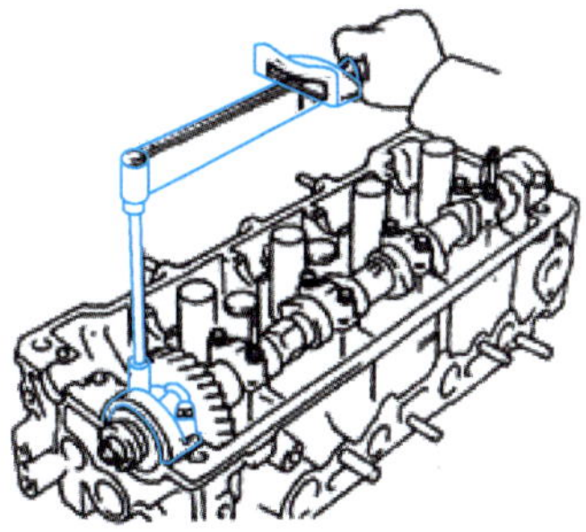

（续）

装配步骤	图示说明
（3）装排气凸轮轴油封，如图所示 ①在新油封唇部涂 MP 黄油 ②使用 SST 敲入油封 注意：不要将油封装错方向；把油封插到气缸盖的最深处	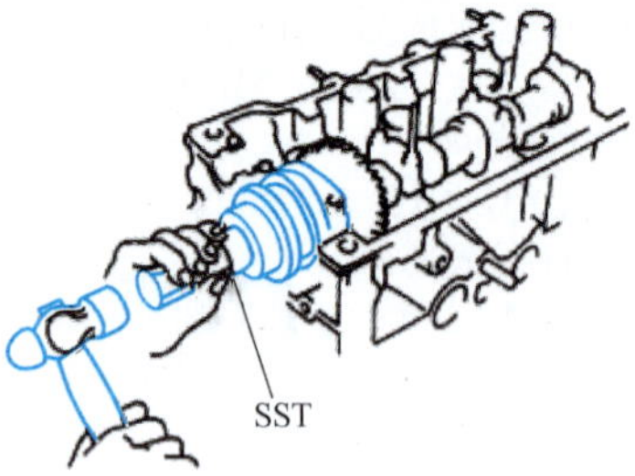
（4）装进气凸轮轴，如图所示 ①定位排气凸轮轴，以便定位销位于气缸盖顶部稍微偏上的位置	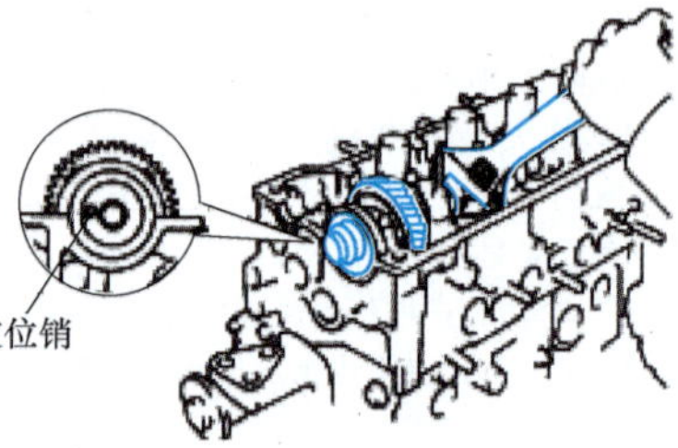
②在凸轮轴的止推位置涂 MP 黄油 ③匹配每个齿轮的安装标记，让进气凸轮轴齿轮啮入排气凸轮轴齿轮 注意：如图所示，在每个齿轮上也有正时标记（用于 TDC），不要使用这些标记	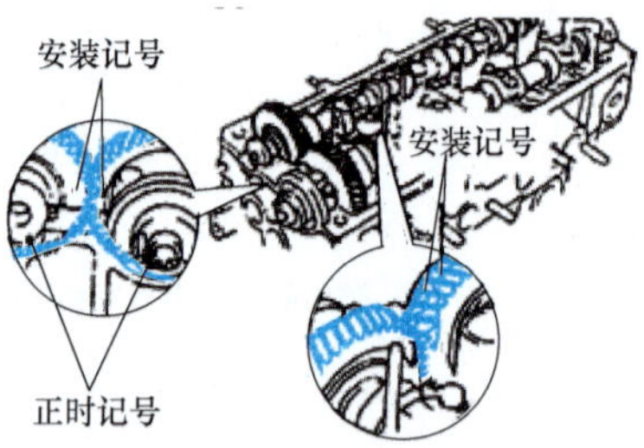
如果剪刀式齿轮已分解，则按下述方法安装 如图所示，用台钳夹持凸轮轴的六角部分。注意：小心不要损坏凸轮轴。安装凸轮轴齿轮弹簧，安装凸轮轴副齿轮和波形垫圈 提示：对准齿轮上的销和齿轮弹簧端部	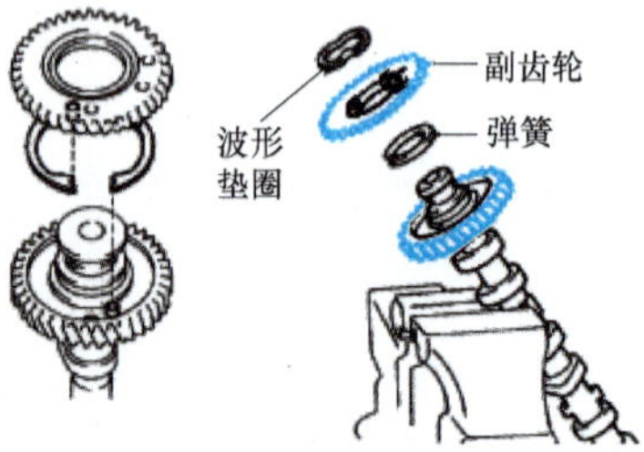
使用卡簧钳安装卡环，如图所示	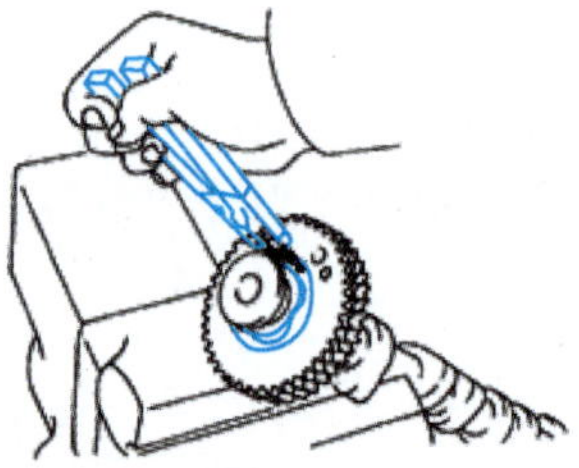

项目8 发动机总装与综合故障诊断

(续)

装配步骤	图示说明
使用SST,逆时针转动凸轮轴副齿轮,对准凸轮轴主、副齿轮孔,安装维修螺栓,如图所示	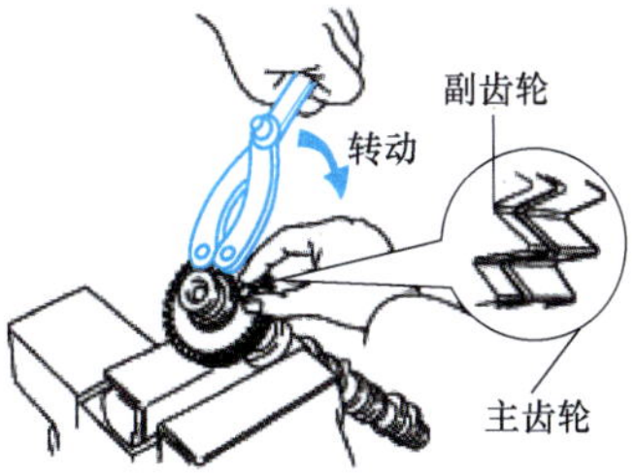
④沿着两个齿轮的啮合位置向下滚动进气凸轮轴落在轴承轴颈上 提示:上述角度允许进气凸轮轴的1、3号气缸凸轮最高点同时顶到它们的气门挺杆 ⑤将4个轴承盖安装在各自的位置上,如图所示	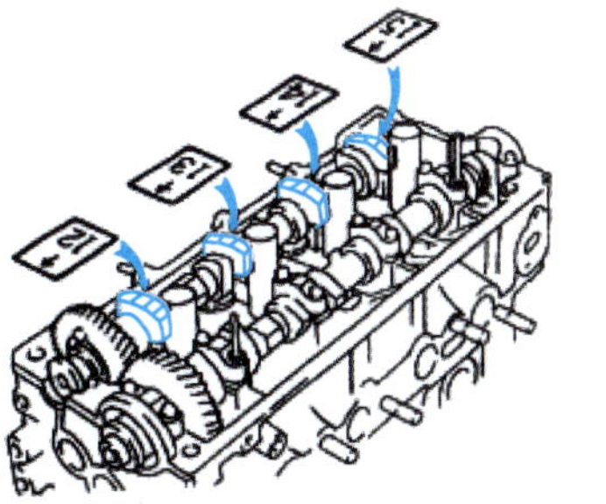
⑥在轴承盖螺栓的螺纹和螺栓头下部涂一薄层机油 ⑦按图所示顺序分几次均匀拧紧8个轴承盖螺栓。力矩:13N·m	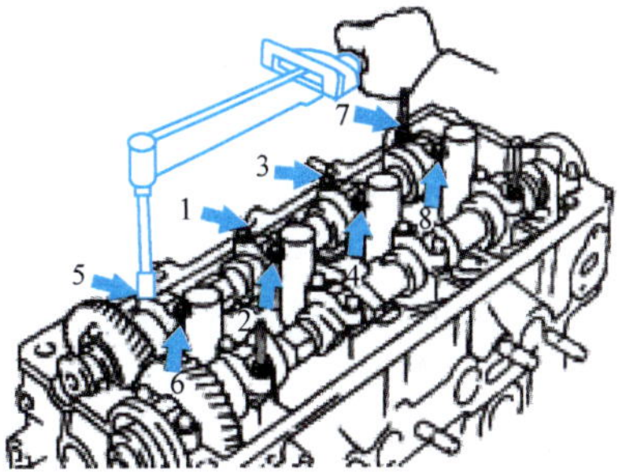
⑧拆下维修螺栓 ⑨安装1号轴承盖,使标记箭头朝前 注意:如果1号轴承盖配合不合适,用一个螺钉旋具向后撬动凸轮轴齿轮 ⑩在轴承盖螺栓的螺纹和螺栓头下部涂一薄层机油 ⑪如图所示,交替地拧紧2个轴承螺栓。力矩:13N·m	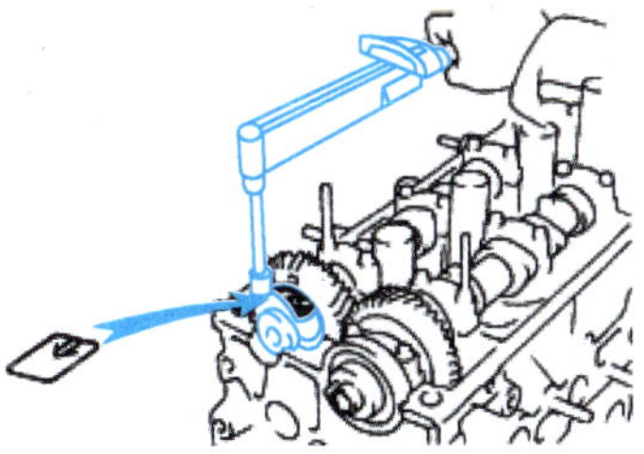
(5)装排气凸轮轴正时带轮 ①顺时针转动2号凸轮轴,使定位销朝上,如图所示	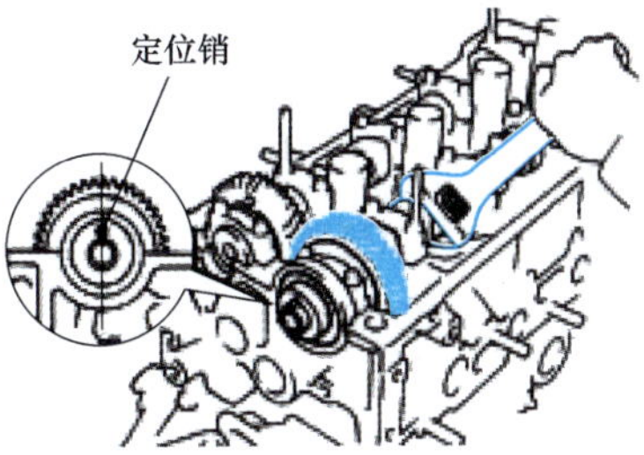

(续)

装配步骤	图示说明
②检查凸轮轴齿轮正时标记是否对准,如图所示 提示:此时安装标记朝上	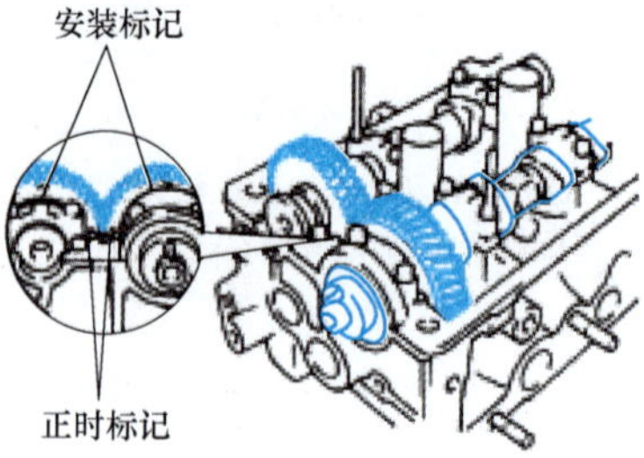
③将凸轮轴定位销对准带轮带"K"标记的定位销槽,如图所示	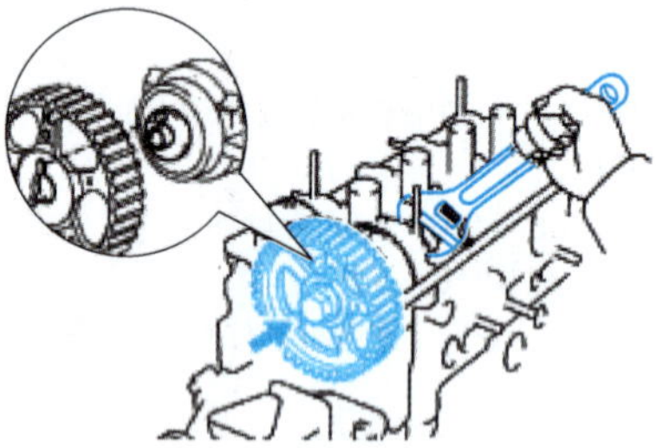
④在正时带轮侧暂时安装正时带轮螺栓 ⑤如图所示,夹持凸轮轴六角部位,拧紧正时带轮螺栓。 力矩:59N·m	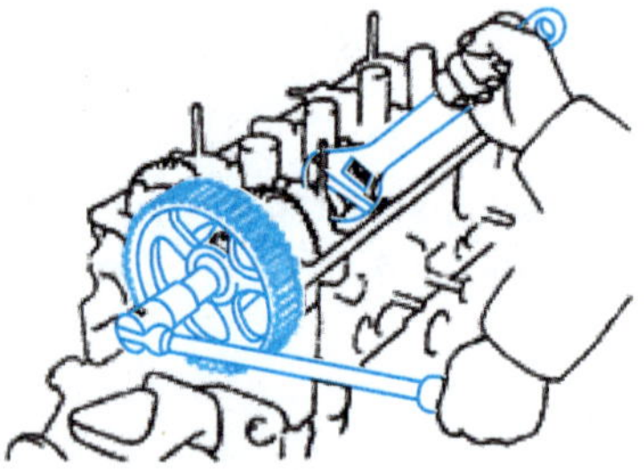
(6)复查气门间隙 标准气门间隙:进气:0.15~0.25mm;排气:0.25~0.35mm (7)装水泵等,如图所示	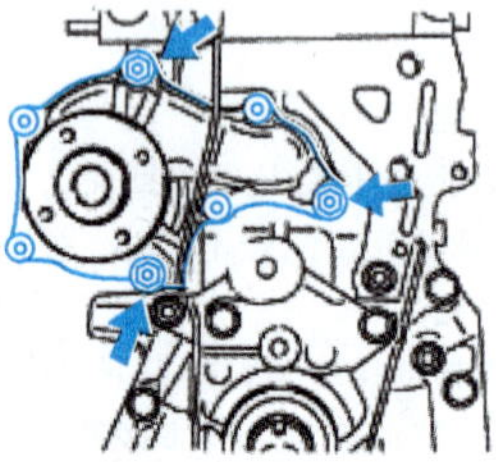
安装进水管:在气缸盖上安装一个新垫片,使标记朝上连接进水软管。用2个螺母安装进水管,力矩:15N·m	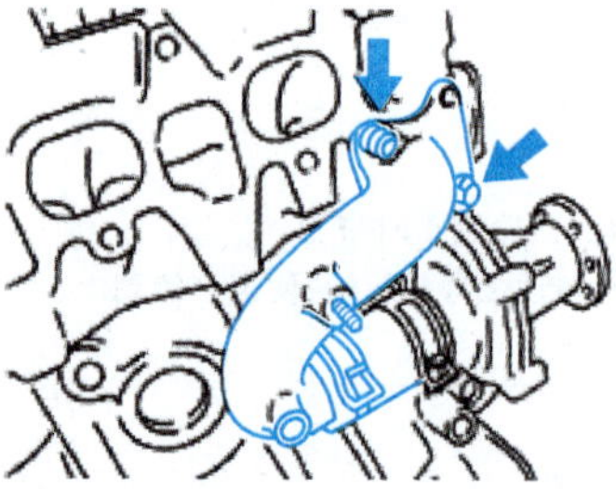

项目 8　发动机总装与综合故障诊断

（续）

装配步骤	图示说明
（8）安装正时带，如图所示 ①安装曲轴正时带轮，如图所示；对准带轮定位键和带轮键槽；推入正时带轮，带突缘一面在内侧	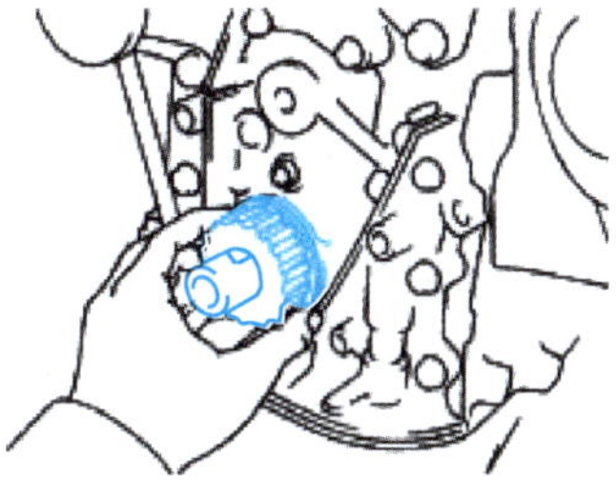
②安装横置发动机安装支架如图所示，力矩：51N·m	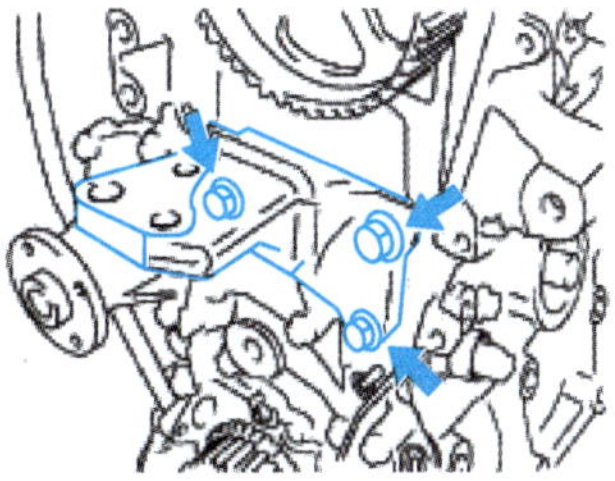
③如图所示，安装正时带张紧轮，注意：先不要拧紧螺栓，安装张紧轮张紧弹簧，推动张紧轮尽量靠尽带轮并拧紧螺栓	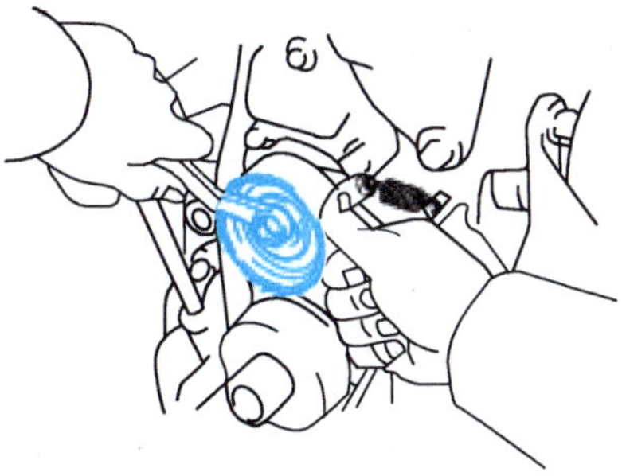
④转动凸轮轴的六角部分，将凸轮轴正时带轮的"K"标记与轴承盖的正时标记对正，如图所示	
⑤用曲轴带轮螺栓转动曲轴并对准曲轴正时带轮和机油泵体的正时标记，如图所示	

207

(续)

装配步骤	图示说明
⑥安装正时带,检查曲轴和凸轮轴正时带轮的张力 提示:如果重新使用正时带,对准拆下时做的标记,并且将箭头方向指向发动机旋转方向,如图所示	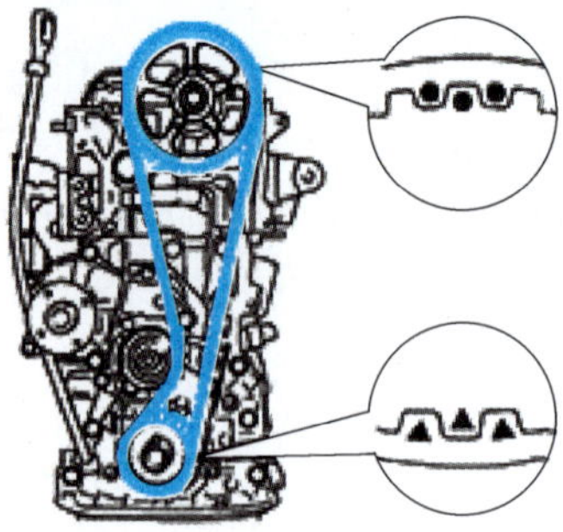
⑦检查配气正时 从上止点位置顺时针慢慢转动曲轴两圈再回到上止点位置。按图所示检查每个带轮对准正时标记。如果没对准正时标记,拆下正时带重新安装	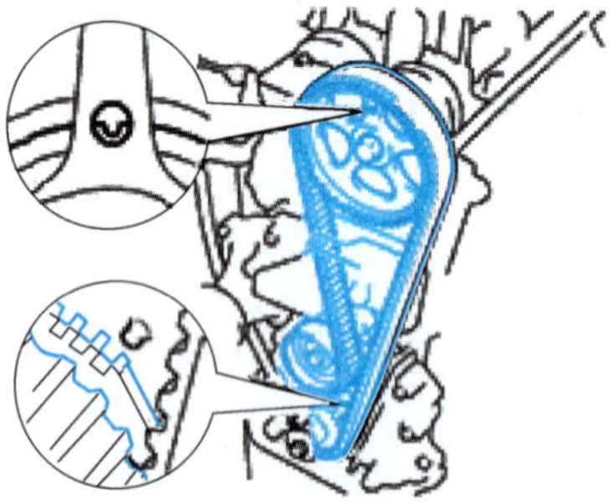
⑧紧固正时带张紧轮。扭矩:37N·m ⑨检查正时带变形。检查如图所示位置存在的带变形量,施加20N力时带变形:5~6mm	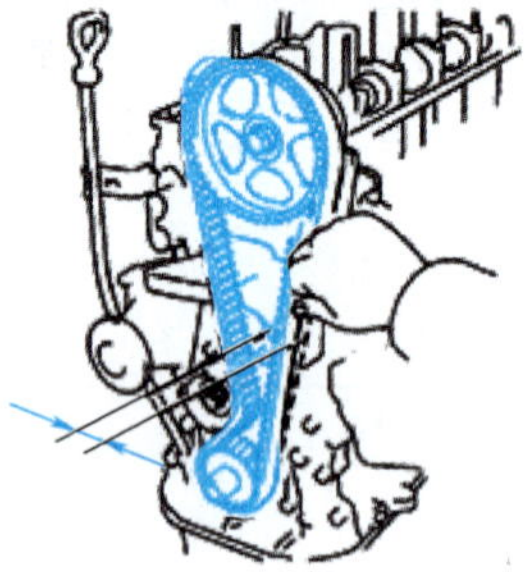
如果张紧度不合适,调节张紧轮如图所示	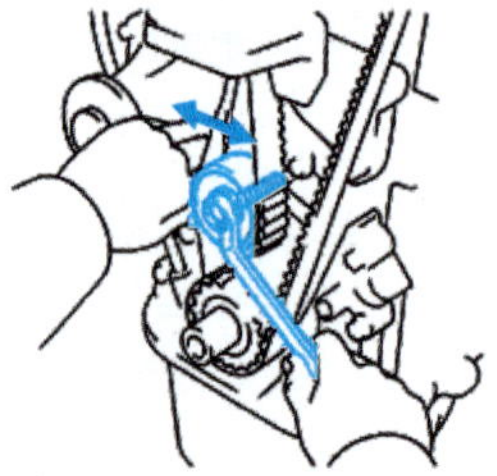
(9)安装正时带罩 ①安装正时带导轮。安装导轮,将凹面向外,如图所示	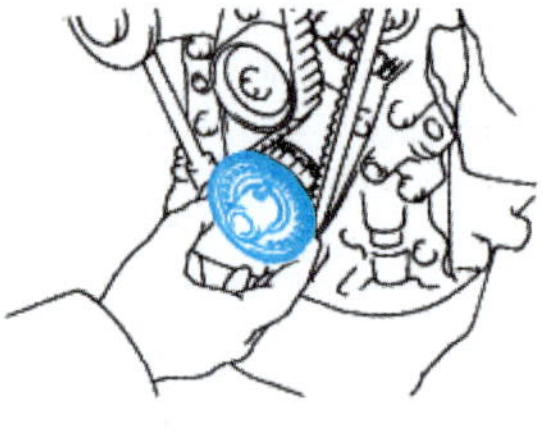

项目8　发动机总装与综合故障诊断

（续）

装配步骤	图示说明
②如图所示，由下而上安装各正时带盖，拧紧力矩：9.3N·m	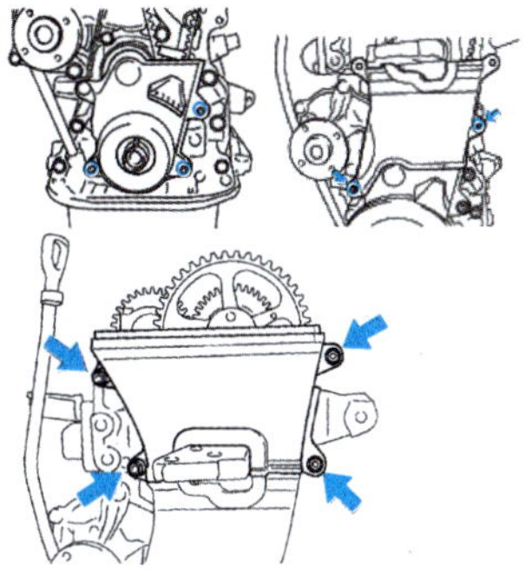
8. 安装曲轴带轮、飞轮等 ①安装曲轴带轮，如图所示。将带轮定位键与带轮键槽对齐，安装带轮。用SST安装带轮螺栓，拧紧力矩：127N·m	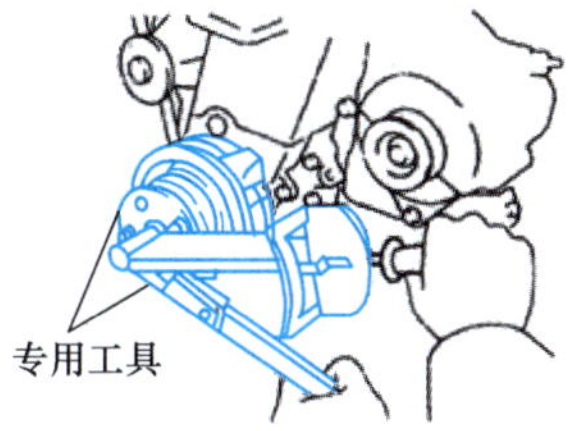 专用工具
②装飞轮或传动板，如图所示	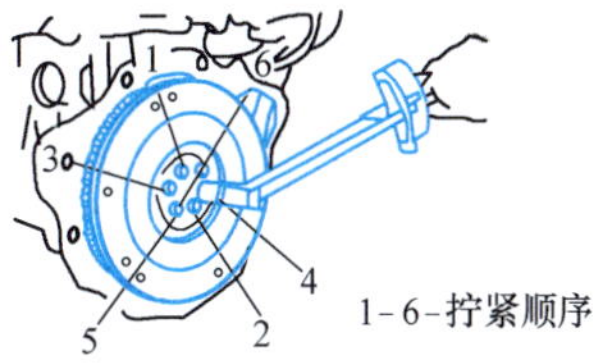 1-6-拧紧顺序
③装气门室盖，换上新的气门室盖垫	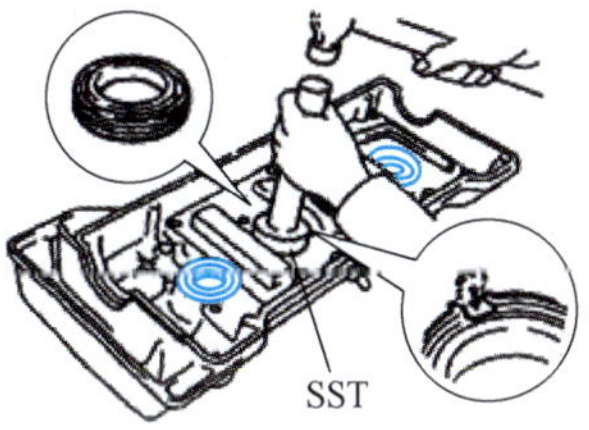 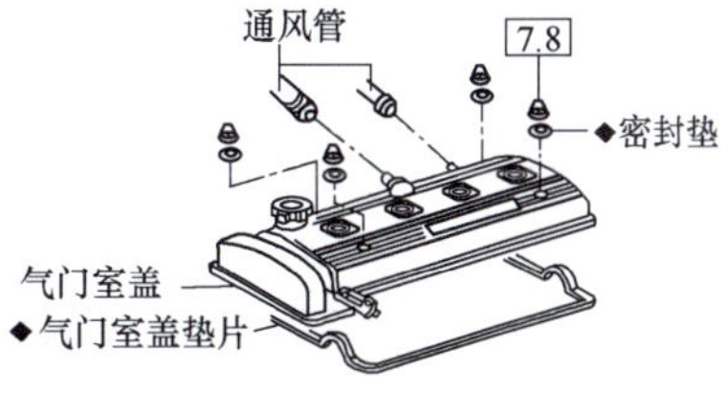 SST 通风管　7.8 ◆密封垫 气门室盖 ◆气门室盖垫片
④把气门室盖装到缸盖上	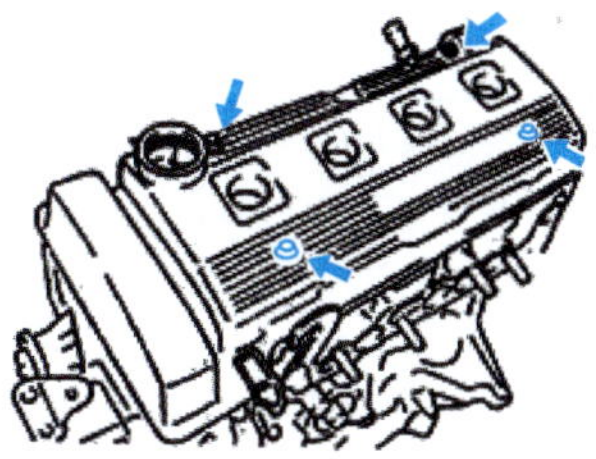

(续)

装配步骤	图示说明
9. 安装进、排气歧管 (1)装排气歧管	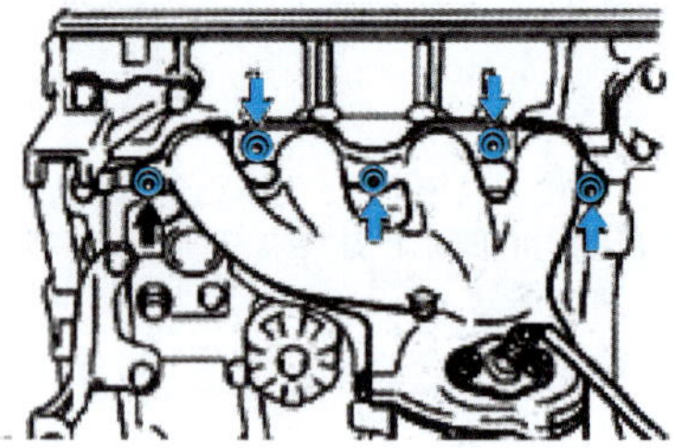
①用 5 个螺母安装新垫片和排气歧管,拧紧力矩:34N·m ②用 2 个螺栓安装排气歧管支撑,拧紧力矩:59N·m ③用 4 个螺栓安装上部隔热板,拧紧力矩:17N·m (2)装进气歧管、喷油器和燃油分配管等 ①如图所示,用 7 个螺栓和 2 个螺母安装新垫片和进气歧管,均匀紧固每一处的螺栓和螺母,拧紧力矩:19N·m ②用 2 螺栓安装进气歧管支撑,12mm 螺栓拧紧力矩:21N·m,14mm 螺栓拧紧力矩:43N·m	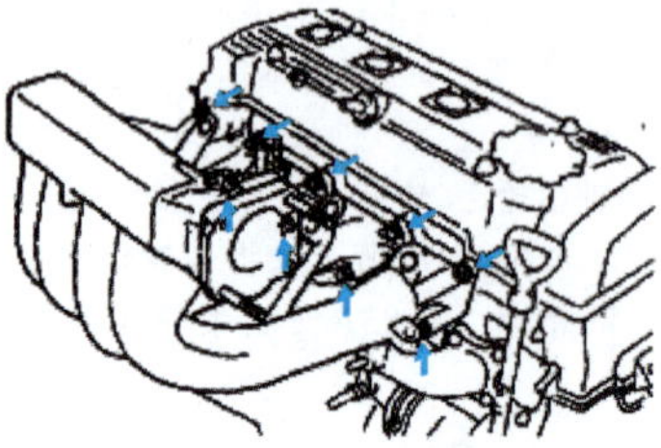
10. 安装喷油器和燃油分配管 如图所示,安装喷油器和燃油分配管	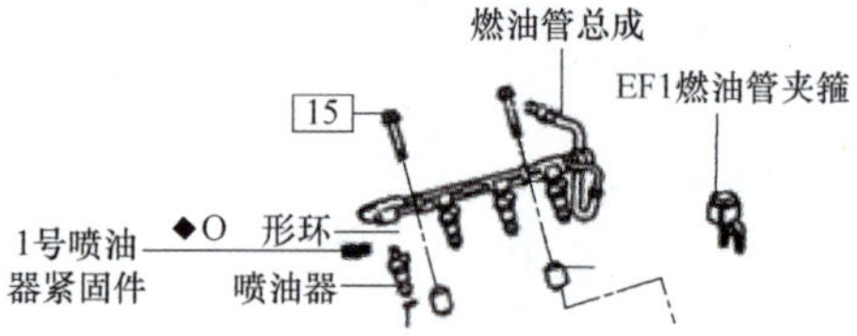
11. 装火花塞、分电器总成及高压线 (1)安装火花塞如图所示。使用 16mm 火花塞扳手安装火花塞。力矩:18N·m	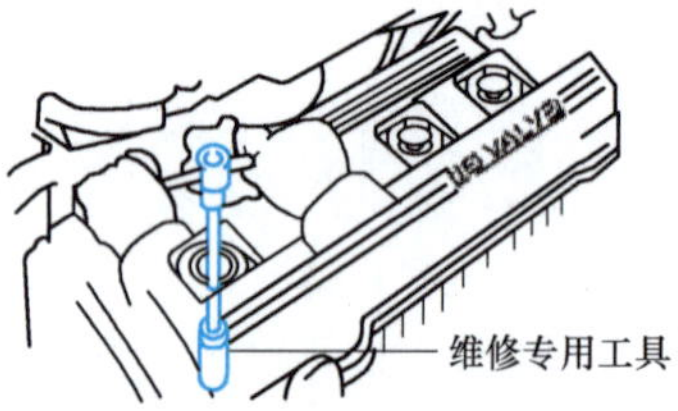
(2)安装分电器总成如图所示 ①将新的 O 形圈装在分配器外壳组件上	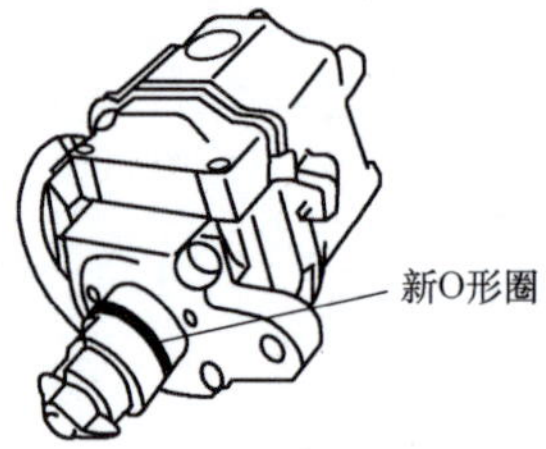
②在 O 形圈上涂上薄薄一层发动机油 ③将连接器的切口部分与外壳的凸起部分对准 ④使法兰中心与气缸头上的螺栓孔中心对准后,再插入 IIA ⑤轻轻拧紧 2 个安装螺栓 (3)将高压接线连接到分电器盖上,如图所示	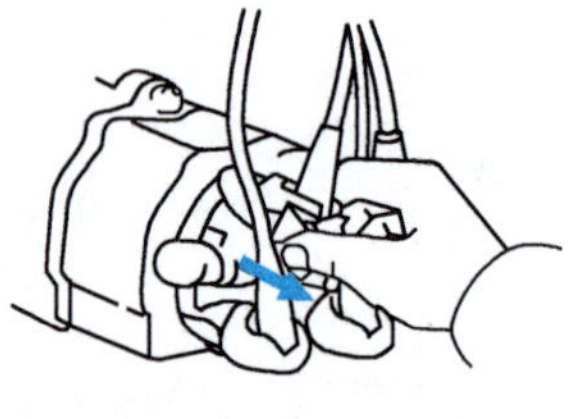

210

项目 8　发动机总装与综合故障诊断

（续）

装配步骤	图示说明
连接高压接线和火花塞。如图所示用夹子牢牢固定高压接线	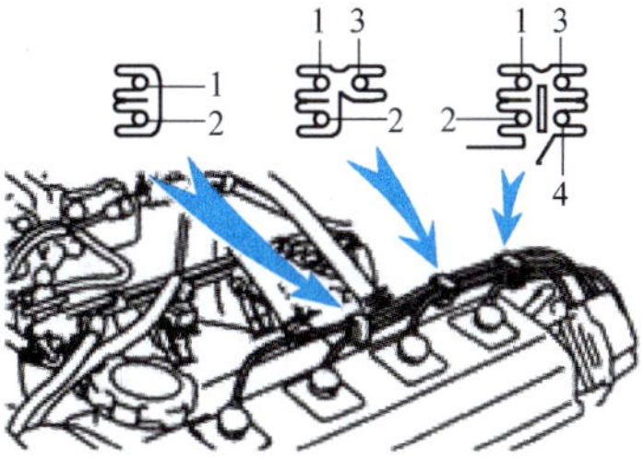
12. 装其他附件 安装水泵和发电机传动带。调整水泵和发电机传动带。通过紧固螺栓 C 来调整水泵传动带的张力，紧固螺栓 A，然后紧螺栓，如图所示，螺栓 A 的拧紧力矩：18N·m；螺栓 B 的拧紧力矩：58N·m 检查驱动带变形和张紧力	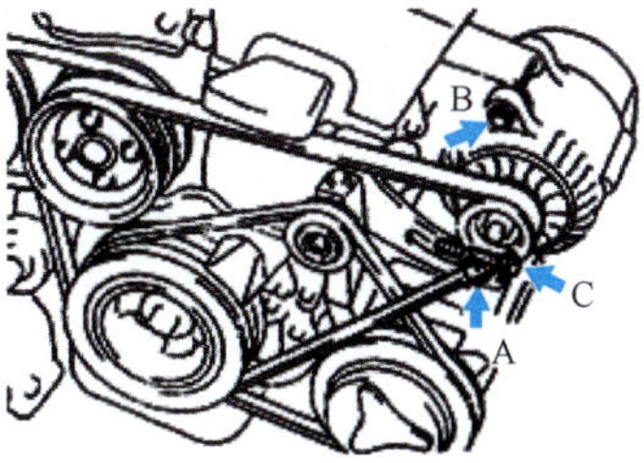

（二）发动机装车与调试

发动机装车与调试见表 8-5。

表 8-5　发动机装车与调试

装配与调试步骤	图示说明
1. 安装发动机总成 ①从发动机大修台上拆卸发动机，见图所示。注：图为1ZZ-FE 发动机。将吊索装置连接到发动机吊耳上 安装发动机吊索装置后，提升链条滑轮。在两根链条上施加较小的张紧力，注意不要将大修支架吊起来 注意：链条滑轮升得太高，大修支座便可能升起，造成一个非常危险的情况 如果两根链条的张紧力不均匀，发动机便会明显倾斜，从而造成一个非常危险的情况 从大修支座上拆卸发动机	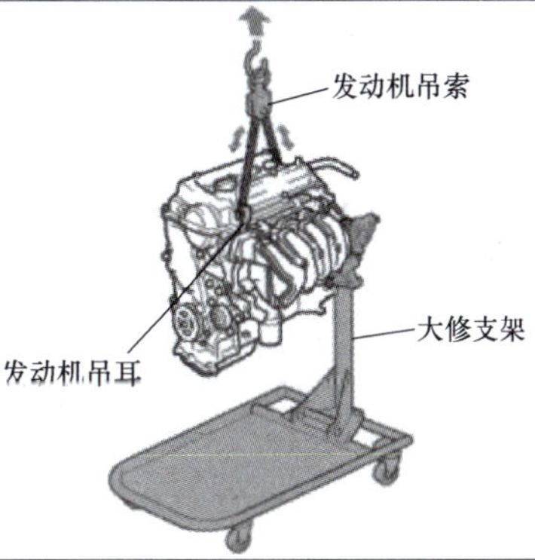 发动机吊索 大修支架 发动机吊耳
②将手动传动桥或自动传动桥安装到发动机 对手动传动桥的车辆则安装飞轮和离合器，然后将手动传动桥安装到发动机上。对自动传动桥的车辆则将自动传动桥安装到发动机上 ③安装起动机总成 ④连接发动机上的线束 ⑤安装前悬架横梁分总成 ⑥安装转向助力泵固定支架及调整支架 ⑦连接转向助力泵总成 ⑧将发动机、传动桥、悬架梁等作为一个整体从车底安装到车上。暂时安装悬架横梁和 8 个螺栓，见图所示。把左右侧发动机支架安装到发动机支架左右隔板上（左：49N·m；右：49N·m） 安装横梁与车身的固定螺栓（前：70N·m；后：116N·m）	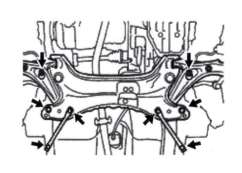

211

(续)

装配与调试步骤	图示说明
2. 安装、连接相关底盘部件、排气管等 （1）安装驱动轴，如图所示 ①轻轻将轮毂朝车外拉，对准传动轴和轮毂的花键，然后将传动轴插入轮毂中 注意：不要用太大的力拉动轮毂；不要损坏驱动轴护套和速度传感器转子 ②将下悬臂连接到车桥轮毂转向节上 ③安装 ABS 转速传感器	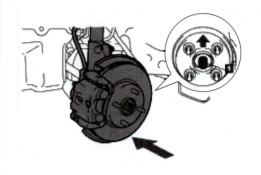
④安装传动轴安装锁止螺母，如图所示 注意：拆卸后的锁止螺母不能再次使用。确保使用新锁止螺母 提示：上紧锁止螺母时需要两个人，一人踩制动踏板，另一位拧紧锁止螺母。以便保证它们能被可靠固定 使用一把凿子和一把锤子敲紧新的锁止螺母	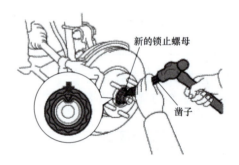
（2）连接左、右横拉杆总成，如图所示 将横拉杆端头插入转向节。按照规定的扭矩，拧紧槽顶螺母，用开口销固定螺母 注意：开口销用过一次后不能再用。确保使用新开口销	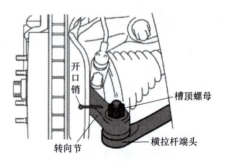
（3）连接转向传动轴总成 确保方向盘和转向齿轮处于中心位置。然后将转向中间轴与转向齿轮的装合标记对准并连接，如图所示。将螺栓拧紧紧固到位 注意：如果转向中间轴和转向齿轮的位置不对准，方向盘的中心位置将偏移。安全气囊螺旋电缆也可能断裂	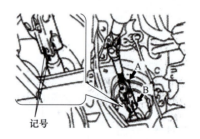

(续)

装配与调试步骤	图示说明
（4）安装空调压缩机 （5）安装各传动带，调整传动带张力 （6）对手动驱动桥车辆，安装离合器分离泵、换档和选档拉索等；对自动驱动桥车辆，安装换档拉索等 （7）安装排气管，如图所示 提示：安装排气管时要求两个人。通常，排气管的螺母不可再次使用，保证使用新的螺母	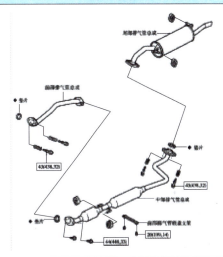
3. 安装燃油管路、进气管路、冷却液循环管路及相关电路等 ①安装散热器总成 ②连接冷却液循环管路 主要是连接加热器软管、散热器软管等，固定好卡箍 ③连接制动助力器软管、自动变速器油冷却器软管 ④连接加速踏板拉索 ⑤连接连接燃油管 ⑥连接连接器和线束 连接拆卸发动机时断开的连接器，如发动机 ECU、仪表板接线盒、发动机室接线盒、发动机室各接地点、起动机电缆、氧传感器连接器等 将发动机线束捆绑到发动机拆卸时留在发动机室内的绳上，然后从发动机室内部拉入发动机线束。安装线束孔环。将发动机线束连接器连接到发动机 ECU 和仪表板接线盒中 ⑦安装空气滤清器及空气滤清器软管 4. 加注发动机机油、冷却液等 ①加注发动机机油 ②注入冷却液如图所示。注入冷却液以前，保证排放塞（散热器）和排放螺栓（发动机缸体）已经上紧	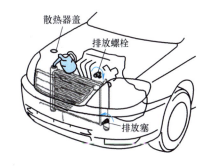
将加热器的温度设置为最高。在散热器中注入冷却液。在膨胀水箱中注入冷却液至满的标记上。安装散热器盖 提示：按照修理手册中的说明调整正确的 LLC 浓度。轻轻捏放散热器软管和加热器软管，以便使冷却液更容易流入。某些车型有特殊的空气排除说明。进行该项工作时查看修理手册 5. 安装蓄电池 如图所示。检查蓄电池端子位置，安装蓄电池，用电池夹固定	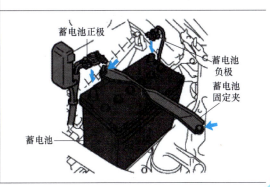

(续)

装配与调试步骤	图示说明
注意：电池含电解液（稀硫酸），因此不要倾斜电池，防止电解液溢出。如果电解液溢出，立即用水冲洗 　将电池电缆连接到蓄电池端子底座，用螺母固定。检查连接是否可靠、有无遗漏、四漏现象 　发动机点火、燃料供给、润滑、冷却和进排气等系统的附件应齐全，安装正确、牢固 　发动机各部位应密封良好，不得有漏油、漏水、漏气现象；电器部分应安装正确、绝缘良好，不得有漏电现象 　连接燃油泵连接器，使用手持式测试仪操作燃油泵，检查时否漏油 6. 按规定程序初次起动发动机 　大修后的发动机应用起动机带动曲轴转动而不起动发动机以便向润滑系油路注入机油。可断开曲轴位置传感器或燃油泵电路等 　连接好刚才断开的曲轴位置传感器或燃油泵电路等，起动发动机。检查发动机起动是否容易。发动机在正常环境温度和低温 255K（-18℃）时，都应能顺利起动。检查发动机起动后是否有异常声音	
7. 检查、调整发动机点火正时 　一旦符合了实施点火正时检查的条件，所有车辆的检查程序都相同。然而，我们通常只能对装有分电器的车辆进行点火正时调节。也就是说，对大多数装有直接点火系统（未装分电器）的车辆进行点火正时调节是不可能的 　下面给出的程序是 1999 年前生产的老款 5A-FE 发动机的点火正时检查调整步骤 　(1) 预热发动机。预热发动机使其达到正常工作温度 　(2) 将转速表和正时灯连接到发动机上。将转速表探针连接在检查用连接器 IG(-) 端子上 　注意： 　①严禁转速表的端子接地，否则会造成点火器和/或点火线圈的损坏 　②由于有些转速表与此点火系统不相容，所以在使用转速表前先确认装置的相容性 　(3) 检查并调节点火正时 　①用跨线连接检查用连接器的端子 TE1 和 E1 　提示：在发动机转速保持 1000~1500r/min 达 5s 后，检查它回到怠速转速的情况 　②用正时灯检查点火正时，如图所示 　点火正时：怠速时，为上止点前 10°（变速器处于空档） 　③如果需要调整时，松开 2 个固定螺栓，并通过转动分电器来调节 　④拧紧 2 个固定螺栓，再检查点火正时。力矩：20N·m 　⑤从检查用连接器上取下跨线 　(4) 进一步检查点火正时 　点火正时：怠速时，为上止点前 7°~17°（变速器处于空档） 　提示：正时记号在 7°~17°范围内移动 　(5) 将转速表和正时灯从发动机上卸下	  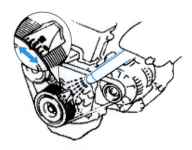

（续）

装配与调试步骤	图示说明
注意：一定要确保正时灯的电缆没有被夹在转动的零件之间 参考：发动机一般在驱动板、飞轮或曲轴带轮上装有正时标志。该标志表示第1缸上的基本点火正时变化角，如图所示。正时枪（正时灯）用于检查和设置点火正时。正时灯是频闪灯，与1号高压线连接，而且每当火花塞点火时，该灯闪光。使用闪光正时灯时，红色标志固定不变。然后，将红色标志的位置与指针相比较，以检查正时是否正确 除红色标志外，在红色标志的两侧还有一个标志，用于表示极限。如果指针显示的位置在极限范围之外，表明点火正时不符合规格	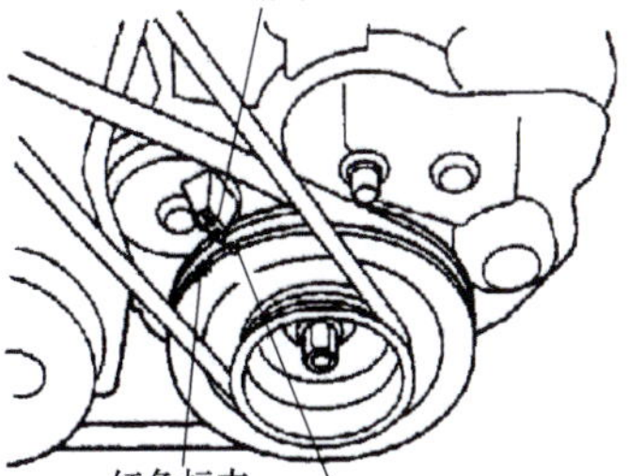 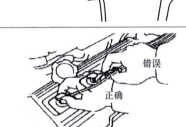 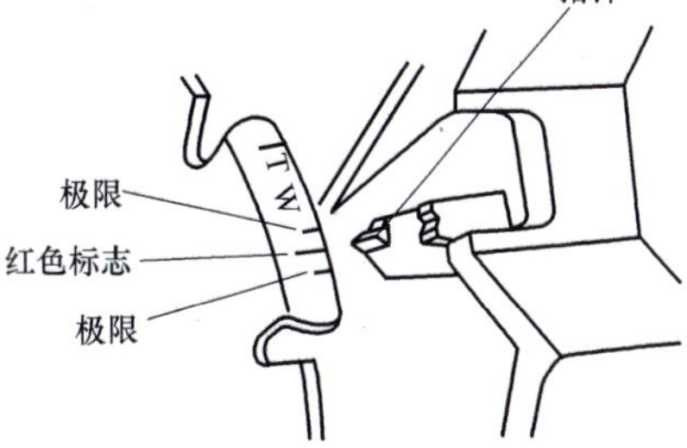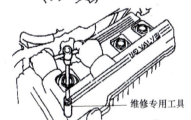
8. 测量气缸压力、机油压力、进气歧管真空度 ①如图所示，检查气缸压力 压缩压力：在250r/min时，标准压力1370kPa或最低极限在980kPa以上。每个气缸压差100kPa或以下	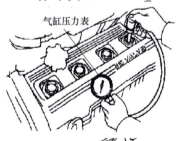 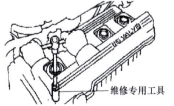

（续）

装配与调试步骤	图示说明
②如图所示，连接机油压力表，测量机油压力。在急速时，应不低于49kPa。在3000r/min时，应为294～539kPa或更高 ③检查进气歧管真空度 在正常工作温度和标准状态下，发动机急速运转时，进气歧管真空度符合原设计规定，其波动范围：6缸汽油发动机一般不超过3kPa；4缸汽油发动机一般不超过5kPa。5A-FE发动机在急速状态下的进气歧管真空度一般约为68kPa	
9. 检查发动机运转状态 在正常工作温度下，发动机急速运转稳定，其急速转速应符合原设计规定，并能保证向其他工况圆滑过渡 发动机在各种工况下运转应稳定，不得有过热现象；不应有异常响声；突然改变工况时，应过渡圆滑，不得有突爆、回火、放炮等异常现象 为降低发动机造成的空气污染程度，关键是要将发动机废气排放中的一氧化碳(CO)浓度降低到一定水平。很多国家都通过法律限制了CO、HC的排放。通过学习正确检测发动机的尾气排放，将会节省维修时间 注意事项： 如在发动机运行时工作，一定要保证车间通风良好 起动发动机前，确认变速箱处于空档或驻车位置并施加驻车制动 发动机运行时，小心不要碰到发动机的任何转动部件。关于尾气排放检查步骤的详细说明，请参阅维修手册 一定要按照制造商提供的使用说明使用废气分析仪，如图所示。必要时要将测量仪升温并进行校准。在显示读数稳定时，将CO、HC等读数记录下来	

二、发动机综合故障诊断与排除

（一）起动困难故障诊断

1. 故障现象

起动时曲轴转速正常，但需较长时间才能起动。

2. 故障原因

1）进气系统漏气。
2）空气滤清器滤芯堵塞。
3）燃油压力过低。
4）冷却液温度传感器有故障。
5）进气压力传感器有故障。
6）喷油器工作不正常。
7）点火正时不正确。

8）气缸压力过低。

9）连接线路接头松动、接触不良。

3. 故障诊断与排除

1）进行故障自诊断，并按故障码查找相应的故障原因。

2）仔细检查进气系统各管接头、衬垫、真空软管有无漏气，废气再循环系统、燃油蒸气回收系统工作是否正常。

3）检查空气滤清器的滤芯有无堵塞。如堵塞，应清洗或更换。

4）检查燃油压力。

5）检查冷却液温度传感器或进气压力传感器工作是否正常。

6）检查怠速运转状态下的点火正时，如不符合标准值，应予以调整。

7）检查气缸压缩压力，压力过低应拆检发动机。

8）检查 ECU 的接地点接触是否良好，连接线路有无断路故障，如果上述检查均正常，可换一个新的 ECU，如有好转，则说明原 ECU 有故障，应更换。

（二）怠速运转不稳故障诊断

1. 故障现象

发动机怠速运转不稳定，发动机抖动，甚至熄火。

2. 故障原因

1）进气管路漏气或堵塞。

2）真空装置漏气。

3）空气滤清器堵塞。

4）怠速控制阀工作不良。

5）供油系统燃油压力过低。

6）个别喷油器雾化不良。

7）氧传感器、冷却液温度传感器、进气压力传感器工作不良。

8）节气门位置传感器调整不当。

9）供电电压小于 9V 或大于 16V。

10）ECU 连接导线松动，接地点脏污。

3. 故障诊断和排除

怠速运转不稳故障的诊断与排除如图 8-10 所示。

（三）发动机动力不足故障诊断

1. 故障现象

发动机无负荷运转正常，但带负荷运转时加速缓慢、上坡无力。

2. 故障原因

1）空气滤清器堵塞。

2）节气门调整不当，不能全开。

3）燃油压力过低。

4）喷油器工作不正常。

5）冷却液温度传感器或进气压力传感器有故障。

6）点火正时不当或高压火花弱。

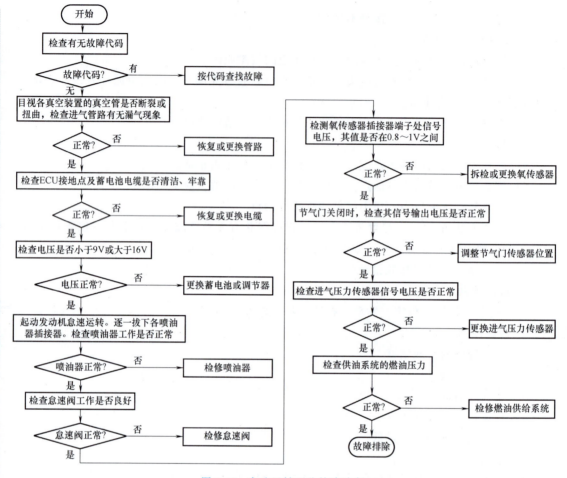

图 8-10 怠速运转不稳故障诊断

7) 发动机压缩压力过低。

8) 空气流量计有故障。

3. 故障诊断与排除

1) 将加速踏板踩到底,检查节气门能否全开。如不能全开,应调整节气门拉索或踏板。

2) 检查空气滤清器滤芯有无堵塞。若已堵塞,应清洗或更换。

3) 进行故障自诊断,检查有无故障码出现。若有故障码出现,应按所显示故障码查找故障原因。

4) 检查节气门位置传感器的全负荷触点能否闭合。

5) 检查点火正时是否正确。

6) 检查冷却液温度传感器和进气压力传感器。

7) 检查火花塞、高压线、点火线圈等点火系统高压部件。

8) 检查燃油压力。如压力过低,则应进一步检查电动燃油泵、油压调节器、汽油滤清器等元件。

项目 8　发动机总装与综合故障诊断

9）检查各喷油器工作是否正常。若喷油器喷油量不正常或雾化不良，应清洗或更换。

10）检测气缸的压缩压力，压力过低应拆检发动机。

（四）发动机加速不良故障诊断

1. 故障现象

当踩下加速踏板时，发动机转速不能迅速提高，严重时会造成发动机熄火。

2. 故障原因

1）燃油系统供油压力过低。

2）进气管路漏气或不畅通。

3）个别喷油器不工作。

4）进气压力传感器或节气门位置传感器工作不良。

5）排气管路堵塞。

6）连接线路插接器松动或接触不良。

3. 故障诊断与排除

首先进行故障自诊断，检查有无故障码。若有故障码，则按故障码查找故障原因；若无故障码，则应仔细检查以下各项：各真空管是否开裂、扭曲，连接是否正确，空气滤清器是否脏污，进气软管、节气门及进气歧管密封处有无漏气，ECU 接地点是否可靠，线束有无挤压和损伤。

上述检查均正常时，则按图 8-11 所示的项目进行检查。

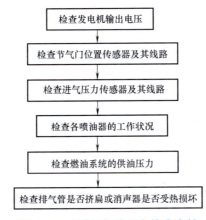

图 8-11　发动机加速不良故障诊断

任务总结

1. 发动机的装配是把新零件、修理合格的零件、组合件和辅助总成，按照工艺和技术条件装配成完整的发动机，并对其进行磨合。

2. 发动机装配顺序与调整方法随结构的不同有所变化，但基本顺序相同。

3. 尽量使用专用器具装配，按规定紧固力矩、紧固方法和顺序紧固螺栓。如塑性螺栓的塑性域-螺栓转角紧固法。

4. 大修后的发动机气缸压力符合原厂规定，各气缸压力差，汽油机应不超过各缸平均压力的 8%，柴油机不超过 10%。

5. 二级维护竣工的发动机除装备齐全有效之外，还必须进行性能检测。要求能正常起动，低、中、高速运转均匀、稳定，冷却液温度正常，加速性能好，无断火、回火、放炮等现象。发动机运转稳定后应无异响。全负荷功率不小于额定值的 80%。

6. 发动机异响常与发动机的转速、温度、负荷、缸位、工作循环等有关。

7. 气缸密封性的诊断参数主要有气缸压缩压力、曲轴箱窜气量、气缸漏气率、进气管真空度等。实际使用时只要检测上述参数中的 1 项或 2 项，就可确定气缸的密封性。

8. 发动机综合故障诊断主要包括发动机起动困难、怠速不稳、动力不足、加速不良等故障的诊断。

学习工作页

完成"学习工作页"项目 8 各项作业。

参考文献

[1] 刘锐,高寒. 汽油发动机构造与维修[M]. 北京:人民交通出版社,2013.
[2] STAUDT W. 汽车机电技术(一)[M]. 华晨宝马汽车汽车有限公司,译. 北京:机械工业出版社,2008.
[3] 张西振,黄艳玲. 汽车发动机构造与维修[M]. 2版. 北京:机械工业出版社,2014.
[4] Richard F. 汽车维修技能学习工作页[M]. 房大川,译. 北京:机械工业出版社,2010.
[5] 蔡兴旺. 汽车构造与原理实训[M]. 4版. 北京:机械工业出版社,2019.
[6] 汤定国. 汽车发动机构造与维修[M]. 2版. 北京:人民交通出版社,2005.
[7] STAUDT W. 汽车机电技术(二)[M]. 华晨宝马汽车汽车有限公司,译. 北京:机械工业出版社,2009.
[8] 仇雅莉. 汽车发动机构造与检修[M]. 3版. 北京:机械工业出版社,2020.
[9] 林平. 汽车发动机机械系统检修[M]. 2版. 北京:人民交通出版社,2011.
[10] 赵树国,候江丽. 汽车发动机机械系统的检测与修复[M]. 上海:上海交通大学出版社,2011.
[11] 焦传君,夏英慧. 汽车发动机构造与维修[M]. 3版. 北京:高等教育出版社,2018.
[12] 李良. 发动机机械系统检修[M]. 北京:北京理工大学出版社,2014.
[13] 代洪,吴东平. 汽车发动机构造与维修[M]. 北京:化学工业出版社,2009.
[14] 刘炽平,符强. 汽车发动机机械系统检修一体化项目教程[M]. 上海:上海交通大学出版社,2012.
[15] 上海通用汽车有限公司. 汽车发动机机械及检修[M]. 北京:高等教育出版社,2016.
[16] 黄靖雄,赖瑞海. 电控柴油机结构与原理[M]. 北京:人民交通出版社,2008.
[17] 吉利,马明芳. 发动机管理系统诊断维修[M]. 北京:机械工业出版社,2016.
[18] 武华,武剑飞. 汽车发动机构造与拆装工作页[M]. 3版. 北京:人民交通出版社,2013.
[19] 颜伏伍. 汽车发动机原理[M]. 4版. 北京:机械工业出版社,2018.

说　　明

1. "学习工作页"配套相应领域主教材使用。

2. 教师根据教学进度，布置学习工作页中相应任务，也可以变更补充。

3. "学习工作页"由学生独立或集体完成。

4. 教师及时检查批阅学生完成工作页情况，并给以评分。

5. 教师定期组织学生撰写海报，并进行交流。

6. "学习工作页"题解参考见丛书"教学资源"，可扫码链接。

目　　录

说明

项目 1　认知汽车发动机的构造与维修 …………………………………………………… 1
项目 2　曲轴连杆机构故障诊断 …………………………………………………………… 10
项目 3　配气机构故障诊断 ………………………………………………………………… 27
项目 4　冷却系统故障诊断 ………………………………………………………………… 42
项目 5　润滑系统故障诊断 ………………………………………………………………… 51
项目 6　汽油发动机燃料供给系统故障诊断 ……………………………………………… 58
项目 7　柴油发动机燃料供给系统故障诊断 ……………………………………………… 73
项目 8　发动机总装与综合故障诊断 ……………………………………………………… 84

项目1　认知汽车发动机的构造与维修

【任务接受】

客户刘先生想购买一部经济实用型轿车,到某汽车特约经销店,咨询汽车类型、参数以及发动机的有关知识,要求导购人员能够解答其问题。

【信息收集】

1. 了解以下信息。

写出你们学习的车型:年份_____,车型_____,发动机型号_____。

2. 结合你们所学习的发动机知识,写出你所认识的发动机各系统总成和零部件,填入工作页表1-1内。

工作页表1-1

部件及总成名称	安装位置(大致位置)

【制订计划与实施计划】

请根据客户的要求,向其介绍所需的车型和发动机。对小组成员进行合理分工,制订详细的介绍计划。

1. 请在工作页表1-2中选择在介绍中可能用到的工量具(在对应的选项中打√即可)。

工作页表 1-2

工量具名称	选择	
车内 4 件套	□可能	□不可能
车外 3 件套	□可能	□不可能
手套	□可能	□不可能
扳手	□可能	□不可能
手电筒	□可能	□不可能
其他(请填写具体名称)		

2. 将小组成员分工填入工作页表 1-3。

工作页表 1-3

序号	组长	记录员	操作员	备注

3. 制订汽车发动机介绍的派工计划。

（1）发动机类型、分类、型号和组成的介绍方法：_____
_____
_____

（2）发动机工作原理讲解步骤：_____
_____
_____

（3）运用车辆说明书进行发动机性能指标的介绍方法：_____
_____

4. 指出工作页图 1-1 所示的汽车发动机位置。说明这台发动机是纵置的还是横置的。

5. 面对如工作页图 1-2 所示发动机整体结构，请指认曲柄连杆机构、配气机构、燃料供给系统、点火系统的位置。

工作页图 1-1　汽车发动机位置

工作页图 1-2　发动机整体结构

6. 请仔细观察工作页图 1-3 所示两台发动机。请判断哪台是汽油发动机，哪台是柴油发动机。

a)　　　　　　　　　　b)

工作页图 1-3　发动机

请指出二者的主要区别。

1)

2)

3)

4)

7. 观察并说明四冲程发动机的工作过程（工作页图 1-4）。

答：

工作页图 1-4

8. 工作页图 1-5 所示发动机型号的含义是什么？

_____。

工作页图 1-5

9. 汽车性能介绍

（1）某汽车发动机外特性曲线如工作页图1-6所示，分析该汽车发动机性能特点。

通过该汽车发动机的外特性曲线图可知，其在很宽转速范围内保持最大转矩不变，说明其性能好。

（2）请在工作页图1-7中用蓝色标出发动机功率负荷特性曲线，用红色标出发动机转矩特性曲线。

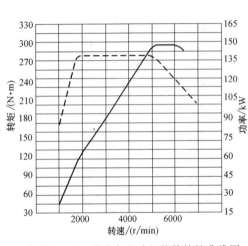

工作页图1-6　某汽车发动机的外特性曲线图

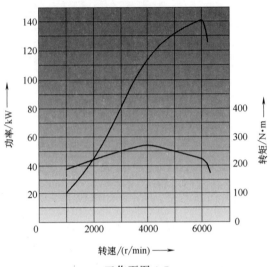

工作页图1-7

【检查与评价反馈】

1. 自我检查如工作页表1-4。

工作页表1-4　自我检查表

序号	学习目标	达成情况（在相应的选项后打√）		
		能	不能	不能的原因
1	叙述发动机的组成、作用和工作原理			
2	识别发动机的系统和机构			
3	制订认知发动机的结构讲解计划			
4	规范讲解发动机的型号和主要性能指标			
5	对发动机认知进行自检和互检			

2. 自我评价如工作页表1-5。

工作页表1-5　自我评价表

我做得好的地方	我还存在这些方面的问题
□ 动作准确	□ 动作不到位
□ 汽车实体、说明书使用规范	□ 汽车实体、说明书使用不规范
□ 演示步骤熟悉	□ 演示步骤不熟悉
□ 性能介绍清晰	□ 性能介绍不清晰
□ 讲解用时合理	□ 讲解用时过长
□ 工作态度端正	□ 工作态度不够端正

3. 小组评价。

我们组做到了：□ 全员参与　□ 分工明确　□ 工作高效　□ 完成了工作任务

4. 教师评价如工作页表1-6。

工作页表1-6　教师评价表

评价内容	评价指标	等次（星级评定）
1. 活动态度方面	（1）态度是否积极，是否主动组织或参与活动 （2）与小组同学合作是否良好 （3）活动是否认真、善始善终 （4）是否勇于克服困难	
2. 知识技能方面	（1）查阅资料技能 （2）实地观察记录能力 （3）调查研究能力 （4）整理材料能力	

【巩固与提高】

1. 发动机的作用是将某一种形式的能量转换为机械能，其原理是将液体或气体的化学能通过_____后转化为热能，再把热能通过膨胀转化为_____，并对外输出动力，使汽车行驶。

2. 发动机按照冷却方式的不同，可以分为_____和_____发动机。

3. 汽油发动机的总体构成：两大机构为_____和_____；五大系统分别为_____、_____、_____、_____和_____。

4. 某发动机活塞行程为80mm，其曲轴的曲柄半径应为_____。

5. 发动机排量是指_____。

6. 462发动机的活塞行程为80mm，其排量为_____。

7. 发动机的压缩比是_____与_____的比值。一排量为2520mL的六缸发动机，其燃烧室容积为60mL，其压缩比为_____。

8. 四冲程发动机有：_____、_____、_____和_____ 4个冲程。

9. 将汽车发动机基本术语填入工作页图1-8对应空白处，并将基本术语的序号填入相应的"□"中。

□ 活塞离曲轴旋转中心最远处
□ 活塞离曲轴旋转中心最近处
□ 上、下止点间的距离
□ 上、下止点间所包容的气缸容积
□ 活塞位于上止点时，活塞顶面以上气缸盖底面所形成的空间
□ 活塞排量（气缸工作容积）与余隙容积（燃烧室容积）之和

工作页图1-8

工作循环：往复式内燃机的工作循环是由_____、_____、_____和_____等4个工作过程组成的封闭过程。

10. 四冲程汽油发动机是如何工作的？填写出各冲程的名称及各部件工作状态。

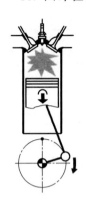
此冲程为_____冲程
活塞为_____状态
进气门处于_____状态
排气门处于_____状态
气缸压力_____变化

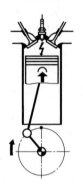
此冲程为_____冲程
活塞为_____状态
进气门处于_____状态
排气门处于_____状态
气缸压力_____变化

此冲程为_____冲程
活塞为_____状态
进气门处于_____状态
排气门处于_____状态
气缸压力_____变化

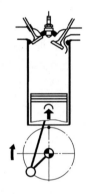
此冲程为_____冲程
活塞为_____状态
进气门处于_____状态
排气门处于_____状态
气缸压力_____变化

这4个冲程是发动机完成一个工作循环必须做的，每个冲程曲轴转动了_____角度，整个循环曲轴转了_____圈，凸轮轴转动了_____圈，进排气门各开启_____次。

11. 工作页图1-9为往复式内燃机，查阅学习资料，填写图中零部件的名称，并从台架上找出相应零部件。

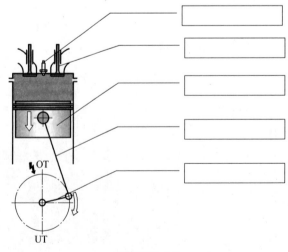

工作页图1-9

12. 看工作页图 1-10，写出汽车发动机各组成部分的名称及功用。
（1）汽车发动机各组成部分的名称。

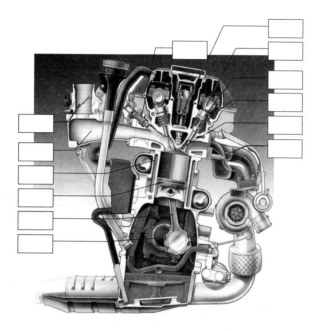

工作页图 1-10

（2）在工作页表 1-7 中填写发动机各组成部分的功用。

工作页表 1-7

名称、功用	图示
名称：_____ 功用：_____ _____ _____	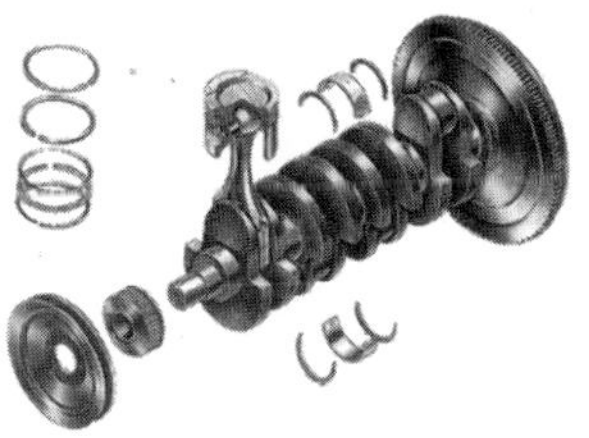
名称：_____ 功用：_____ _____ _____	

（续）

名称、功用	图示
名称：_____ 功用：_____ _____ _____	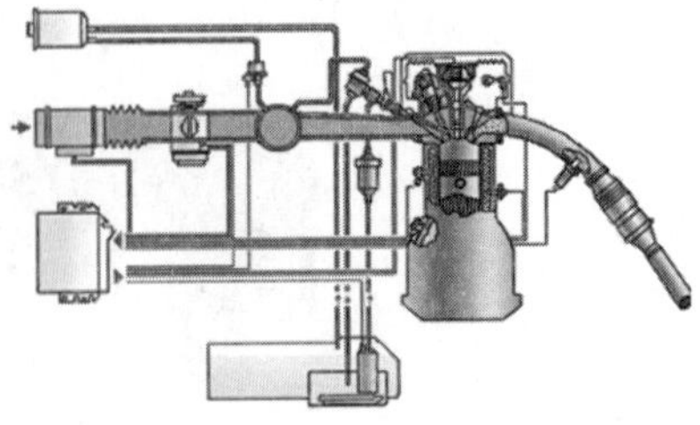
名称：_____ 功用：_____ _____ _____	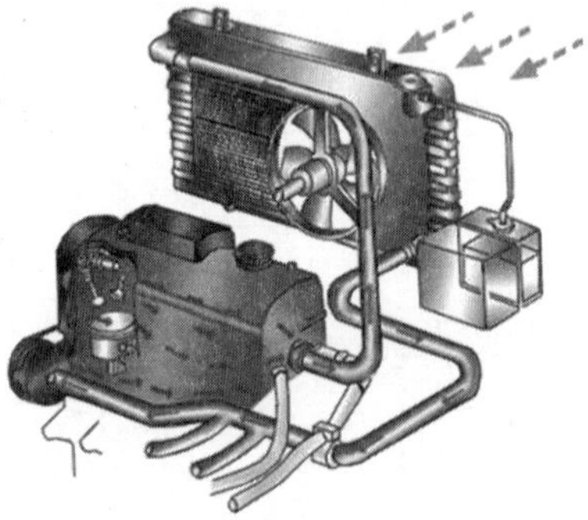
名称：_____ 功用：_____ _____ _____	电磁开关　点火开关 拨叉 驱动齿轮 飞轮　单向离合器　起动机　蓄电池
名称：_____ 功用：_____ _____ _____	配气凸轮轴 液压挺柱 曲轴 回油阀 机油滤清器 限压阀 机油泵 油底壳 集滤器

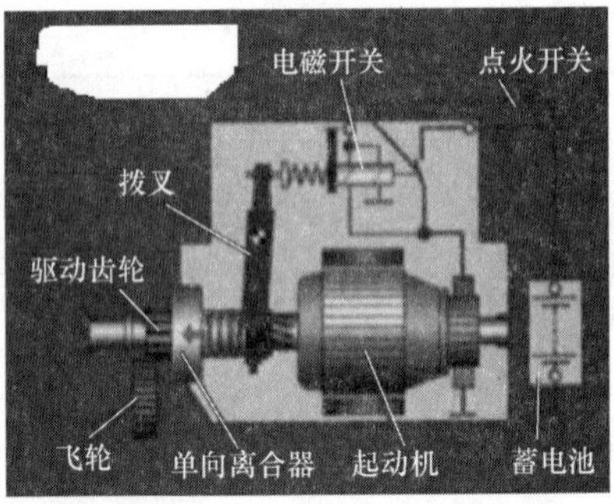

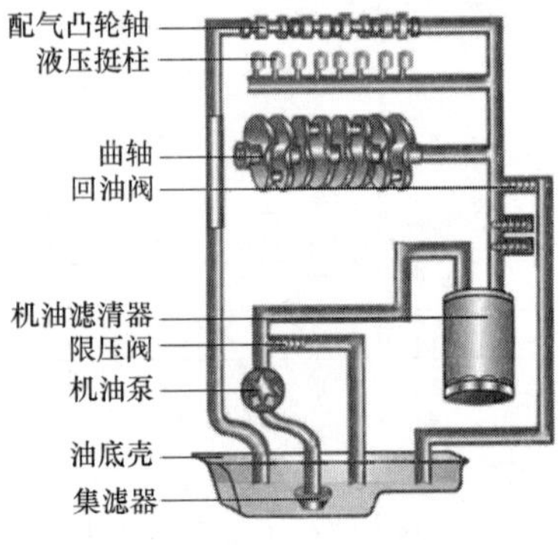

13. 对发动机的特征进行准确进行描述。

1）在工作页表 1-8 中写出各符号的含义。

工作页表 1-8

d	
s	
V_h	
V_c	

2）在工作页图 1-11 中的正确位置填入各符号。

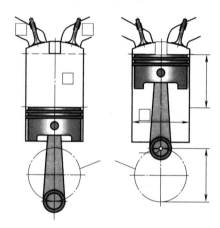

工作页图 1-11

3）请用不同的颜色标出 V_c 和 V_h。

4）哪些参数是计算气缸工作容积所必需的？请写出公式。

答：

5）请写出发动机排量的含义。

答：

项目 2　曲轴连杆机构故障诊断

【任务接受】

一位客户反映其汽车的动力性很差，燃油及机油消耗较大。该车使用年限较长，发动机无大修记录。通过气缸压缩压力的检测，测试值低于技术要求，从火花塞孔向气缸注入少量机油进行气缸压缩压力测试，测试值明显提高，初步判断为活塞环或气缸磨损，因此需要对发动机进行解体检测。

【信息收集】

1. 了解以下信息。

写出你们学习的车型：年份＿＿＿＿＿＿＿＿＿＿，车型＿＿＿＿＿＿＿＿＿＿＿＿，发动机型号＿＿＿＿＿＿＿＿＿＿＿＿＿＿。

2. 观察与识别发动机结构和工作过程。

A、B 两同学配合操纵一台分解的发动机，填写工作页表 2-1。找到第 1、4 缸上止点位置，如工作页图 2-1 所示。

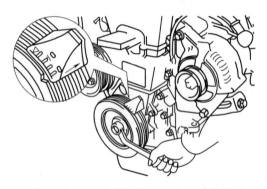

工作页图 2-1　发动机第 1、4 缸上止点位置

工作页表 2-1

A		B	
逆时针转动曲轴到上止点位置。仔细观察第 1、4 缸的气门开闭情况，其中进、排气门同开（排气上止点）的一缸作为观察缸。		继续转动曲轴 360°。观察第 1、4 缸活塞到上止点记号叫停。观察该缸曲轴、活塞和气门的运动。	
曲轴转角	活塞运动	进气门	排气门

【制订计划与实施计划】

请根据车主描述的现象和任务要求,确定所需的维护仪器、工具,并对小组成员进行合理分工,制订详细的检查和维护计划。

1. 请在工作页表 2-2 中选择在检修中可能用到的工量具(在对应的选项中打√即可)。

工作页表 2-2

工具名称	选择	
车内 4 件套	□可能	□不可能
车外 3 件套	□可能	□不可能
手套	□可能	□不可能
扳手(扭力、开口、活动)	□可能	□不可能
游标卡尺	□可能	□不可能
连杆检测仪	□可能	□不可能
手电筒	□可能	□不可能
其他(请填写具体名称)		

2. 将小组成员分工填入工作页表 2-3。

工作页表 2-3

序号	组长	记录员	操作员	备注

3. 制订汽车发动机检修派工计划。

(1)发动机曲柄连杆机构检查方法:_____

_____

(2)发动机曲柄连杆机构检修操作步骤:_____

_____

(3)发动机曲柄连杆机构检修选用工具:_____

_____

4. 在工作页表 2-4 中写出工具名称,并写出常用工具选用原则或使用注意事项。

工作页表 2-4

工具名称、作用	图示
工具名称:_____ 工具作用:_____ 	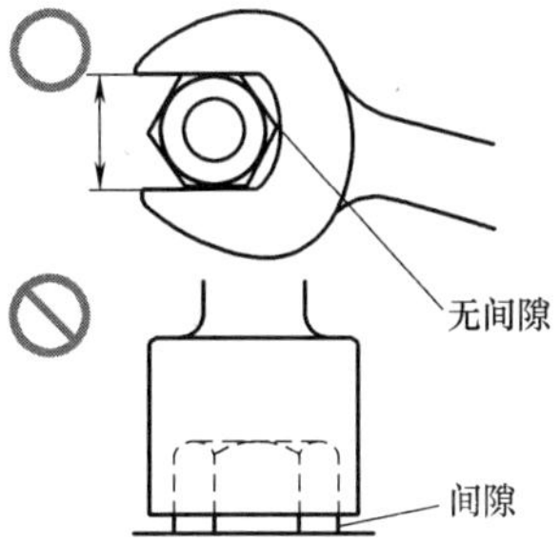 无间隙 间隙

（续）

工具名称、作用	图示
工具名称：_____ 工具作用：_____ _____ _____ _____ _____	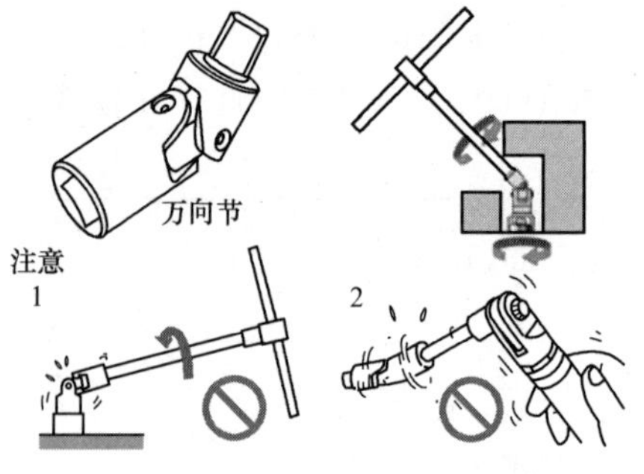
工具名称：_____ 工具作用：_____ _____ _____ _____ _____	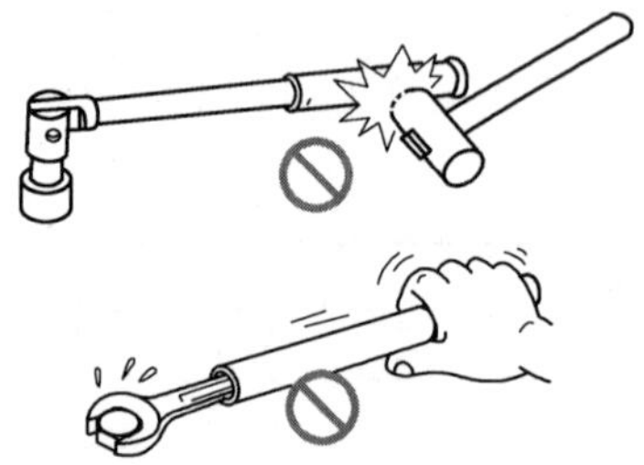
工具名称：_____ 工具作用：_____ _____ _____ _____ _____	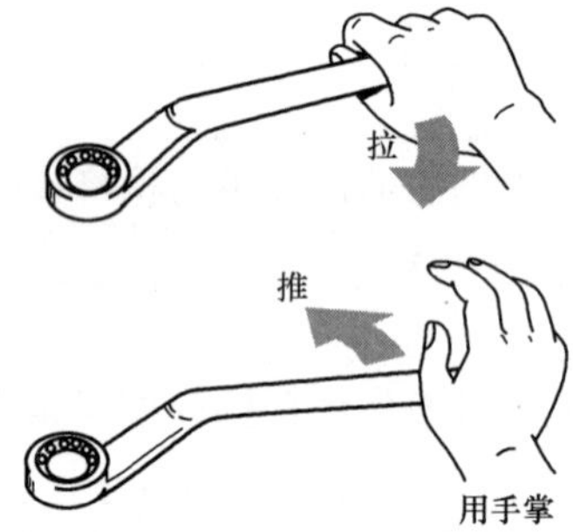
工具名称：_____ 工具作用：_____ _____ _____ _____ _____	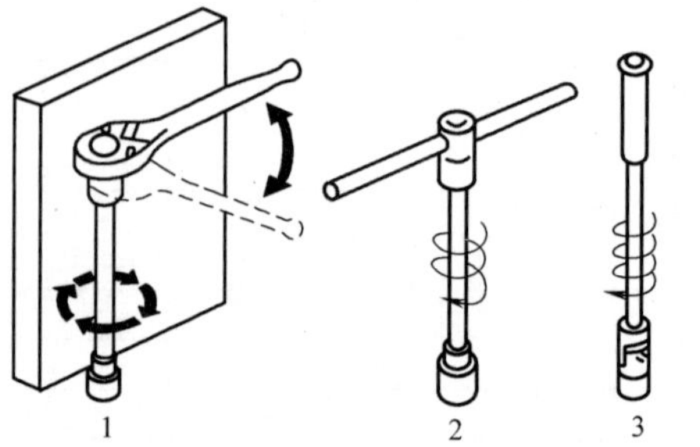

学习工作页

（续）

工具名称、作用	图示
工具名称：_____ 工具作用：_____ _____ _____ _____	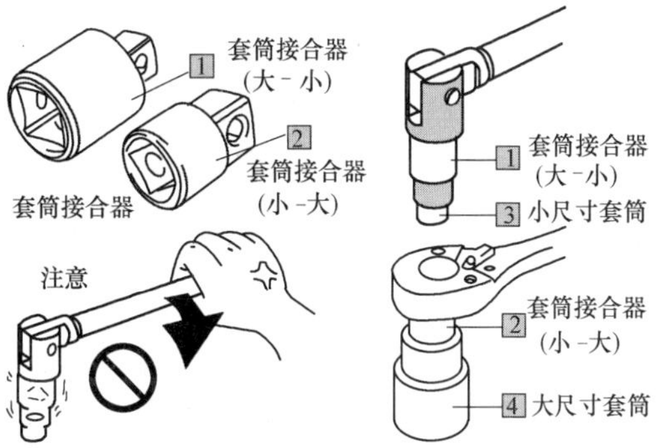
工具名称：_____ 工具作用：_____ _____ _____ _____	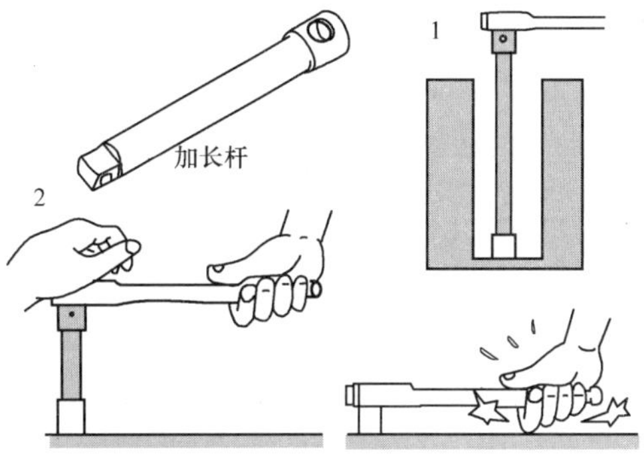
工具名称：_____ 工具作用：_____ _____ _____ _____	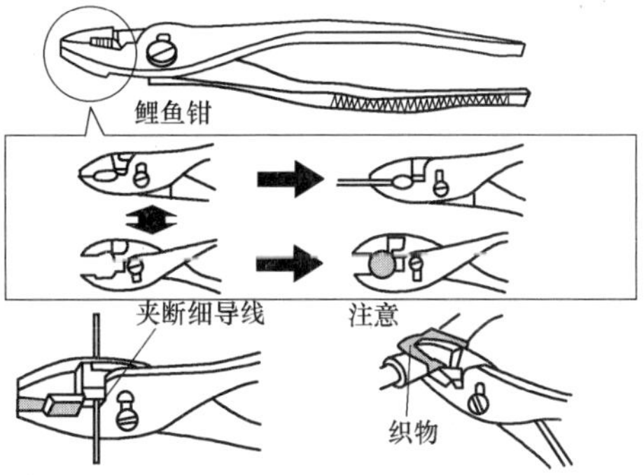

5. 拆装过程中注意曲轴正时齿轮上的正时标记。根据你的理解说出正时标记的作用。

答：

6. 通过观察实物，写出工作页图 2-2 所示机体组零部件的名称和作用，填入工作页表 2-5 中。

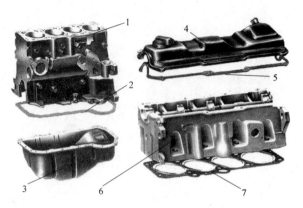

工作页图 2-2

工作页表 2-5

序号	名称	作用
1		
2		
3		
4		
5		
6		
7		

7. 写出在拆装机体组过程中使用的工具。

答：

8. 气缸盖螺栓拆卸和安装时的顺序有何不同？在工作页图 2-3 中标出气缸盖螺栓的拆装顺序。

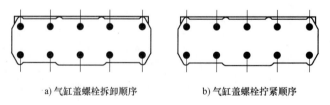

a) 气缸盖螺栓拆卸顺序　　　　b) 气缸盖螺栓拧紧顺序

工作页图 2-3

9. 气缸体和气缸盖平面如工作页图2-4所示。

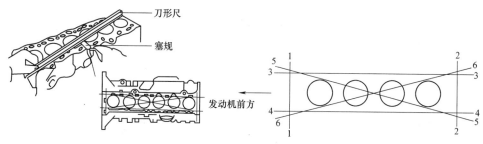

工作页图2-4

记录气缸体和气缸盖平面6个方向的最大变形量,按检测顺序填写下工作页表2-6。

工作页表2-6 气缸体和气缸盖平面变形检测记录表 （单位：mm）

方向 变形量	位置1	位置2	位置3	位置4	位置5	位置6
气缸体上平面						
气缸盖下平面						
进气歧管侧	对角线1	对角线2	排气歧管侧		对角线1	对角线2

10. 检修气缸

（1）测量气缸上、中、下3个位置的纵向和横向气缸直径。测量时应摆动量缸表，指针指示的最小值即为被测值，如工作页图2-5所示。将测得的值逐一记录下来并填写工作页表2-7。

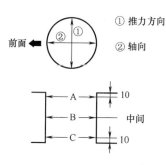

工作页图2-5 测量气缸磨损

工作页表2-7 气缸测量记录表

测量方位	前后方向	左右方向	圆度
A			
B			
C			
圆柱度			
处理方案			

（2）计算气缸的圆度偏差和圆柱度偏差。圆度和圆柱度偏差的计算方法与曲轴主轴承座孔相同，接近或超过工作页表 2-8 中的范围时，应进行镗缸修理。

工作页表 2-8　发动机气缸圆度、圆柱度偏差许用值　　（单位 mm）

	圆度偏差	圆柱度偏差
汽油机	≤0.05	≤0.20
柴油机	≤0.0625	≤0.25

11. 叙述气缸盖（工作页图 2-6）的检验步骤和方法。

_____

_____

_____

_____

工作页图 2-6　气缸盖

12. 气缸垫的安装

气缸垫安装时，应注意其安装方向。

（1）安装 AJR 发动机气缸垫时，有标号（配件号）的一面必须可见。

（2）换用新的气缸垫时，把有标记的一面朝向气缸盖，气缸垫的标记如工作页图 2-7 所示。

（3）拆装过程中，经过检查气缸垫没有损坏，那么装配时该气缸垫可以继续使用吗？

答：

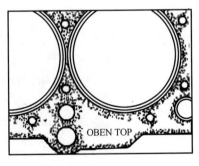

工作页图 2-7

13. 安装气缸盖的注意事项：

1）气缸盖的拆装必须在发动机_____下进行操作。

2）气缸盖在安装前，必须将_____、_____、_____及螺孔等处的脏物彻底清除掉。

3）安装气缸盖时，气缸盖螺栓应从中间向两边分数次拧紧，最后一次按力矩拧紧。

14. 通过观察实物，写出工作页图 2-8 所示活塞连杆组零部件的名称和作用，填入工作页表 2-9 中。

学习工作页

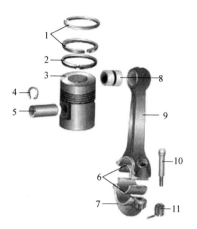

工作页图 2-8

工作页表 2-9

序号	名 称	作用
1		
2		
3		
4		
5		
6		
7		
8		
9		
10		
11		

15. 拆装活塞连杆组时，连杆盖、连杆轴承、连杆螺栓及其活塞环可以随意装配吗？
答：

16. 请说出活塞与气缸间隙的检查的步骤和方法（工作页图 2-9）。
答：

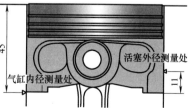

工作页图 2-9

17

17. 叙述连杆检验与校正的步骤和方法（工作页图2-10和图2-11）。

答：_____
_____
_____
_____

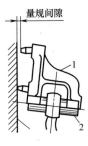

工作页图 2-10

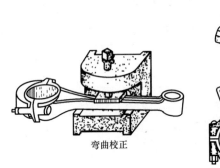
弯曲校正

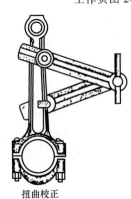
扭曲校正

工作页图 2-11

18. 检验并记录连杆变形情况，填入工作页表2-10中。试分析连杆变形的原因。

答：_____
_____
_____
_____

工作页表 2-10　连杆变形的检验数据

项目			连杆序号					
			Ⅰ	Ⅱ	Ⅲ	Ⅳ	Ⅴ	Ⅵ
三点规与基准平面的距离 /mm	前端	上点						
		下左点						
		下右点						
	后端	上点						
		下左点						
		下右点						
弯曲度 f								
扭曲度 r								
鉴定意见								

18

学习工作页

19. 叙述活塞环的选配与活塞偏缸检验步骤和方法,并将结果记录好(工作页图 2-12 和图 2-13)。

答:_____
_____
_____
_____

工作页图 2-12

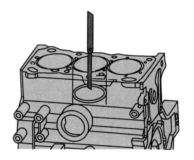

工作页图 2-13

20. 连杆检验与校正的安全注意事项是什么?

_____

21. 安装活塞销时,为什么要将活塞在水中加热至60℃?简述活塞销的功用。
答:

22. 安装活塞环时,各活塞环的开口(闭口间隙)可随意吗?
答:

23. 装配活塞连杆组时,要注意活塞的朝前标记。试分析其原因。

24. 安装连杆轴承。
用手指的力量将连杆轴承压入连杆轴承孔,注意轴承的突肩对准连杆孔上的凹槽。安装轴承盖时,要注意与连杆上的安装方向对准。将连杆螺栓拧到规定力矩。

注意：轴承错装会堵住油孔，造成等故障。

25. 通过观察实物，写出工作页图 2-14 所示曲轴飞轮组零部件的名称和作用，填入工作页表 2-11 中。

工作页表 2-11

序号	名称	作用
1		
2		
3		
4		
5		
6		
7		
8		

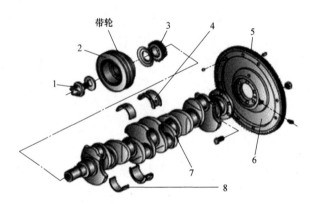

工作页图 2-14　安装连杆轴承

26. 你所拆装的发动机曲轴第几道主轴承盖两侧装有止推片？分析该止推片的作用。
答：

27. 曲轴安装完后，为什么要检查曲轴的轴向间隙和径向间隙？
答：

28. 指出工作页图 2-15 中 4 个带轮中哪一个是与曲轴相连的（在图用箭头标出曲轴带轮的安装位置）。

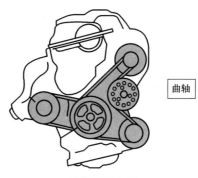

工作页图 2-15

29. 在工作页表 2-12 中填写仪量具在检测曲柄连杆机构主要零件时的作用。

工作页表 2-12

仪器、量具的名称	仪器、量具的功用
磁力探伤仪	
支架百分表	
外径千分尺	

30. 查阅维修手册，填写工作页表 2-13 中所检测的曲柄连杆机构主要零件的技术参数。

工作页表 2-13

名称	技术参数	名称	技术参数
曲轴主轴颈直径		曲轴主轴颈油隙	
连杆、轴颈直径		活塞销直径	
曲轴油膜间隙		连杆轴向间隙	
曲轴轴向间隙		活塞标准直径	
活塞与气缸标准油膜间隙		活塞与气缸最大油膜间隙	

31. 请叙述曲柄连杆机构的检测、选配和安装等环节中，有哪几项重要环节影响气缸的密封性。

32. 在拆卸、检测和安装曲柄连杆机构时，如何确保活塞、活塞销、活塞环、连杆、轴承和轴承盖等与气缸的对应关系？安装活塞、连杆和轴承盖时，如何确保其正确的安装方向？

33. 叙述曲轴轴承径向间隙的检查与调整的步骤和方法。

答：＿＿＿

＿＿

＿＿

34. 叙述曲轴轴向间隙的检查与调整步骤和方法（工作页图 2-16）。

＿＿＿＿＿＿＿＿＿＿＿＿＿＿＿＿＿＿＿＿＿＿＿

＿＿＿＿＿＿＿＿＿＿＿＿＿＿＿＿＿＿＿＿＿＿＿

＿＿＿＿＿＿＿＿＿＿＿＿＿＿＿＿＿＿＿＿＿＿＿

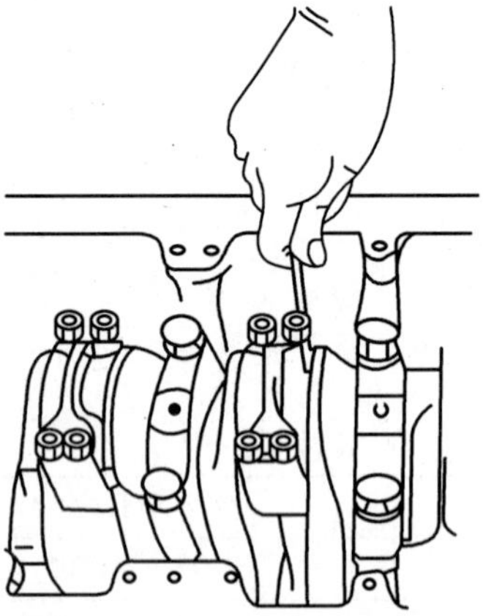

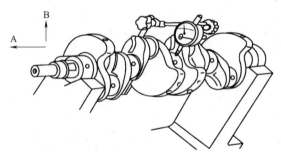

工作页图 2-16

35. 曲轴主轴颈圆度、圆柱度的检测如工作页图 2-17 所示。

工作页图 2-17

检测过程：用千分尺测量曲轴第一道主轴颈，并填写工作页表 2-14。

注意：A 指向曲轴前端键槽的方向，B 指向与 A 向垂直的方向。注意区分前后位置。测量后计算该主轴颈的圆度和圆柱度偏差值。

工作页表 2-14　　　　　　　　　　　　　　　　　　　　　　（单位：mm）

A 前		A 后	
B 前		B 后	
圆度偏差值		圆柱度偏差值	

36. 曲轴径向圆跳动的检测如工作页图 2-18 所示。

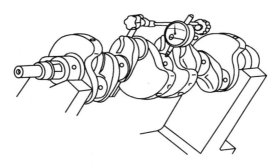

工作页图 2-18

检测过程：用百分表和磁性表座测量曲轴的径向圆跳动并填写工作页表 2-15。

将 V 形架支在被测曲轴的最外侧两道主轴颈下，装配好百分表及磁性表座，让百分表头垂直对准曲轴中间那道主轴颈的中间位置，如有油孔，应避开油孔，将百分表头指向油孔的边缘，百分表要有预压量。轻轻转动曲轴 1~2 周，观察百分表并读数，大表针摆动过的范围即为测量值。记录径向圆跳动数据。

工作页表 2-15　　　　　　　　　　　　　　　　　　　　（单位：mm）

曲轴径向圆跳动	

37. 拆装发动机曲柄连杆机构的安全注意事项是什么？

_____

38. 检测发动机传动带张紧度。 全新的传动带与重复使用的传动带的张紧度必须有所区别。

（1）用指压法检查。1NZ-FE 发动机指压法测量传动带张紧度如工作页图 2-19 所示。

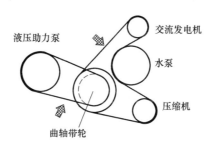

工作页图 2-19

1）将精密直尺靠放在发电机和曲轴传动带轮之间的传动带上。

2）用 98N（10kgf）的力推压带的中部。

3）用直尺测量变形量。查阅维修手册，将发动机传动带变形的规定数值填入工作页表 2-16 中。

（2）用传动带张紧力计测量传动带张紧力，如工作页图 2-20 所示。

发动机机械机构故障诊断与维修

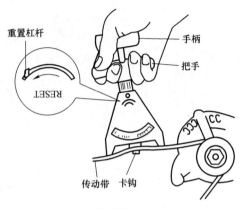

工作页图 2-20

工作页表 2-16　发动机传动带变形的规定数值

发动机型号	若安装了新的传动带	若安装了使用过的传动带或驱动时间超过 5min 的传动带
1NZ-FE/2NZ-FE（交流发电机、制冷压缩机和水泵传动带）		
1NZ-FE/2NZ-FE（液压助力泵传动带）		
JIA65Q51JIA65 Q7		

案例分析：一台发动机动力下降，经检测，气缸压缩压力不符合要求，说明气缸密封性不良。维修技师从火花塞孔注入少量机油进行湿气缸压缩压力测试，压缩压力有较大增加。试用所学知识判断曲柄连杆机构可能的故障的原因有哪些。

【检查与评价反馈】

1. 自我检查如工作页表 2-17。

工作页表 2-17　自我检查表

序号	学习目标	达成情况（在相应的选项后打√）		
		能	不能	不能的原因
1	叙述曲柄连杆机构的组成、作用和工作原理			
2	识别曲柄连杆机构的主要零部件			
3	制订曲柄连杆机构的拆装计划			
4	规范拆装曲柄连杆机构			
5	对曲柄连杆机构的安装质量进行自检和互检			

2. 自我评价如工作页表 2-18。

工作页表 2-18　自我评价表

我做得好的地方	我还存在这些方面的问题
□ 动作准确	□ 动作不到位
□ 工具使用规范	□ 工具使用不规范
□ 安装步骤熟悉	□ 安装步骤不熟悉
□ 零件摆放整齐	□ 零件摆放不整齐
□ 操作用时合理	□ 操作用时过长
□ 工作态度端正	□ 工作态度不够端正

3. 小组评价。
我们组做到了：□ 全员参与　□ 分工明确　□ 工作高效　□ 完成了工作任务
4. 教师评价如工作页表 2-19。

工作页表 2-19　教师评价表

评价内容	评价指标	等次（星级评定）
1. 活动态度方面	（1）态度是否积极，是否主动组织或参与活动 （2）与小组同学合作是否良好 （3）活动是否认真、善始善终 （4）是否勇于克服困难	
2. 知识技能方面	（1）查阅资料技能 （2）实地观察记录能力 （3）调查研究能力 （4）整理材料能力	

【巩固与提高】

1. 曲柄连杆机构是发动机_____的主要机构，其作用是：_____。
2. 机体组主要由_____、_____和_____等零件组成。
3. 发动机气缸排列方式基本上有 3 种：_____、_____和_____。
4. 气缸套有_____和_____2 种。
5. 气缸盖的作用是_____，并与活塞顶部和气缸壁一起构成_____。
6. 活塞连杆组由_____、_____、_____和_____等机件组成。
7. 活塞环有_____和_____2 种。其中_____的作用是密封和导热，_____的作用是布油和刮油。
8. 活塞环的三隙为：_____、_____和_____。
9. 曲轴飞轮组主要由_____、_____和_____组成。

10. 曲轴的作用：_____。
11. 活塞在制造中，其头部有一定锥度，主要是由于_____。
   A. 节省材料　　　　　　　　　　B. 可减少往复运动惯性力
   C. 活塞在工作中受热不均匀　　　　D. 润滑可靠
12. 扭曲环所以会扭曲是因为_____。
   A. 加工成扭曲　　　　　　　　　　B. 环断面不对称
   C. 气体压力的作用　　　　　　　　D. 惯性力的作用
13. 发动机气缸磨损的检验，主要测量其_____。
   A. 直线度和同轴度　　　　　　　　B. 平行度和平面度
   C. 垂直度和圆跳动　　　　　　　　D. 圆度和圆柱度
14. 测量气缸直径时，当量缸表指示到最大值时，即表示测杆垂直于气缸轴线_____。
   A. 最大读数　　B. 最小读数　　C. 中间值读数　　D. 任一读数
15. 为了减轻磨损，通常对_____进行镀铬。
   A. 第一道环　　B. 所有气环　　C. 油环　　　　　D. 气环和油环
16. 活塞的最大磨损部位一般是_____。
   A. 头部　　　　B. 裙部　　　　C. 顶部　　　　　D. 环槽
17. 若连杆检验仪的量规的上测点与平板接触，下面两测点与平板存在相等的间隙，则表明连杆发生了_____。
   A. 弯曲　　　　B. 扭曲　　　　C. 双重弯曲　　　D. 弯曲与扭曲
18. 连杆的弯、扭校正经常在_____下进行。
   A. 高温　　　　B. 常温　　　　C. 高压　　　　　D. 低压
19. 汽油机活塞裙部的膨胀槽一般开在工作行程的对面_____。
   A. 受离心力较大处　　　　　　　　B. 受离心力较小处
   C. 受侧向力较大处　　　　　　　　D. 受侧向力较小处
20. 正扭曲环正确的安装方向是_____。
   A. 外切口向上、内切口向下　　　　B. 外切口向上、内切口向上
   C. 外切口向下、内切口向上　　　　D. 外切口向下、内切口向下

项目 3　配气机构故障诊断

【任务接受】

某客户的大众朗逸轿车行驶过程中排气故障灯亮，油耗增加，排放超标。经检查，进气凸轮轴机油控制阀故障，更换进气凸轮轴机油控制阀后，上述故障现象消失。

【信息收集】

1. 了解以下信息。

写出你们学习的车型：年份_____，车型_____，发动机型号_____。

2. 配气机构认知

写出工作页图 3-1 所示图号所标示零件的名称，并填写在工作页表 3-1 中。

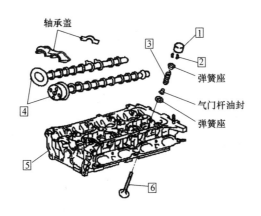

工作页图 3-1

工作页表 3-1

序号	名称	序号	名称
1		4	
2		5	
3		6	

3. 如工作页图 3-2 所示，写出配气机构在发动机中的位置及工作情况。

发动机机械机构故障诊断与维修

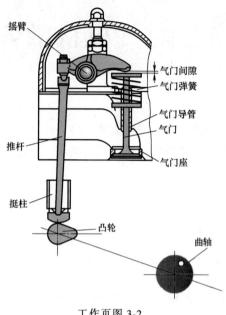

工作页图 3-2

答：_____
_____
_____

【制订计划与实施计划】

请根据车主描述的现象和任务要求，确定所需的维护仪器、工具，并对小组成员进行合理分工，制订详细的检查和维护计划。

1. 请在工作页表 3-2 中选择在配气机构检修中可能用到的工量具（在对应的选项中打√即可）。

工作页表 3-2

工量具名称	选择	
车内 4 件套	□可能	□不可能
车外 3 件套	□可能	□不可能
手套	□可能	□不可能
扳手(扭力、开口、活动、套筒)	□可能	□不可能
塞尺	□可能	□不可能
千分尺	□可能	□不可能
磁性座百分表	□可能	□不可能
专用工具	□可能	□不可能
其他(请填写具体名称)		

2. 将小组成员分工填入工作页表 3-3。

学习工作页

工作页表 3-3

序号	组长	记录员	操作员	备注

3. 制订汽车发动机配气机构检修派工计划。

（1）发动机配气机构检查方法：_____
_____

（2）发动机配气机构检修操作步骤：_____
_____

（3）发动机配气机构检修选用工具：_____

4. 制订拆装发动机配气机构（工作页图 3-3）的实施计划。

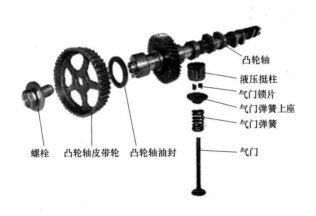

工作页图 3-3

答：_____
_____
_____
_____
_____

5. 观察实物，写出工作页图 3-4 所示配气机构气门传动组各零件名称和作用，填入工作页表 3-4 中。

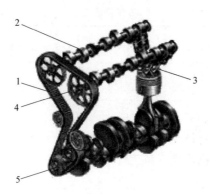

工作页图 3-4

工作页表 3-4

序号	名称	作用
1		
2		
3		
4		
5		

6. 拆装过程中，注意观察凸轮轴的外形。凸轮轴凸轮的形状影响气门的开闭时刻，凸轮影响气门的开闭时刻和_____。

7. 如工作页图 3-5 所示，在安装凸轮轴时，第 1 缸的凸轮 A 必须（   ）。

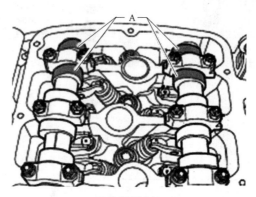

工作页图 3-5

8. 气门间隙过大或过小对于发动机有什么样的影响？

9. 叙述气门间隙(工作页图 3-6)的检查与调整的步骤和方法,填写工作页表 3-5。
答:

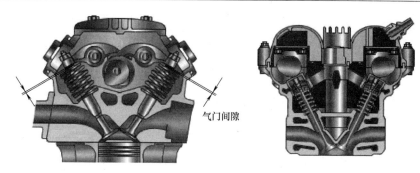

工作页图 3-6

工作页表 3-5 气门间隙检调工艺

发动机型号		气门间隙标准值	进气门		冷态		热态			
			排气门		冷态		热态			
缸号		I		II		III		IV	V		VI
气门顺序	1	2	3	4	5	6	7	8	9	10	11	12
气门名称												
当第1/6缸压缩上止点时可调气门												
测量间隙值												
是否合格												
调整后间隙												
鉴定意见												

10. 检查和调整气门间隙的安全注意事项是什么?

11. 观察实物，写出工作页图 3-7 所示气门组各零件的名称和作用，并填入工作页表 3-6 中。

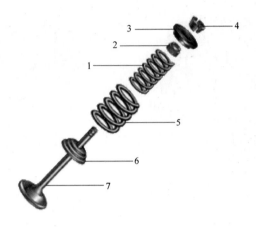

工作页图 3-7

工作页表 3-6

序号	名称	作用
1		
2		
3		
4		
5		
6		
7		

12. 气门组拆卸

如工作页图 3-8 所示，分解需要注意什么？

_____
_____
_____
_____

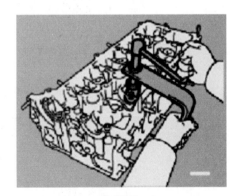

工作页图 3-8

如工作页图3-9所示，使用气门弹簧压缩器时需要注意哪些事项？

_____

_____

_____

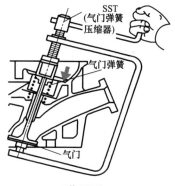

工作页图3-9

13. 如工作页图3-10所示，叙述气门与气门座的手工研磨步骤和方法。

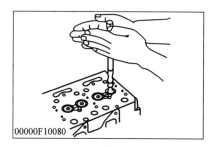

工作页图3-10

14. 如工作页图3-11所示，叙述检测气门与气门座的密封性的步骤和方法。

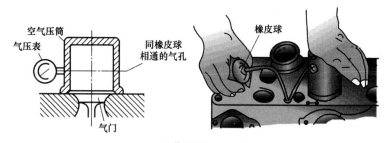

工作页图3-11

15. 配气机构的安装如果出现错误会给发动机带来什么影响？
答：

16. 拆装配气机构的安全注意事项是什么？

17. 修理气门与气门座时，安全注意事项是什么？

【检查与评价反馈】

1. 自我检查如工作页表 3-7。

工作页表 3-7 自我检查表

序号	学习目标	达成情况（在相应的选项后打√）		
		能	不能	不能的原因
1	叙述配气机构的组成、作用和工作原理			
2	识别配气机构的主要零部件			
3	制订配气机构的拆装计划			
4	规范拆装配气机构			
5	对配气机构的安装质量进行自检和互检			

2. 自我评价如工作页表 3-8。

工作页表 3-8 自我评价表

我做得好的地方	我还存在这些方面的问题
□ 动作准确	□ 动作不到位
□ 工具使用规范	□ 工具使用不规范
□ 安装步骤熟悉	□ 安装步骤不熟悉
□ 零件摆放整齐	□ 零件摆放不整齐
□ 操作用时合理	□ 操作用时过长
□ 工作态度端正	□ 工作态度不够端正

3. 小组评价。

我们组做到了：□ 全员参与　□ 分工明确　□ 工作高效　□ 完成了工作任务

4. 教师评价如工作页表 3-9。

工作页表 3-9 教师评价表

评价内容	评价指标	等次（星级评定）
1. 活动态度方面	(1) 态度是否积极，是否主动组织或参与活动 (2) 与小组同学合作是否良好 (3) 活动是否认真、善始善终 (4) 是否勇于克服困难	
2. 知识技能方面	(1) 查阅资料技能 (2) 实地观察记录能力 (3) 调查研究能力 (4) 整理材料能力	

学习工作页

【巩固与提高】

1. 发动机配气机构的作用：_____。
2. 发动机配气机构按凸轮轴的位置分类，有_____、_____和_____3种。
3. 发动机配气机构按凸轮轴的传动方式分类有_____、_____和_____3种。
4. 配气相位是用曲轴转角表示的_____。
5. 发动机配气机构由_____和_____组成。
6. 气门的功用：控制_____气管的开闭。
7. 气门的类型：气门头顶部形状有_____、_____和喇叭形顶。
8. 气门弹簧的作用：保证_____的复位。
9. 正时带的作用：它在发动机里起到传动带的作用，在_____的带动下将力传递给_____，使之与凸轮轴同时旋转，以保证_____开闭与活塞往复运动的准时配合，确保发动机的正常运作。
10. 气门间隙是指气门完全关闭时，气门挺柱和凸轮之间的_____。主要的作用是给热膨胀_____。
11. 可变配气技术主要分为可变气门正时和可变气门升程两大类。前一种技术控制气门打开的时间，后一种技术控制气门的打开的开度（升程）。请指出工作页表3-10中的这些技术分别属于哪一种？

工作页表 3-10

车系	采用的系统名称	可变配气技术
丰田	VVT-i	
	VVTL-i	
本田	VTEC	
	i-VTEC	

12. 使用可变配气技术有什么好处？

日产的 2L Neo VVL 发动机比没有配备 VVT 的相同结构的发动机，可以提供超过 25% 的动力输出。菲亚特 Barchetta's 1.8 VVT 发动机，能在 2000~6000r/min 之间输出 90% 的转矩。从这两个例子中，我们可以看出，采用可变配气技术的优点有（在正确的叙述前打"√"）：

☐ 发动机在低转速时能增加转矩输出，大大增强驾驶的操纵灵活性。
☐ 发动机的功率和转矩能兼顾高低转速的工况。
☐ 发动机的转速能够设计得更高。
☐ 改善燃料消耗率。
☐ 减少废气排放。

13. 配气相位认知

比较两种配气相位表示方法，请在工作页图 3-12 和图 3-13 中标注出进气提前角 α，进

气延迟角 β，排气提前角 γ，排气延迟角 δ，气门叠开角 $\alpha+\delta$。

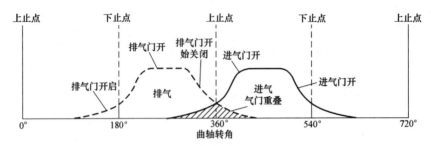

工作页图 3-12

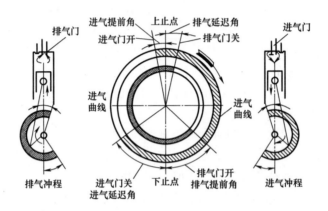

工作页图 3-13

14. 在工作页图 3-14 中，补全叶片调整装置上带数字编号的零部件名称，并在正确位置写出对应数字。

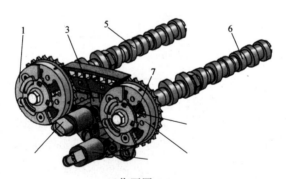

工作页图 3-14

1 _____
3 _____
5 _____
6 _____
7 _____
外转子_____
机油室_____

_____用于对进气凸轮轴进行控制调节的阀门
_____用于对排气凸轮轴进行控制调节的阀门

15. 进气凸轮轴如何实现提前调节？根据工作页图 3-15 所示的工作原理描述其整个工作过程。

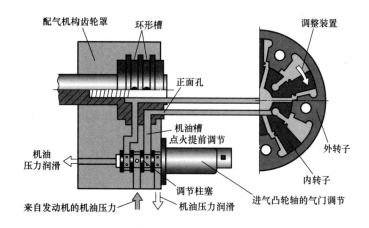

工作页图 3-15

16. 丰田 VVT-i 的基本组成与工作原理。

（1）VVT-i 由哪些部件构成？不同的气门正时有什么作用？VVT-i 是如何对配气正时进行控制的？

_____
_____
_____

（2）请根据工作页图 3-16 所示丰田 VVT-i 的系统结构，在有 VVT-i 的发动机上找到相应的元件。

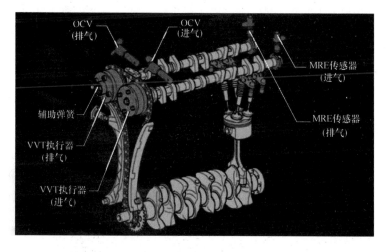

工作页图 3-16

（3）VVT-i 系统的作用。

1) 根据 VVT-i 的控制原理，叙述影响配气正时控制的主要因素有哪些。发动机 ECU 是如何进行气门正时控制的？

_____

_____

_____

2) 各种工况下，进、排气门应该在什么时刻打开，什么时刻关闭？

① 低温，低负荷低速：延迟进气门的打开时刻，提前排气门的关闭时刻，可减少气门重叠，以减少废气逆吹入进气管，从而达到稳定怠速、提高燃料消耗率和起动性能。

用红色彩笔将工作页图 3-17 所示 VVT-i 的气门重叠图中左边的气门重叠区域涂红，将右边操作区域中的发动机的工作区域涂红。

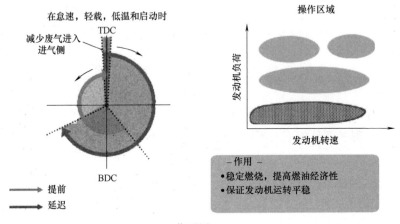

工作页图 3-17

② 中等负荷，或者高负荷中低速：提前进气门的打开时刻，推迟排气门的关闭时刻，可增加气门重叠，以增加废气再循环率以及降低泵气损失，从而改善排放控制和燃料消耗率。此外，提前进气门的关闭时刻可减少进气被逆吹回进气管，改善了充气效率。

用红色彩笔将工作页图 3-18 所示 VVT-i 的气门重叠图中气门重叠区域涂红；将工作页

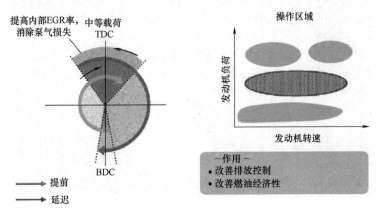

工作页图 3-18

图3-19所示VVT-i的气门重叠图中的排气门提前打开的区域涂成黄色，进气门延迟关闭的区域涂成蓝色。将上述两图右边操作区域中发动机的工作区域涂红。

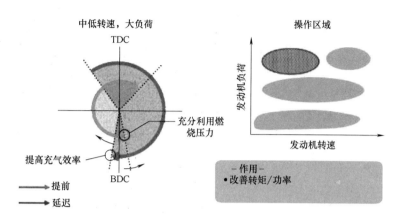

工作页图3-19

③ 高负荷高速：提前排气门的打开时刻，可以减少泵气损失，延迟进气门的关闭时刻，可以提高充气效率，从而提高发动机的输出功率。

用彩笔将工作页图3-20所示VVT-i的气门重叠图中左边的排气门提前打开区域涂成红色，进气门延迟关闭时刻涂成黄色；将右边的操作区域中发动机的工作区域涂成红色。

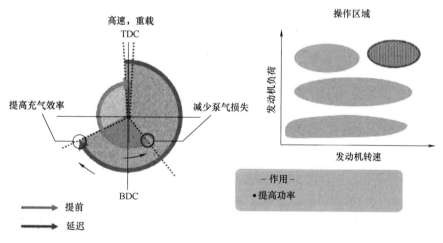

工作页图3-20

（4）VVT-i系统执行器的结构与作用。

1）VVT-i控制器工作页图3-21所示。

① VVT-i控制器由正时链轮驱动的外壳和连接到进气凸轮轴的叶片组成。

② 来自进气凸轮轴提前或者延迟侧油道的油压，使VVT-i控制器的叶片沿圆周方向旋转，从而连续不断地改变进气门正时。

③ 发动机停止时，进气凸轮轴将处于最延迟状态，以确保起动性能。

④ 发动机起动后，液压力未施加到VVT-i控制器上时，锁销便会将VVT-i控制器锁止，以防止产生敲击噪声。液压力施加到VVT-i控制器上时，锁销会被松开。

2）凸轮轴正时机油控制阀（OCV 阀）如工作页图 3-22 所示。

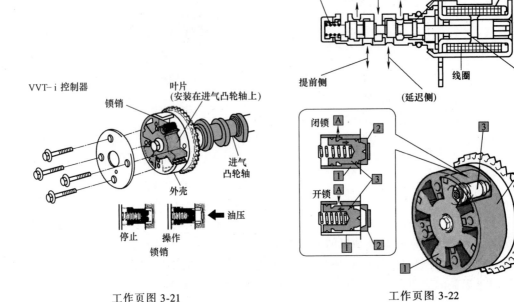

工作页图 3-21　　　　　　　　工作页图 3-22

凸轮轴正时机油控制阀通过发动机 ECU 发出的占空比控制信号来控制，这样液压力可以施加到 VVT-i 控制器的提前侧或延迟侧。发动机停止时，凸轮轴正时机油控制阀位于最延迟位置。

3）如工作页图 3-22 所示。在括号内填入零件对应的序号。

当机油从油孔（A）进入到外壳（　）与叶片（　）内锁销（　）之间的凹坑里，机油压力克服弹簧力，锁销（　）被抬起，叶片（　）在机油压力的推动下带动凸轮轴转动。当叶片（　）重新回到原来的位置，机油压力被撤销时，锁销（　）在弹簧力的作用下，重新回到凹坑，叶片（　）与外壳（　）锁在一起。

① 提前（VVT-i 提前侧油路如工作页图 3-23 所示）。

VVT-i 控制
1. 提前

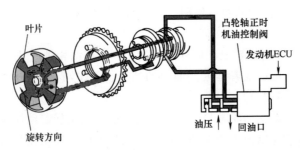

工作页图 3-23

通过来自发动机 ECU 的提前信号，将 OCV 阀定位在图示位置时，油压作用于气门正时_____侧的叶片室，使进气凸轮轴向气门正时的_____方向旋转，从而改变_____。用彩笔将图中的进油油路涂成红色，回油油路涂成蓝色。

② 延迟（VVT-i 延迟侧油路如工作页图 3-24 所示）。

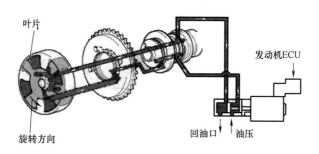

工作页图 3-24

通过来自发动机 ECU 的提前信号，将 OCV 阀定位在图示位置时，油压作用于气门正时_____侧的叶片室，使进气凸轮轴向气门正时的_____方向旋转，从而改变_____。用彩笔将图中的进油油路涂成红色，回油油路涂成蓝色。

③ 保持（VVT-i 保持油路如工作页图 3-25 所示）。

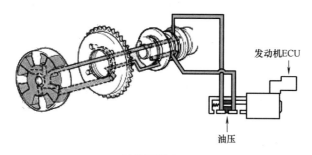

工作页图 3-25

当达到_____气门正时以后，通过使 OCV 阀保持在中间位置，关闭油道保持油压，以保持气门正时，直至发动机工作状态改变。

项目 4　冷却系统故障诊断

【任务接受】

某客户的轿车出现发动机起动困难、冷却液温度高的故障，要求对其轿车发动机机械系统进行故障检修。

【信息收集】

1. 了解以下信息。

写出你们学习的车型：年份_____，车型_____，发动机型号_____。

2. 在工作页表 4-1 中填写冷却系统各元件名称、作用。

工作页表 4-1

部件图片	名称、作用
	名称_____ 作用_____ _____ _____ _____
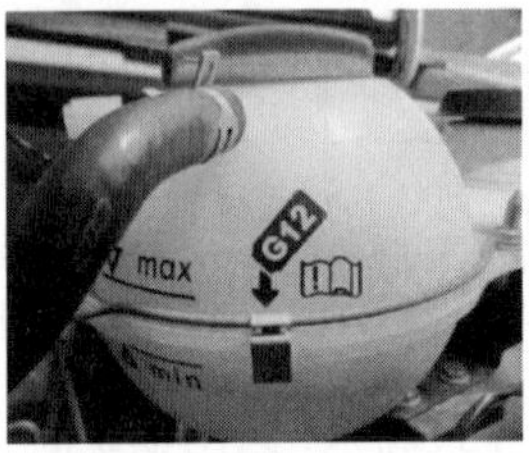	名称_____ 作用_____ _____ _____ _____
	名称_____ 作用_____ _____ _____ _____

学习工作页

（续）

部件图片	名称、作用
	名称＿＿＿＿＿＿＿＿＿＿＿＿＿＿＿＿ 作用＿＿＿＿＿＿＿＿＿＿＿＿＿＿＿＿ ＿＿＿＿＿＿＿＿＿＿＿＿＿＿＿＿＿＿ ＿＿＿＿＿＿＿＿＿＿＿＿＿＿＿＿＿＿ ＿＿＿＿＿＿＿＿＿＿＿＿＿＿＿＿＿＿
	名称＿＿＿＿＿＿＿＿＿＿＿＿＿＿＿＿ 作用＿＿＿＿＿＿＿＿＿＿＿＿＿＿＿＿ ＿＿＿＿＿＿＿＿＿＿＿＿＿＿＿＿＿＿ ＿＿＿＿＿＿＿＿＿＿＿＿＿＿＿＿＿＿ ＿＿＿＿＿＿＿＿＿＿＿＿＿＿＿＿＿＿
	名称＿＿＿＿＿＿＿＿＿＿＿＿＿＿＿＿ 作用＿＿＿＿＿＿＿＿＿＿＿＿＿＿＿＿ ＿＿＿＿＿＿＿＿＿＿＿＿＿＿＿＿＿＿ ＿＿＿＿＿＿＿＿＿＿＿＿＿＿＿＿＿＿ ＿＿＿＿＿＿＿＿＿＿＿＿＿＿＿＿＿＿
	名称＿＿＿＿＿＿＿＿＿＿＿＿＿＿＿＿ 作用＿＿＿＿＿＿＿＿＿＿＿＿＿＿＿＿ ＿＿＿＿＿＿＿＿＿＿＿＿＿＿＿＿＿＿ ＿＿＿＿＿＿＿＿＿＿＿＿＿＿＿＿＿＿ ＿＿＿＿＿＿＿＿＿＿＿＿＿＿＿＿＿＿
	名称＿＿＿＿＿＿＿＿＿＿＿＿＿＿＿＿ 作用＿＿＿＿＿＿＿＿＿＿＿＿＿＿＿＿ ＿＿＿＿＿＿＿＿＿＿＿＿＿＿＿＿＿＿ ＿＿＿＿＿＿＿＿＿＿＿＿＿＿＿＿＿＿ ＿＿＿＿＿＿＿＿＿＿＿＿＿＿＿＿＿＿

3. 观察冷却液进行大循环和小循环流动路线划分，如工作页图 4-1 所示。

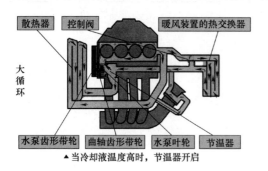

▲当冷却液温度高时，节温器开启　　　　▲当冷却液温度低时，节温器关闭

工作页图 4-1

答：大循环_____

小循环_____

4. 判断工作页图 4-2 所示几种产品：(　　) 是发动机冷却液。

工作页图 4-2

5. 汽车冷却液的类型有乙醇-水型、甘油-水型和乙二醇水型等 3 种。目前，国内外大部分防冻液都采用 (　　) 型。

6. 目前，市场上冷却液的冰点有____℃、____℃、____℃、____℃等几种规格，一般要选择比所在地区最低气温低 (　　)℃以上为宜。冰点越（高、低），冷却液的抗冻性能越强。

7. 一般优质冷却液从外观上看，应 (　　)。

A. 清澈透明　B. 无杂质　C. 不浑浊　D. 无刺激性气味　E. 有详细的生产单位名称及明确的指标说明

8. 冷却液的有效期多为 (　　) 年（个别产品会长一些），必须定期更换，更换周期一般为 (　　)。

A. 2 年　B. 4 年　C. 5 万公里　D. 10 万公里

9. 汽车冷却液的型号从 (　　) 上可以查到。

A. 汽车使用手册　B. 水箱盖　C. 产品外包装　D. 散热器

10. 冷却液的颜色一般有红色、绿色、蓝色等。不同品牌、型号、颜色的防冻液 (　　) 混合添加。

A. 能　B. 不能

【制订计划与实施计划】

请根据车主描述的现象和任务要求,确定所需的维护仪器、工具,并对小组成员进行合理分工,制订详细的检查和维修计划。

1. 请在工作页表 4-2 中选择在配气机构检修中可能用到的工量具(在对应的选项中打√即可)。

工作页表 4-2

工量具名称	选择	
车内 4 件套	□可能	□不可能
车外 3 件套	□可能	□不可能
手套	□可能	□不可能
扳手(扭力、开口、活动)	□可能	□不可能
专用工具	□可能	□不可能
其他(请填写具体名称)		

2. 将小组成员分工填入工作页表 4-3 中。

工作页表 4-3

序号	组长	记录员	操作员	备注

3. 制订汽车发动机冷却系统检修派工计划。
(1) 发动机冷却系统检查方法:＿＿＿＿＿＿＿＿＿＿＿＿＿＿＿＿＿＿＿＿
＿＿＿＿＿＿＿＿＿＿＿＿＿＿＿＿＿＿＿＿＿＿＿＿＿＿＿＿＿＿＿＿＿＿
(2) 发动机冷却系统检修操作步骤:＿＿＿＿＿＿＿＿＿＿＿＿＿＿＿＿＿＿
＿＿＿＿＿＿＿＿＿＿＿＿＿＿＿＿＿＿＿＿＿＿＿＿＿＿＿＿＿＿＿＿＿＿
(3) 发动机冷却系统检修选用工具:＿＿＿＿＿＿＿＿＿＿＿＿＿＿＿＿＿＿
＿＿＿＿＿＿＿＿＿＿＿＿＿＿＿＿＿＿＿＿＿＿＿＿＿＿＿＿＿＿＿＿＿＿

4. 叙述发动机冷却系统(工作页图 4-3)拆装的步骤及方法。

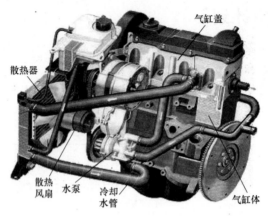

工作页图 4-3

答：
_____
_____
_____
_____

5. 加注冷却液时应在什么状态下加注？加注液位到什么位置？从哪里观察？
答：

6. 更换水泵和节温器时，需要更换新的垫片吗？
答：

7. 简述更换冷却液的步骤。
答：
_____
_____
_____
_____

8. 就车查找，冷却液温度传感器安装于（　　　）处。
A. 水泵　B. 缸盖出水口　C. 风扇　D. 散热器
9. 就车查找，冷却液温度感应塞安装于（　　　）处。
A. 水泵　B. 缸盖出水口　C. 风扇　D. 散热器
10. 判断更换冷却液的注意事项是否正确。

(1) 防冻液中的乙二醇本身并无毒性。(　　)
(2) 乙二醇防冻液对车漆无腐蚀性。(　　)
(3) 不同品牌、型号的冷却液可以混合使用。(　　)
(4) 冷却液可以兑水使用。(　　)
(5) 如果皮肤上溅到或粘上了防冻液,应立刻用大量的清水冲洗干净。(　　)

11. 发动机出水管应连接散热器的(　　),进水口应连接散热器的(　　)。

A. 上部　　B. 下部

12. 判断工作页图4-4所示冷却液的液位是否正常。(　　)

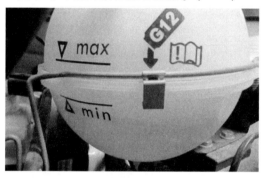

工作页图4-4

13. 测量冷却液的冰点需要使用工作页图4-5所示的哪种工具?(　　)

工作页图4-5

14. 拆装发动机冷却系统的安全注意事项是什么?

_____
_____
_____
_____

【检查与评价反馈】

1. 自我检查如工作页表4-4。

工作页表4-4　自我检查表

序号	学习目标	达成情况(在相应的选项后打√)		
		能	不能	不能的原因
1	叙述冷却系统的组成、作用和工作原理			

(续)

序号	学习目标	达成情况（在相应的选项后打√）		
		能	不能	不能的原因
2	识别冷却系统的主要零部件			
3	制订冷却系统的拆装检查计划			
4	规范拆装冷却系统			
5	对冷却系统的检修安装质量进行自检和互检			

2. 自我评价如工作页表4-5。

工作页表4-5 自我评价表

我做得好的地方	我还存在这些方面的问题
□ 动作准确	□ 动作不到位
□ 工具使用规范	□ 工具使用不规范
□ 安装步骤熟悉	□ 安装步骤不熟悉
□ 零件摆放整齐	□ 零件摆放不整齐
□ 操作用时合理	□ 操作用时过长
□ 工作态度端正	□ 工作态度不够端正

3. 小组评价。

我们组做到了：□ 全员参与　□ 分工明确　□ 工作高效　□ 完成了工作任务

4. 教师评价如工作页表4-6。

工作页表4-6 教师评价表

评价内容	评价指标	等次（星级评定）
1. 活动态度方面	(1) 态度是否积极，是否主动组织或参与活动 (2) 与小组同学合作是否良好 (3) 活动是否认真、善始善终 (4) 是否勇于克服困难	
2. 知识技能方面	(1) 查阅资料技能 (2) 实地观察记录能力 (3) 调查研究能力 (4) 整理材料能力	

【巩固与提高】

1. 冷却系统的作用就是使工作中的发动机得到_____，从而保持发动机在_____工作。在采用水冷却系统的发动机中，冷却液的工作温度一般为_____℃。

2. 根据冷却介质的不同，汽车发动机的冷却方式有两种，即_____和_____

_____。

3. 冷却系统是将发动机中高温零件的热量先传给_____，再散发到大气中去，使发动机的温度降低而进行冷却的一系列装置。

4. 防冻冷却液是一种含有_____的冷却液，能_____、_____、防锈、防积水垢，被现代汽车广泛采用。乙二醇型防冻冷却液的牌号是按_____来划分的，选用时应根据车辆使用地区冬季的_____来选择，为防意外，选用的防冻冷却液冰点应比最低气温低_____℃左右。

5. 防冻冷却液按其冰点不同，分为_____、-30、_____、-40、_____、-50 共 6 个牌号，可直接加入车中使用。

6. 防冻冷却液的冰点用_____检测。

7. 更换冷却液时应注意什么？
答：

8. 在以工作页图 4-6 中找出冷却系统各元件的位置，其中（　　）是节温器，（　　）是水泵。

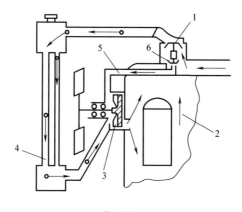

工作页图 4-6

9. 汽车冷却系统的任务就是（　　）。
A. 保证发动机在高温下工作　B. 保证发动机在低温下工作　C. 保证发动机在最适宜温度范围内工作

10. 冷却液又叫（　　），其作用具有（　　）。
A. 冷却　B. 提高沸点　C. 防水垢　D. 防腐蚀

11. 发动机达到正常工作温度后，冷却液的温度为（　　）。
A. 70~80℃　B. 80~90℃　C. 90~100℃

12. 发动机冷却液过少，将会造成（　　）。
A. 发动机温度过低　B. 发动机温度过高，甚至拉缸　C. 无影响

13. 发动机冷却系统冷却强度的调节装置有（　　）。
A. 水泵　B. 风扇　C. 节温器　D. 散热器

14. 在工作页图 4-7 中画出汽车冷却系统冷却液的大、小循环路线。

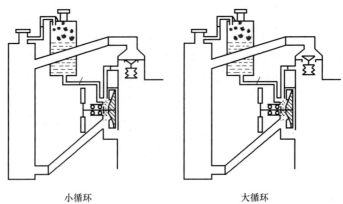

小循环　　　　　　　　　大循环

工作页图 4-7

15. 轿车发动机的散热风扇是由（　　）驱动的。

A. 发动机　　B. 电动机　　C. 变速器

16. 发动机散热风扇一般有（　　）个档位。

A. 1　　B. 2　　C. 3

17. 发动机散热风扇的起停受（　　）控制。

A. 节温器　　B. 车速　　C. 温控开关

18. 按照工作页图 4-8 所示结构，写出冷却系统各零部件和作用，并填入工作页表 4-7 中。

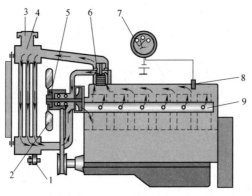

工作页图 4-8

工作页表 4-7

序号	名称	作用
1		
2		
3		
4		
5		
6		
7		
8		
9		

项目 5　润滑系统故障诊断

【任务接受】

某客户的轿车出现发动机油压指示灯亮、油压低的故障，要求对其轿车发动机机械系统进行故障检修。

【信息收集】

1. 了解以下信息。

写出你们学习的车型：年份_____，车型_____，发动机型号_____。

2. 观察轿车发动机的润滑系统（工作页图 5-1）组成，并结合实物写出发动机润滑系统的供油路线。

答：

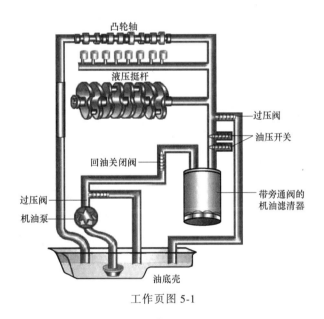

工作页图 5-1

_____

_____

3. 指出如工作页图 5-2 所示发动机润滑系统主要部件的名称和作用。

1) _____
2) _____
3) _____

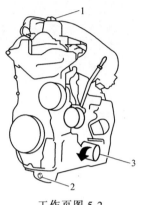

工作页图 5-2

4. 结合实物讨论曲轴主轴承、连杆轴承、凸轮轴、摇臂轴、气缸壁及活塞销分别用何种润滑方式润滑。

5. 在工作页表 5-1 中补充工作页图 5-3 中完整部件名称，并画出零部件的图形符号。

工作页表 5-1

编号	名　　称	符号
1		
2	液压链条张紧器	■
3	活塞冷却喷油器	
4		
5	机油滤清器	
6	溢流阀	
7		 ⬚
8	集滤器	
9		
10	单向阀	
11	安全阀	 ⬚

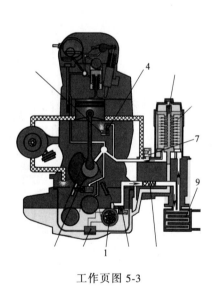

工作页图 5-3

6. 工作页图 5-4a、b 所示分别是＿＿＿＿＿＿和＿＿＿＿＿＿机油泵。标注零件名称，并说出机油泵的工作原理＿＿＿＿＿＿＿＿＿＿＿＿＿＿＿＿＿＿

_____
_____
_____

a)   b)

工作页图 5-4

7. 机油滤清器认知

（1）机油滤清器的连接方式分别为 _____ 和 _____。

（2）写出工作页图 5-5 中指引线所指零件的名称。

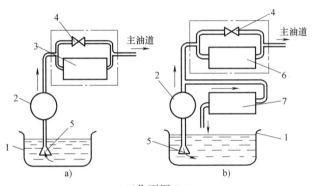

工作页图 5-5

1. _____ 2. _____ 3. _____ 4. _____
5. _____ 6. _____ 7. _____

8. 机油尺认知

（1）机油尺的作用是 _____ 它是一个金属杆，下端制成扁平，并有刻线。

（2）机油油面必须处于机油尺上下刻线之间，如工作页图 5-6 所示。位于 _____ 与 _____ 之间的 _____ 范围内为合适。

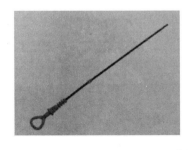
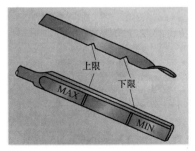

工作页图 5-6

(3) 油压表装在_____，显示机油压力大小。

9. 限压阀的作用：_____

10. 旁通阀的作用：_____

11. 机油压力开关安装在_____，用于检测发动机的机油压力。

【制订计划与实施计划】

请根据车主描述的现象和任务要求，确定所需的维护仪器、工具，并对小组成员进行合理分工，制订详细的检查和维护计划。

1. 请在工作页表 5-2 表中选择在润滑系统检修中可能用到的工量具（在对应的选项中打√即可）。

工作页表 5-2

工量具名称	选择	
车内 4 件套	□可能	□不可能
车外 3 件套	□可能	□不可能
手套	□可能	□不可能
扳手(扭力、开口)	□可能	□不可能
专用工具	□可能	□不可能
其他(请填写具体名称)		

2. 将小组成员分工填入工作页表 5-3。

工作页表 5-3

序号	组长	记录员	操作员	备注

3. 制订汽车发动机润滑系统检修派工计划。

（1）发动机润滑系统检查方法：_____

（2）发动机润滑系统检修操作步骤：_____

（3）发动机润滑系统检修选用工具：_____

4. 叙述发动机润滑系统拆装的步骤及方法。

答：_____

5. 随着发动机的工作，越来越多的杂质进入润滑油，润滑系统靠什么部件来进行系统内的清洁？

　　答：

6. 机油滤清器是需要定期更换的零件，并且在达到规定行驶里程时同机油一起更换，为什么？如不定期更换会有什么后果？

　　答：

7. 更换机油时，注意观察机油尺，并分析机油尺的作用。机油液面应在什么位置？

　　答：

8. 安装新机油滤清器时，应在密封圈上涂上干净的_____。若不涂，安装时密封圈与接合面发生干摩擦，密封圈易翘曲和损坏，造成密封不良而漏油。

9. 机油泵内装有一个溢流阀，到达规定压力时，阀门_____（打开/关闭），从而控制最大机油压力。

10. 拆装发动机润滑系统的安全注意事项是什么？

【检查与评价反馈】

1. 自我检查如工作页表5-4。

工作页表5-4　自我检查表

序号	学习目标	达成情况(在相应的选项后打√)		
		能	不能	不能的原因
1	叙述润滑系统的组成、作用和工作原理			
2	识别润滑系统的主要零部件			
3	制订润滑系统的拆装检查计划			
4	规范拆装润滑系统			
5	对润滑系统的检修安装质量进行自检和互检			

2. 自我评价如工作页表 5-5。

工作页表 5-5　自我评价表

我做得好的地方	我还存在这些方面的问题
□ 动作准确	□ 动作不到位
□ 工具使用规范	□ 工具使用不规范
□ 安装步骤熟悉	□ 安装步骤不熟悉
□ 零件摆放整齐	□ 零件摆放不整齐
□ 操作用时合理	□ 操作用时过长
□ 工作态度端正	□ 工作态度不够端正

3. 小组评价。
　　我们组做到了：□ 全员参与　　□ 分工明确　　□ 工作高效　　□ 完成了工作任务
4. 教师评价如工作页表 5-6。

工作页表 5-6　教师评价表

评价内容	评价指标	等次（星级评定）
1. 活动态度方面	(1) 态度是否积极,是否主动组织或参与活动 (2) 与小组同学合作是否良好 (3) 活动是否认真、善始善终 (4) 是否勇于克服困难	
2. 知识技能方面	(1) 查阅资料技能 (2) 实地观察记录能力 (3) 调查研究能力 (4) 整理材料能力	

【巩固与提高】

1. 润滑系统的作用是＿＿＿＿＿＿＿＿＿＿＿＿＿＿＿＿＿＿＿＿＿＿＿＿＿＿＿。此外，由于润滑油的循环流动，还具有以下作用：＿＿＿＿＿＿、＿＿＿＿＿＿、冷却和＿＿＿＿＿＿＿＿。

2. 发动机运转时，各运动零件的工作条件不同，所要求的润滑强度也不同，因而要采取不同的润滑方式。常用的润滑方式有如下 3 种：＿＿＿＿＿＿＿＿＿＿＿＿、飞溅润滑和＿＿＿＿＿＿＿。

3. 选用发动机油，首先根据车辆＿＿＿＿＿＿＿或发动机工作条件确定发动机机油的质量等级；其次，根据＿＿＿＿＿＿＿＿＿选择合适的发动机机油黏度等级。

4. 黏度等级的选用是根据车辆使用地区和季节气温来选择的。由于单级油不能同时满足＿＿＿＿＿的要求，因此只能根据当地季节气温适当选用。而多级油适应＿＿＿＿＿宽，应尽量选用多级油。

5. 机油泵的作用就是把一定量的机油压力＿＿＿＿＿，强制性地将机油压送到发动机各摩擦表面，保证压力润滑的润滑油＿＿＿＿流动。机油泵位于曲轴箱内，由＿＿＿＿＿驱动，常用的形式有齿轮式和转子式。

学习工作页

6. 机油集滤器装在_____之前，用来防止粒度大的杂质进入_____。

7. 机油冷却器是利用发动机_____对机油进行冷却，用于一些_____的发动机上。

8. 油底壳是_____的容器。

9. 如工作页图 5-7 所示，写出润滑系统的油路路线。

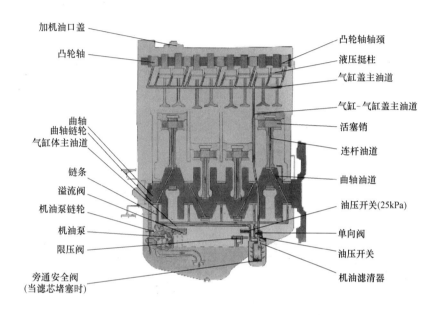

工作页图 5-7

答：_____

_____

_____

项目6 汽油发动机燃料供给系统故障诊断

【任务接受】

某客户的轿车出现怠速不稳、冒黑烟的故障,通过车间技术人员的诊断,发现汽车油路出现故障,需对轿车燃料供给系统进行故障检修。

【信息收集】

1. 了解以下信息。

写出你们学习的车型:年份_____,车型_____,发动机型号_____。

2. 通过观察实物,写出工作页图6-1中进气系统零部件的名称和作用,填入工作页表6-1中。

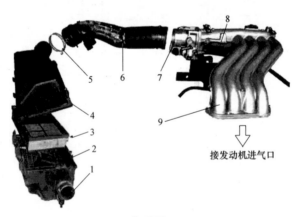

工作页图 6-1

工作页表 6-1

序号	名 称	作 用
1		
2		
3		
4		
5		
6		
7		
8		
9		

3. 发动机燃油压力调节器是什么形式的？其作用是什么？在整车上找出工作页图 6-2 所示燃油系统各元器件的位置，并填写工作页表 6-2。

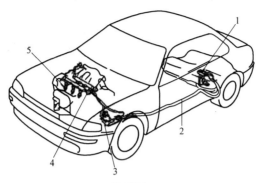

工作页图 6-2

工作页表 6-2

元件代号	名称	安装位置
1		燃油箱内
2	燃油管	
3	滤清器	
4	燃油压力调节器	
5		发动机进气歧管处

4. 请查找有关资料，按照工作页图 6-3 中轿车发动机空气流量计安装位置有关信息，填写工作页表 6-3。

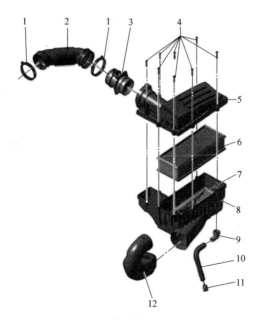

工作页图 6-3

工作页表 6-3

序号	名　　称	作　　用
3		
6		

5. 结合发动机实物，写出该发动机燃油供给和空气供给的路线。

答：

6. 通过观察实物，写出工作页图 6-4 中燃油供给系统零部件的名称和作用，填入工作页表 6-4 中。

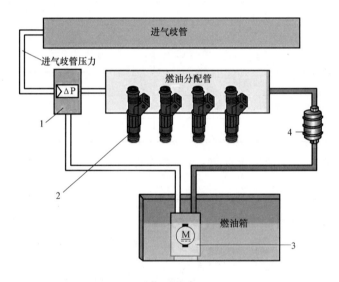

工作页图 6-4

工作页表 6-4

序号	名　　称	作　　用
1		
2		
3		
4		

7. 通过观察实物，写出工作页图 6-5 所示排气系统零部件的名称和作用，填入工作页表 6-5 中。

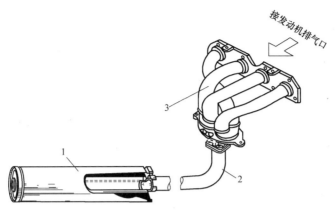

工作页图 6-5

工作页表 6-5

序号	名　称	作　用
1		
2		
3		

8. 指认工作页图 6-6 中发动机电子喷射汽油燃料供给系统汽油泵的各零件

1_____,2_____,3_____,4_____,5_____。

工作页图 6-6

【制订计划与实施计划】

请根据车主描述的现象和任务要求，确定所需的维护仪器、工具，并对小组成员进行合理分工，制订详细的检查和维护计划。

1. 请在工作页表 6-6 中选择在汽油机燃料供给系统检修中可能用到的工量具（在对应

的选项中打√即可）。

工作页表 6-6

工量具名称	选择	
车内 4 件套	□可能	□不可能
车外 3 件套	□可能	□不可能
手套	□可能	□不可能
扳手（扭力、开口、活动）	□可能	□不可能
专用工具	□可能	□不可能
其他（请填写具体名称）		

2. 将小组成员分工填入工作页表 6-7。

工作页表 6-7

序号	组长	记录员	操作员	备注

3. 制订汽油机燃料供给系统检修派工计划。

（1）汽油机燃料供给系统检查方法：_____

_____

（2）汽油机燃料供给系统检修操作步骤：_____

_____

（3）汽油机燃料供给系统检修选用工具：_____

4. 拆装节气门拉索时应注意什么？

答：

5. 拆卸油泵、汽油滤清器、油压调节器和喷油器时应注意什么？

答：

6. 装复汽油滤清器时，汽油滤清器进油口的箭头应指向汽油的_____。

7. 装复油泵时，密封凸缘上的箭头必须与油箱上的箭头_____。

8. 装 O 形密封圈时，应注意什么？
答：

9. 在拆装过程中，完成工作页表 6-8 的内容。

工作页表 6-8

元器件	安装位置
空气流量计	
节气门体	
汽油箱	
汽油泵	
油压调节器	
汽油滤清器	
冷却液温度传感器	
进气温度传感器	
爆燃传感器	
氧传感器	
电控单元（ECU）	

10. 写出在燃料供给系统拆装过程中所使用的工具。

11. 冷却液温度传感器（工作页图 6-7）有哪些常见故障？如何检测（工作页图 6-8）？
答：

冷却液温度传感器

工作页图 6-7

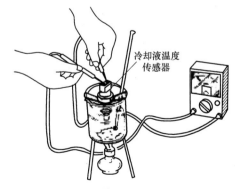

工作页图 6-8

12. 案例分析

一辆轿车不能起动,估计故障是在燃油供给系统上,对该系统进行检查必须了解这些设备的结构和功能。

1)如果该车辆不能起动,请从燃油供给设备的范围内列举出 3 个可能的原因。

2)燃油供给系统有什么作用?

3)写出工作页图 6-9 中各零部件的名称和作用,并填写工作页表 6-9。

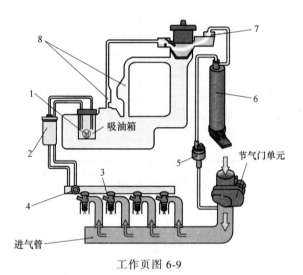

工作页图 6-9

工作页表 6-9

序号	名 称	作 用
1		
2		
3		
4		
5		
6		
7		
8		

13. 节气门位置传感器(工作页图 6-10)有哪些常见的故障?如何检测(工作页图 6-11)?

答:

学习工作页

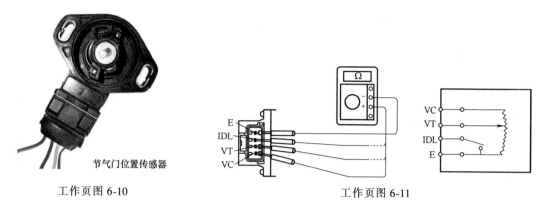

工作页图 6-10　节气门位置传感器

工作页图 6-11

14. 识别工作页图 6-12 所示电控汽油喷射系统中的传感器的类型。

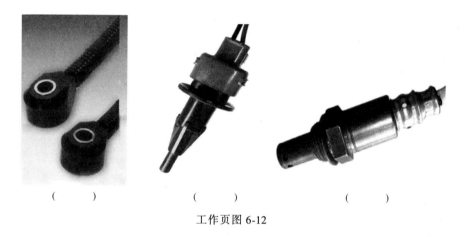

（　　）　　　　　（　　）　　　　　（　　）

工作页图 6-12

15. 拆装与检测燃油喷射系统主要部件的安全注意事项是什么？

16. 叙述故障存储器（工作页图 6-13）故障码的读取及清除的步骤。

工作页图 6-13

17. 按 ATUOBOSS 2800+诊断仪输出的故障码，写出此代码的含义，并写出故障码相应部件的检测步骤和方法。

答：

65

发动机机械机构故障诊断与维修

18. 检修时，记录并回答下列问题。

1）确定 PCM 的数据连线接口位置。接口的位置在哪里？

2）将诊断仪连接到 DLC，将点火开关打到 RUN 位置。诊断仪软件的版本是什么？

3）选择动力控制计算机功能。显示了什么有关动力的信息？

4）这些信息的用途有多大？

5）读取在 PCM 内存中储存的任何可能的故障码，将这些故障码记录在下面：

6）这些故障码是硬故障码还是间歇性故障码？

7）对于有故障码的电路，检查所有的传感器和输入/输出值。有数值超出说明范围吗？

8）根据故障码诊断表，你得到了什么结论？

19. 使用燃油喷射系统常用检测诊断仪器的安全注意事项是什么？

学习工作页

20. 分析该故障引起发动机不能起动的原因,并找出故障。

21. 叙述燃油喷射系统故障诊断的方法及步骤。
    答:

22. 燃油喷射系统的故障诊断时,安全注意事项是什么?
    答:

【检查与评价反馈】

1. 自我检查如工作页表 6-10。

工作页表 6-10　自我检查表

序号	学习目标	达成情况(在相应的选项后打√)		
		能	不能	不能的原因
1	叙述汽油机燃料供给系统的组成、作用和工作原理			
2	识别汽油机燃料供给系统的主要零部件			
3	制订汽油机燃料供给系统的拆装检查计划			
4	规范拆装汽油机燃料供给系统			
5	对汽油机燃料供给系统的检修安装质量进行自检和互检			

2. 自我评价如工作页表 6-11。

工作页表 6-11　自我评价表

我做得好的地方	我还存在这些方面的问题
□ 动作准确	□ 动作不到位
□ 工具使用规范	□ 工具使用不规范
□ 安装步骤熟悉	□ 安装步骤不熟悉
□ 零件摆放整齐	□ 零件摆放不整齐
□ 操作用时合理	□ 操作用时过长
□ 工作态度端正	□ 工作态度不够端正

发动机机械机构故障诊断与维修

3. 小组评价。

我们组做到了：□ 全员参与　　□ 分工明确　　□ 工作高效　　□ 完成了工作任务

4. 教师评价如工作页表 6-12。

工作页表 6-12　教师评价表

评价内容	评价指标	等次（星级评定）
1. 活动态度方面	（1）态度是否积极,是否主动组织或参与活动 （2）与小组同学合作是否良好 （3）活动是否认真、善始善终 （4）是否勇于克服困难	
2. 知识技能方面	（1）查阅资料技能 （2）实地观察记录能力 （3）调查研究能力 （4）整理材料能力	

【巩固与提高】

1. 汽油机燃料供给系的任务是：_____。
2. 电控燃油喷射式发动机燃料供给系由_____、_____、_____和_____组成。
3. 电控燃油喷射系统按对进入气缸空气量的检测方式的不同可分为_____和_____ 2 种。
4. 过量空气系数是指：_____。
5. 空燃比是指：_____。
6. 发动机工况是指：_____。
   发动机的 7 种基本工况是：_____。
7. 汽油的使用性能有_____和_____。
8. 评定汽油抗爆性的指标是辛烷值。辛烷值____的汽油____好；反之，汽油抗爆性差。汽车选择汽油的主要依据是发动机的_____，一般_____高的发动机应采用辛烷值高的汽油。
9. 进气系统的作用：_____。
10. 进气系统的组成：_____。
11. 空气流量计的作用：_____。
12. 进气歧管压力传感器是根据发动机的负荷状态测出_____的变化，并转换成电压信号，与转速信号一起输送到_____，作为燃油喷射和点火控制的_____。
13. 节气门体主要由_____和_____组成，在节气门体上安装有_____位置传感器、_____等装置。
14. 燃油供给系统的作用：_____。

15. 燃油供给系统由＿＿＿＿＿＿、＿＿＿＿＿＿、＿＿＿＿＿＿、＿＿＿＿＿＿、＿＿＿＿＿＿和＿＿＿＿＿＿组成。

16. 汽油箱的作用是储存＿＿＿＿，其数目、容量、外形及安装位置都随车型而异，一般汽油箱的容量能使汽油行驶＿＿＿＿＿＿km。

17. 汽油泵的作用是将汽油从＿＿＿＿＿＿中吸出，并以足够的＿＿＿＿＿＿和＿＿＿＿＿＿向燃油系统供油。

18. 汽油滤清器的作用是滤除汽油中的＿＿＿＿＿＿。

19. 油压调节器的作用是＿＿＿＿＿＿＿＿＿＿＿＿＿＿＿＿＿＿＿＿＿＿＿＿＿＿。油压调节器位于燃油分配管的一端，主要由＿＿＿＿、＿＿＿＿和回油阀等组成。

20. 燃油分配管的作用是＿＿＿＿＿＿＿＿＿＿＿＿＿＿＿＿＿＿＿＿＿＿＿＿＿。

21. 喷油器是电控燃油喷射系统中一个重要的＿＿＿＿＿＿，其作用是在ECU的控制下，将汽油呈雾状＿＿＿＿＿＿喷入进气歧管内。

22. 电子控制系统由＿＿＿＿＿＿、＿＿＿＿＿＿和＿＿＿＿＿＿3部分构成，其中＿＿＿＿＿＿＿＿＿＿是控制系统的核心部件。

23. 汽车电控燃油喷射系统按控制方式分4类，压力型（D型）、流量型（L型）、热线型（LH型）和涡街型（LD型），如工作页图6-14所示。将各类型名称填空。

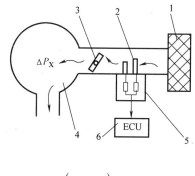

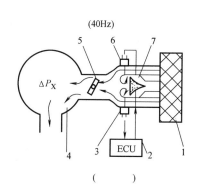

工作页图6-14

24. 看图填内容

1）根据工作页图 6-15 所示，确定汽油发动机平均转速范围内与火焰传播极限对应的各参数，并填写工作页表 6-13。

工作页表 6-13

火焰传播上限		火焰传播下限
	混合比	
	过量空气系数 λ	
	空气量	

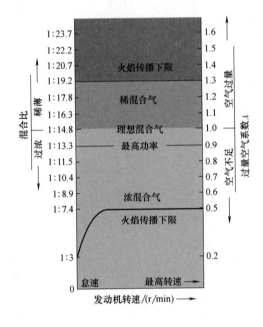

工作页图 6-15

2）根据工作页图 6-15 所示，填写工作页表 6-14。

工作页表 6-14

混合比	过量空气系数 λ	混合气组成成分	燃油-空气混合气	有害物质含量	
				对功率的影响	对油耗的影响
1：13.3	$\lambda =$				
1：14.8	$\lambda =$				
1：16.3	$\lambda =$				

25. 工作页图 6-16 所示为汽油喷射装置的一般结构，请将各序号填入正确的位置。

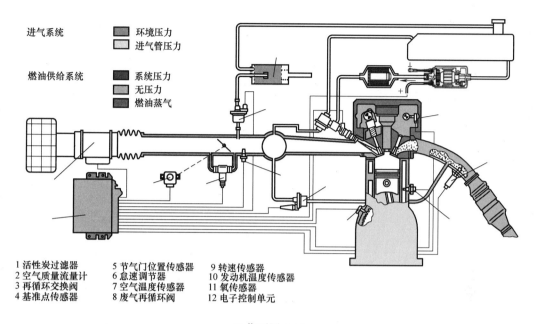

1 活性炭过滤器　　5 节气门位置传感器　　9 转速传感器
2 空气质量流量计　6 怠速调节器　　　　　10 发动机温度传感器
3 再循环交换阀　　7 空气温度传感器　　　11 氧传感器
4 基准点传感器　　8 废气再循环阀　　　　12 电子控制单元

工作页图 6-16

26. 看图填空

1）根据工作页图 6-17 所示判断该车采用何种喷射系统。如何辨别出该系统？

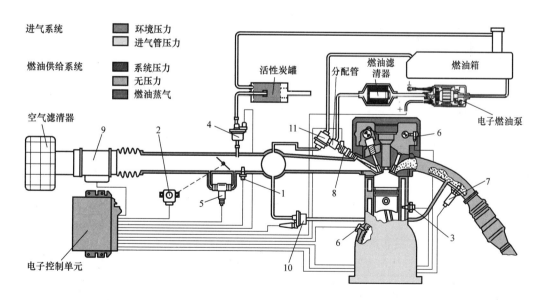

工作页图 6-17

2）在工作页表 6-15 中填入所缺少的名称，用"S"标记传感器，并且用"A"标记执行器。

发动机机械机构故障诊断与维修

工作页表 6-15

序号	名称	序号	名称
1		7	
2		8	
3		9	
4		10	
5		11	
6			

项目 7 柴油发动机燃料供给系统故障诊断

【任务接受】

某客户的柴油轿车出现怠速不稳、冒黑烟的故障，通过车间技术人员的诊断，发现汽车油路出现故障，需对其轿车燃料供给系统进行故障检修。

【信息收集】

1. 了解以下信息。

写出你们学习的车型：年份＿＿＿＿＿＿＿＿＿＿，车型＿＿＿＿＿＿＿＿＿＿，发动机型号＿＿＿＿＿＿＿＿＿＿。

2. 宝马 530d 旅行车的功率降低，该车配备的柴油机电控高压共轨喷射装置如工作页图 7-1 所示，请将工作页表 7-1 补充完整。

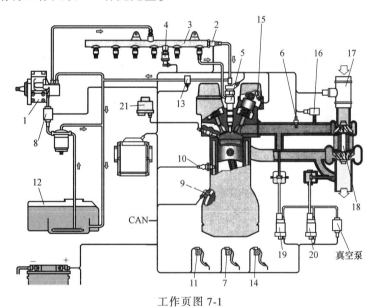

工作页图 7-1

工作页表 7-1

19		17		7	
	燃油箱		曲轴转角-转速传感器		凸轮转角上止点传感器
	冷却液温度传感器		共轨蓄压管压力调节阀		涡轮增压器
8		11		16	
1		3		5	
	共轨蓄压管压力传感器	13	燃油温度传感器	20	增压压力调节机构
	进气管温度传感器	14	加速踏板传感器	21	预热时间控制器

73

3. 工作页表 7-2 所列共轨式电控柴油机零部件有何作用？

工作页表 7-2

零部件	作用
电子燃油泵	
高压泵	
共轨蓄压管	
压力调节阀	
共轨蓄压管压力传感器	
喷油器	

4. 请为各个柴油机喷射系统命名并且将工作页表 7-3 补充完整。

工作页表 7-3

	喷射压力 /bar	能否提前预喷射		能否二次补喷射		使用范围	特征
		是	否	是	否		
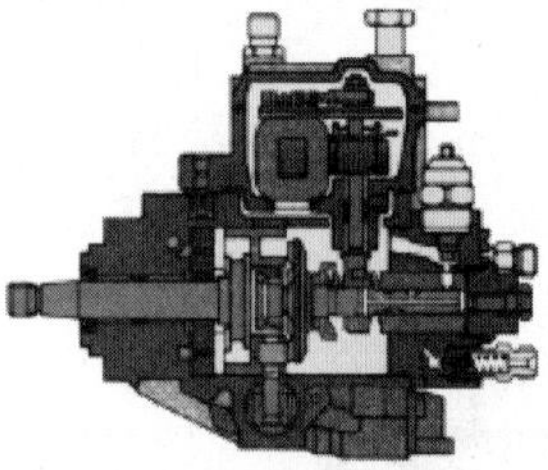	名称						
	名称						
	名称						

学习工作页

（续）

	喷射压力/bar	能否提前预喷射		能否二次补喷射		使用范围	特征
		是	否	是	否		
名称							
名称							

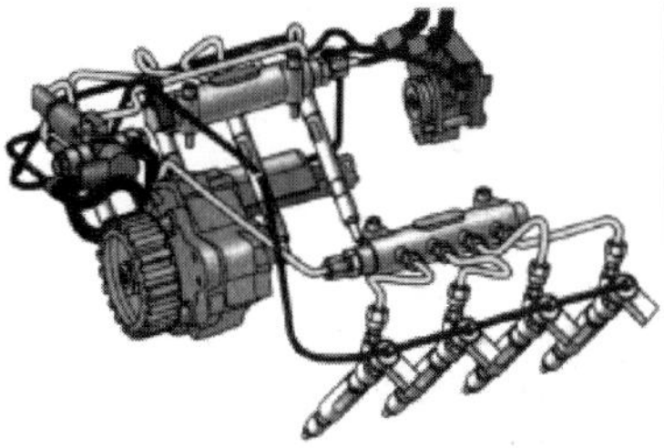

5. 根据工作页图 7-2 所示奥迪 2.7TDI 发动机高压泵结构图，查找相关资料，完成填空。

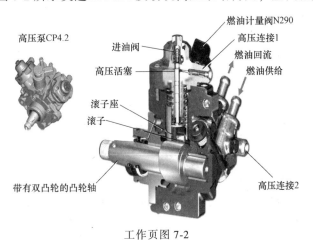

工作页图 7-2

1) 简述高压泵 CP4.2 工作原理：

2) 燃油计量阀 N290 的作用：

6. 工作页图 7-3 所示为奥迪 2.7TDI 发动机高压泵内部油路图。填写工作页表 7-4。

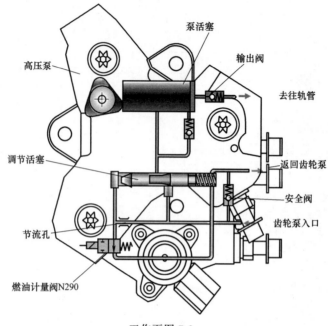

工作页图 7-3

工作页表 7-4

部件名称	作用
调节活塞	
泵活塞	
安全阀	

7. 柴油机共轨式高压油路认知。工作页图 7-4 所示为奥迪共轨柴油供给系统高压部分。

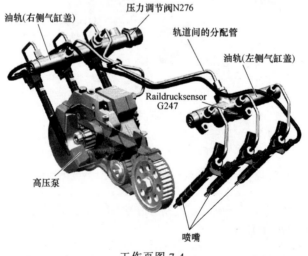

工作页图 7-4

高压部分组成有＿＿＿＿＿＿＿＿＿＿＿＿＿＿＿＿＿＿＿＿＿＿＿＿＿＿＿＿＿＿＿＿。

8. 观察如工作页图7-5所示的发动机实物，指出共轨式柴油供给系统的组成和喷油器的安装位置。请填写工作页表7-5。

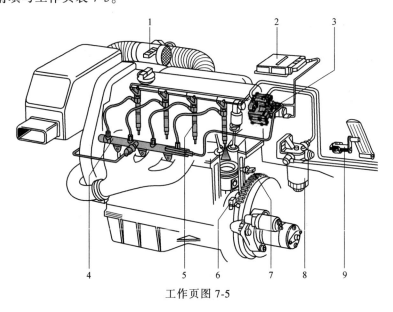

工作页图 7-5

工作页表 7-5

序号	名　称	作　用
1		
2		
3		
4		
5		
6		
7		
8		
9		

9. 轨压传感器的结构认知。如工作页图7-6所示。

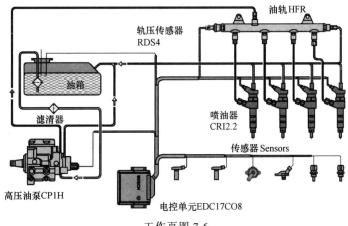

工作页图 7-6

发动机机械机构故障诊断与维修

1) 轨压传感器的作用＿＿＿＿＿＿＿＿＿＿＿＿＿＿＿＿＿＿＿＿。
2) 它由＿＿＿＿＿、＿＿＿＿＿、＿＿＿＿＿、＿＿＿＿＿组成。

【制订计划与实施计划】

请根据车主描述的现象和任务要求，确定所需的维护仪器、工具，并对小组成员进行合理分工，制订详细的检查和维护计划。

1. 请在工作页表7-6中选择在柴油机燃料供给系统检修中可能用到的工量具（在对应的选项中打√即可）。

工作页表7-6

工量具名称	选择	
车内4件套	□可能	□不可能
车外3件套	□可能	□不可能
手套	□可能	□不可能
扳手(扭力、开口、活动)	□可能	□不可能
专用工具	□可能	□不可能
其他(请填写具体名称)		

2. 将小组成员分工填入工作页表7-7中。

工作页表7-7

序号	组长	记录员	操作员	备注

3. 制订柴油机燃料供给系统检修派工计划。

(1) 柴油机燃料供给系统检查方法：＿＿

(2) 柴油机燃料供给系统检修操作步骤：＿＿

(3) 柴油机燃料供给系统检修选用工具：＿＿

4. 喷油器（工作页图7-7）检查。

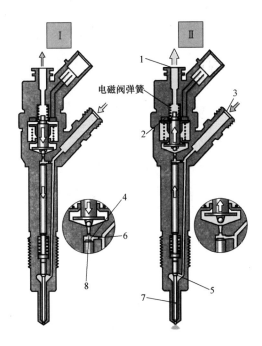

工作页图 7-7

1）请在工作页表 7-8 中为图中所示的喷油器的零部件进行命名并且将数字填到正确位置。

工作页表 7-8

	阀门控制室	1	
	电磁阀		节流阀出口
	压力轴肩	6	
7			从共轨蓄压管输入

2）根据图示将状态 I 和 II 填到正确位置。

电磁阀没有通电

电磁阀通电

3）怎样打开阀门控制活塞？

5. 压力调节阀检测（工作页图 7-8）。

工作页图 7-8

1）在工作页表 7-9 中将压力调节阀检测的工作步骤补充完整。

工作页表 7-9

检查项目	检查前提条件	测量点	理论值	实际值
检查从控制计算机到压力调节阀导线的通路情况			<0.5Ω	0.3Ω
			<0.5Ω	0.3Ω
测量压力调节阀的电阻			1.5～3.5Ω	∞

2）请判断该测量结果。

答：_____

6. 在进行更换并且对故障存储器进行清除之后，进行试验（工作页图 7-9），并且依据实际值对其功能进行检测，达到以下数据（工作页表 7-10）。

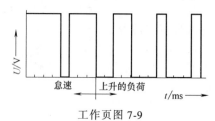

工作页图 7-9

工作页表 7-10

	怠速空转	全负荷运转
填充系数	15～20%	80～90%
共轨蓄压管压力	22～35MPa	135～185MPa

在负荷增加情况下该共轨蓄压管压力和填充系数怎样变化？

答：

7. 拆装喷油器、喷油泵的安全注意事项是什么？

答：

8. 柴油机燃烧系统空气排除的步骤及方法是什么？

答：

9. 柴油机燃料供给系统的故障诊断的安全注意事项是什么？

答：

【检查与评价反馈】

1. 自我检查如工作页表 7-11。

工作页表 7-11　自我检查表

序号	学习目标	达成情况（在相应的选项后打√）		
		能	不能	不能的原因
1	叙述柴油机燃料供给系统的组成、作用和工作原理			
2	识别柴油机燃料供给系统的主要零部件			
3	制订柴油机燃料供给系统的拆装检查计划			
4	规范拆装柴油机燃料供给系统			
5	对柴油机燃料供给系统的检修安装质量进行自检和互检			

2. 自我评价如工作页表 7-12。

工作页表 7-12　自我评价表

我做得好的地方	我还存在这些方面的问题
□ 动作准确	□ 动作不到位
□ 工具使用规范	□ 工具使用不规范
□ 安装步骤熟悉	□ 安装步骤不熟悉

发动机机械机构故障诊断与维修

(续)

我做得好的地方	我还存在这些方面的问题
□ 零件摆放整齐	□ 零件摆放不整齐
□ 操作用时合理	□ 操作用时过长
□ 工作态度端正	□ 工作态度不够端正

3. 小组评价。

我们组做到了：□ 全员参与　□ 分工明确　□ 工作高效　□ 完成了工作任务

4. 教师评价如工作页表 7-13。

工作页表 7-13　教师评价表

评价内容	评价指标	等次（星级评定）
1. 活动态度方面	(1) 态度是否积极,是否主动组织或参与活动 (2) 与小组同学合作是否良好 (3) 活动是否认真、善始善终 (4) 是否勇于克服困难	
2. 知识技能方面	(1) 查阅资料技能 (2) 实地观察记录能力 (3) 调查研究能力 (4) 整理材料能力	

【巩固与提高】

1. 发展柴油机电子控制技术的必要性是基于（　　）和（　　）两个方面来考虑的。
2. 电控柴油机的发展经历了（　　）（　　）（　　）3 个阶段。
3. 柴油机的发展方向是（　　）（　　）（　　）。
4. 柴油机电控系统由（　　）（　　）和（　　）3 部分组成。
5. 现代汽车柴油机电控系统中使用的传感器,按用途和功能分为（　　）（　　）（　　）3 类。
6. 位置控制式电控燃油喷射系统按结构特点不同,常见的形式有（　　）（　　）2 种。
7. 时间控制式电控燃油喷射系统按结构特点不同,常见的形式有（　　）（　　）（　　）（　　）。
8. 共轨式燃油喷射系统中,按共轨中压力高低可分为（　　）（　　）2 种基本类型。
9. 共轨式柴油机的供油泵,德国博世公司采用（　　）,日本电控公司第二代采用（　　）,美国 LDCR 共轨系统采用（　　）。
10. 共轨式柴油机中 ECU 控制（　　）,实现喷油量、喷油正时及喷油规律的控制；ECU 控制（　　）,实现喷油压力的控制。
11. 当冷却液温度、燃油温度及进气温度过高时,电控柴油机一般进入（　　）保护状态,发动机功率受限,车辆可以行驶。
12. 电控柴油机中,温度传感器大多采用（　　）温度系数的热敏电阻。

13. 压力传感器的种类很多,有(　　)(　　)(　　)(　　)和(　　)等,但实际应用中主要采用(　　)和(　　)压力传感器。

14. 共轨压力传感器安装的部位是(　　　　)。

15. 曲轴位置传感器的作用是:_____。

16. 凸轮轴位置传感器的作用是:_____。

17. 当空气流量计失效时,ECU将用一个(　　　)作为代替信号。

项目 8　发动机总装与综合故障诊断

【任务接受】

某顾客反映他的汽车发动机动力不足,需要确定问题原因。现在需要检查发动机机械部件、油路和电路部分,诊断发动机哪些部件可能损坏。

【信息收集】

1. 了解以下信息。

写出你们学习的车型:年份＿＿＿＿＿＿＿＿＿,车型＿＿＿＿＿＿＿＿＿＿,发动机型号＿＿＿＿＿＿＿＿＿。

2. 气缸密封性是表征发动机技术状况的重要指标。气缸密封性的诊断参数主要有＿＿＿＿＿＿、＿＿＿＿＿＿、＿＿＿＿＿＿、＿＿＿＿＿＿等。

【制订计划与实施计划】

请根据车主描述的现象和任务要求,确定所需的维护仪器、工具,并对小组成员进行合理分工,制订详细的检查和维护计划。

1. 请在工作页表 8-1 中选择在发动机动力不足综合故障检修中可能用到的工量具(在对应的选项中打√即可)。

工作页表 8-1

工量具名称	选择	
车内 4 件套	□可能	□不可能
车外 3 件套	□可能	□不可能
手套	□可能	□不可能
扳手(扭力、开口、活动)	□可能	□不可能
专用工具	□可能	□不可能
气缸压力表	□可能	□不可能
气体流量计	□可能	□不可能
其他(请填写具体名称)		

2. 将小组成员分工填入工作页表 8-2 中。

工作页表 8-2

序号	组长	记录员	操作员	备注

3. 制订发动机动力不足综合故障检修派工计划。

(1) 发动机动力不足综合故障检查方法:＿＿＿＿＿＿＿＿＿＿＿＿＿＿

学习工作页

（2）发动机动力不足综合故障检修操作步骤：_____

_____

（3）发动机动力不足综合故障检修选用工具：_____

_____

4. 发动机总成拆装。

（1）如工作页图 8-1 所示，拆装发动机总成的方法有：

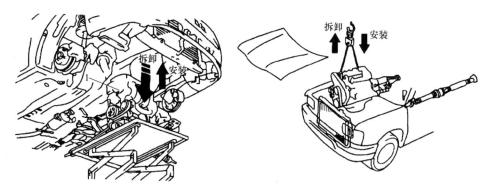

工作页图 8-1

1) _____
2) _____

（2）更换发动机总成如何释放燃油管内的压力？

1) _____
2) _____
3) _____
4) _____

5. 如工作页图 8-2 所示，简述排放冷却液的基本操作。

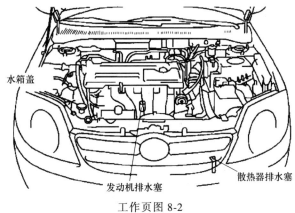

工作页图 8-2

85

(1) _____
(2) _____
(3) _____
(4) _____

6. 发动机密封性能检查。

点燃式内燃机的正常工作要满足以下 3 个必要条件：

(1) 混合气的浓度和数量要适应发动机工况要求。
(2) 点火正时和点火能量要适应发动机工况要求。
(3) 气缸压缩压力足够且各缸之间压缩压力差异小。

简述气缸压缩压力检测方法（工作页图 8-3）。

1) _____
2) _____
3) _____
4) _____

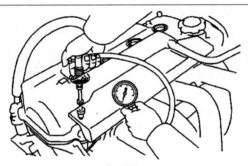

工作页图 8-3

查阅维修手册。对各气缸压缩压力的要求不低于_____，最低读数不应低于_____最高读数的_____%，或不同气缸压缩压力最大差异应小于_____%。

7. 气缸泄漏测试。

(1) 请填写出工作页图 8-4 中气缸泄漏检测中所涉及的发动机重要零部件及检测设备名称。

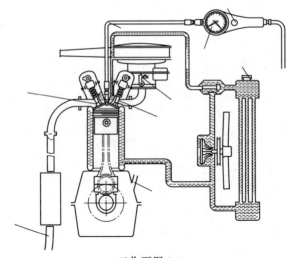

工作页图 8-4

（2）在图中标出压缩空气可能的泄漏路线。

（3）在哪些部位可能听到气体流出的声音？泄漏的原因是什么？填写工作页表 8-3。

工作页表 8-3

缸号	诊断（气流从何处流出）	原因
1		
2		
3		
4		
5		
6		

各缸之间压力损失最大差异为 _____ %。

标准参数：

气缸压力损失小于 10%，说明发动机状况良好。

最大额定气缸压力损失为 20%。

不同气缸之间压力损失最大差异应小于 10%。

8. 故障检修案例：检修曲轴位置传感器故障。

一台电控发动机不能起动，通过手持式汽车诊断计算机的检查，检测出与曲轴位置传感器相关的故障码，需要对曲轴位置传感器及电路进行检查，确定故障部位，并维修或更换。车辆信息登记与客户投诉见工作页表 8-4。

工作页表 8-4

车辆型号（VIN 码）	
发动机型号	
外观目检（整车）	
客户投诉	发动机不能起动
维修接待的维修意见	检查曲轴位置传感器及其线路，检查发动机 ECU

（1）查阅维修资料，描述待修车辆的曲轴位置传感器的安装位置。

曲轴位置传感器根据产生信号的原理可分为磁感应式、霍尔式和光电式 3 种。其中磁感应式曲轴位置传感器产生的是模拟信号。磁感应式曲轴位置传感器信号波形与发动机转速如工作页图 8-5 所示。

霍尔式曲轴位置传感器、光电式曲轴位置传感器产生的是数字信号。霍尔式曲轴位置传感器的信号波形如工作页图 8-6 所示。

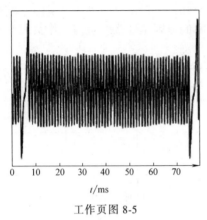

工作页图8-5

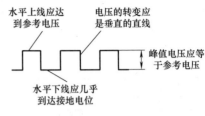

工作页图8-6

当确定待修车辆的曲轴位置传感器的安装位置后,为了对曲轴位置传感器及电路进行检修,需要确定待修车辆的曲轴位置传感器的类型并制订相应的检修计划。

(2) 曲轴位置传感器的外观检查。

1)插头是否连接良好。　　　　　　　　　　　□是　　□否

2)拔出插接器观察是否有锈蚀、松动。　　　　□是　　□否

3)检测曲轴位置传感器的输出电压波形。

按工作页图8-7所示连接示波器,将测试探针刺入曲轴位置传感器的信号触发线。起动发动机,在怠速和较高转速下进行波形测试。

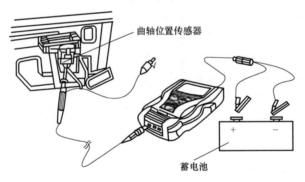

工作页图8-7

待修车辆的曲轴位置传感器波形记录:

根据波形记录,对比标准图形,判断待修车辆安装(磁感应式/霍尔式)曲轴位置传感器。

由于不同类型的曲轴位置传感器及其电路的检修存在差异,因此需要制订不同的检修计划。下面以检修霍尔式曲轴位置传感器为例。

(3) 检测霍尔传感器的供电电压。

1)查阅维修手册,将霍尔式曲轴位置传感器的电路图画在下列空白处。

线路图:

2)画出霍尔式曲轴位置传感器连接器示意图,并分别注明电压信号端子、搭铁端子和电源端子。

3) 关闭点火开关，拔下霍尔传感器的插头。打开点火开关，用万用表的电压档分别测量霍尔电压信号端子和搭铁端子之间的电压值和电源端子和搭铁端子之间的电压值，并填入工作页表 8-5 中。

工作页表 8-5

检测项目	标准值	检测值	结论
信号端子电压			
电源端子电压			

不同车型的霍尔传感器的供电电压的标准值可能会有所不同，具体的数值需要根据实际检测的车型查阅相关的资料或维修手册。霍尔传感器的检修步骤如工作页图 8-8 所示。

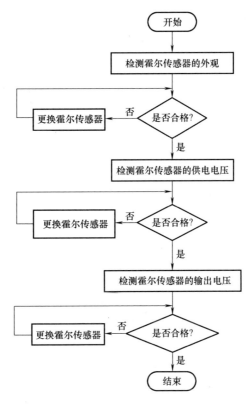

工作页图 8-8

9. 维修案例

（1）在工作页表 8-6 中记录待修车辆的基本信息。

工作页表 8-6

车辆型号（VIN 码）	
发动机型号	
客户投诉	

（2）重复故障症状，观察发动机是否有以下的故障现象。

89

□ 发动机冷起动困难。□ 发动机怠速不稳。□ 在高负荷条件下，发动机动力不足。

（3）在什么样的气门正时的情况下，发动机怠速不稳，冷起动困难？在什么样的情况下，高负荷时发动机动力不足？

（4）识读与分析 VVT-i 电路图（以丰田花冠 1NZ-FE 发动机为例）。

1）按照工作页图 8-9 所示，在实验车（发动机台架）上找到相应的元件、线束、线束连接器。

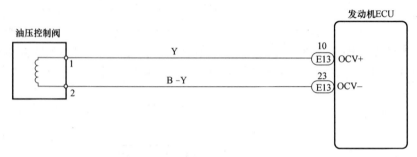

工作页图 8-9

2）电路说明

发动机 ECU 根据曲轴位置（CKP）传感器和凸轮轴位置（CMP）传感器的输入信号来控制机油控制阀（OCV），由 OCV 阀控制供给到 VVT-i 控制器的机油压力，从而改变凸轮轴和曲轴之间的相对位置。

（5）画出 OCV 阀连接器的示意图，并在图上标出各个端子的编号。画出相关部分发动机 ECU 连接器的示意图，并在图上标出 OCV+ 和 OCV- 的位置。

（6）每小组按照工作页表 8-7 制定好检查与维修 VVT-i 系统所需的资料、工具。

工作页表 8-7

资料与工具的名称	数量

学习工作页

主要用到哪些常用拆装工具？

（7）检查与排除丰田 VVT-i 系统故障。
1）VVT-i 系统不能正常工作，故障可能发生的部位有：
① 气门正时不正确。
② 凸轮轴正时机油控制阀（OCV 阀）损坏。
③ 凸轮轴正时机油控制阀（OCV 阀）的线路有断路、短路。
④ VVT 控制器总成损坏。
⑤ 发动机机油中有异物，或者 OCV 阀滤清器堵塞。
⑥ 发动机 ECU 有故障。
2）小组讨论，绘制一个 VVT-i 故障检查流程图。

（8）检查气门正时，填写工作页表 8-8（请参阅维修手册，或者参阅《发动机机械维修工作页》）。

工作页表 8-8

气门正时标记对准，正常。	
气门正时标记未对准，不正常。	

气门正时标记是否对准？（在后面的空格中打"√"或者打"×"）

（9）检查凸轮轴正时机油控制阀（OCV 阀）及其电路，填写工作页表 8-9。
1）OCV 阀的动作测试。
① 发动机暖机。   □ 任务完成
② 用手持式汽车诊断计算机运行 OCV 阀（如果没有该设备，也可通过断开 OCV 阀连接器和直接供给 OCV 阀蓄电池电压的方法来实现对 OCV 阀的控制），检查发动机转速。
                                                              □ 任务完成

工作页表 8-9

OCV 阀的动作	检查结果	标准值	是否正常
OCV 关			
OCV 开			

2）检查 ECU 输出信号。

用示波器检测发动机 ECU 控制 OCV 阀的信号波形。

① 在发动机 ECU 的端子 OCV+和 OCV−（工作页图 8-10 所示发动机侧端子）之间连接示波器。　　　　　　　　　　　　　　　　　　　　　　　　　　□ 任务完成

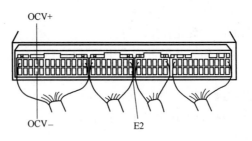

工作页图 8-10

② 点火开关扭至 ON 位置，不起动发动机时检查波形。　　　　　　　□ 任务完成

③ 将示波器检测到的波形画在工作页 8-11 中。

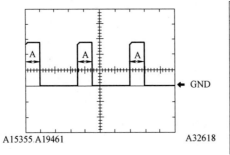 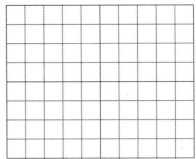

工作页图 8-11

3）与标准波形对比（如图所示，其中纵坐标为电压，每格 5V，横坐标为时间，每格 1ms），判断所测波形是否正常。如果不正常，可能是哪个部件出了故障？

4）当发动机转速增加时，工作页图 8-11 中的高电压的宽度（A）是变长还是变短？为什么？

5）检查发动机 ECU 与 OCV 之间的线束及连接器，如工作页图 8-12 所示。

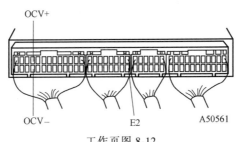

工作页图 8-12

① 断开 OCV 阀连接器。

轻拉线束，检查：□ 端子丢失　□ 端子卷边松动　□ 线芯破损

目视检查：□ 端子锈蚀　□ 端子弯曲变形　□ 端子有水　□ 有金属碎片

② 断开发动机 ECU 连接器。

轻拉线束，检查：□ 端子丢失　□ 端子卷边松动　□ 线芯破损

目视检查：□ 端子锈蚀　□ 端子弯曲变形　□ 端子有水　□ 有金属碎片

③ 检查发动机 ECU 连接器端子与 OCV 阀连接器端子之间的导通性，以及与搭铁端子（E2）之间是否短路（如工作页图 8-12 所示）。填写工作页表 8-10。

工作页表 8-10

测量项目	测量值	标准值	是否断路、短路
ECU 端子 OCV+ 与 OCV 阀端子 1 是否断路			
ECU 端子 OCV- 与 OCV 阀端子 2 是否断路			
ECU 端子 OCV+ 与 ECU 端子 E2 是否短路			
ECU 端子 OCV- 与 ECU 端子 E2 是否短路			

6）检查 OCV 阀总成。

① 用欧姆表测量 OCV 阀端子间的电阻，并填写工作页表 8-11。

工作页表 8-11

测量值	标准值	是否正常

② 从发动机上拆下 OCV 阀，将蓄电池正极（+）与端子 1 连接，负极（-）与端子 2 连接，观察 OCV 阀的动作情况，并填写工作页表 8-12。

工作页表 8-12

操作方法	阀的工作情况	是否正常
接通蓄电池电压	□ 打开　□ 没有动作	
断开蓄电池电压	□ 关闭　□ 没有动作	

（10）检查凸轮轴正时齿轮（VVT-i 控制器）总成。

1）拆下凸轮轴，检查凸轮轴正时齿轮在不工作状态下是否锁紧，如工作页图 8-13 所示（用手转动凸轮轴正时齿轮）。

□ 不能转动，正常   □ 能转动，不正常

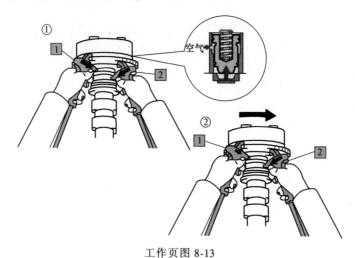

工作页图 8-13

2）检查凸轮轴正时齿轮（VVT-i 控制器）的工作情况。

① 将 150kPa 的气压同时施加在提前侧（2）和延迟侧（1），如工作页图 8-13 所示。

□ 任务完成

② 逐步减小延迟侧的气压，观察凸轮轴正时齿轮总成是否转动。它的转动方向如何？是否正常？

③ 当凸轮轴正时齿轮达到最提前的位置时，断开正时延迟侧空气压力，然后再断开正时提前侧空气压力。   □ 任务完成

④ 用手转动凸轮轴正时齿轮。正时齿轮未转到最大延迟位置时，转动是否平滑？是否正常？

⑤ 将正时齿轮转到最大延迟位置，确保其锁定。

（11）检查油压控制阀滤清器是否堵塞。

1）油压控制阀滤清器安装在什么位置。

学习工作页

2) 拆卸油压控制阀滤清器需要先拆卸哪些部件？

【检查与评价反馈】

1. 自我检查如工作页表 8-13。

工作页表 8-13　自我检查表

序号	学习目标	达成情况（在相应的选项后打√）		
		能	不能	不能的原因
1	叙述发动机动力不足综合故障的故障原因			
2	分析产生发动机动力不足综合故障的主要原因			
3	制订发动机动力不足综合故障的检修排除计划			
4	规范诊断与排除发动机动力不足综合故障			
5	对发动机动力不足综合故障的排除质量进行自检和互检			

2. 自我评价如工作页表 8-14。

工作页表 8-14　自我评价表

我做得好的地方	我还存在这些方面的问题
□ 动作准确	□ 动作不到位
□ 工具使用规范	□ 工具使用不规范
□ 故障排除步骤熟悉	□ 故障排除步骤不熟悉
□ 工具配件摆放整齐	□ 零件配件摆放不整齐
□ 操作用时合理	□ 操作用时过长
□ 工作态度端正	□ 工作态度不够端正

3. 小组评价。

我们组做到了：□ 全员参与　　□ 分工明确　　□ 工作高效　　□ 完成了工作任务

4. 教师评价如工作页表 8-15。

工作页表 8-15　教师评价表

评价内容	评价指标	等次（星级评定）
1. 活动态度方面	(1) 态度是否积极，是否主动组织或参与活动 (2) 与小组同学合作是否良好 (3) 活动是否认真、善始善终 (4) 是否勇于克服困难。	
2. 知识技能方面	(1) 查阅资料技能 (2) 实地观察记录能力 (3) 调查研究能力 (4) 整理材料能力	

【巩固与提高】

1. 拆卸正时带时应先检查（　　）。
   A. 正时皮带　　　　B. 正时记号　　　　C. 气门　　　　D. 凸轮轴

2. 当正时带断裂，会导致发动机停止运转，并可能损坏其他部件，如（　　），活塞受冲压等。
   A. 节气门损坏　　　B. 缸盖损坏　　　　C. 气门被顶弯　　D. 水泵损坏

3. 以下哪一项不是由于带轮张紧不足造成的？（　　）
   A. 带打滑　　　　　　　　　　　　　B. 带轮转速降低
   C. 带噪声　　　　　　　　　　　　　D. 发电机轴承过早磨损

4. 下列关于发动机压缩比的叙述正确的是。（　　）
   A. 压缩比高的车辆应使用高辛烷值的汽油　　B. 压缩比不受燃烧室积炭的影响
   C. 压缩比高容易产生爆燃　　　　　　　　　D. 压缩比高的发动机排气量大

5. 如工作页图 8-14 所示，传动带与带槽的配合情况哪个是正确的？（　　）

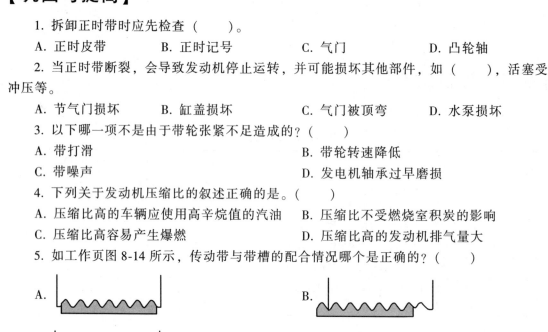

工作页图 8-14

6. 一台四缸发动机的凸轮轴布置形式如工作页图 8-15 所示。根据此图可以看出该发动机的点火顺序是（　　）。

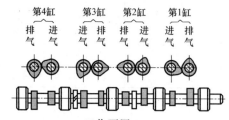

工作页图 8-15

A. 1-2-4-3　　　　B. 1-3-4-2　　　　C. 1-4-3-2　　　　D. 1-3-2-4

7. 一台铝制缸盖发动机需进行解体维修，但仍处于热车状态，甲说：应按如工作页图 8-16 所示的顺序松开缸盖螺栓；乙说：应当等发动机冷却后再进行拆解。以下（　　）选项是正确的。

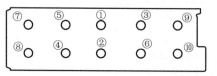

工作页图 8-16

A. 只有甲正确　　　B. 只有乙正确　　　C. 甲乙都正确　　　D. 甲乙都不正确

8. 检查发动机气缸压力，如果偏低，维修技师向气缸中注入少量机油后再次检测，气缸压力明显提高，你认为哪个部件最有可能导致该故障？（　　）

A. 气门　　　　　B. 气缸垫　　　　　C. 气门导管　　　　D. 活塞环

9. 装配发动机的所有部件时要彻底清洁。安装前在所有的滑动和旋转部件表面涂抹一层（　　）；所有的衬垫、O形环和油封更换新件。

A. 机油　　　　　B. 齿轮油　　　　　C. 汽油　　　　　　D. 柴油

10. 冷却液经水泵→水套→节温器后不经（　　），而直接由水泵压入水套的循环，其水流路线短，散热强度小，称为水冷却系的小循环。

A. 节温器　　　　B. 散热器　　　　　C. 风扇　　　　　　D. 水温开关

11. 工作页图8-17所示为发动机润滑系统的某一部件，看图答题。

（1）这是（　　）组件？

A. 燃油泵　　　　B. 助力转向泵　　　C. 机油泵　　　　　D. 水泵

（2）部件471、472的作用是（　　）

A. 调压　　　　　B. 限压　　　　　　C. 定位　　　　　　D. 预紧

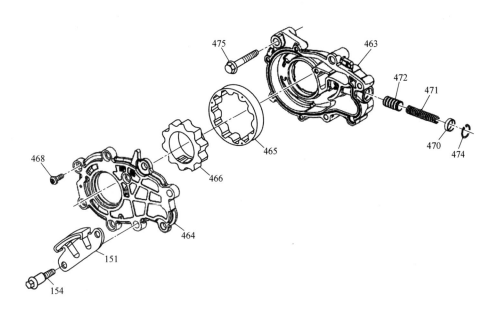

工作页图8-17

12. 燃烧室内烧机油，排气管将排出（　　）。

A. 黑烟　　　　　B. 带水汽白烟　　　C. 灰白色烟雾　　　D. 蓝烟

13. 不可能导致机油消耗增加的原因是（　　）。

A. 活塞环磨损　　B. 液压挺柱磨损　　C. 气门导管磨损　　D. 气缸垫磨损

14. 一辆汽车的发动机不能起动，甲说：空气流量信号不正常时，可能会引起发动机不能起动。乙说：冷却液温度信号不正常时，发动机不能起动。以下（　　）选项是正确的。

A. 只有甲正确　　　B. 只有乙正确　　　C. 甲乙都正确　　　D. 甲乙都不正确